東アジア共同体

強大化する中国と日本の戦略

THE EAST ASIAN COMMUNITY

小原雅博
Kohara Masahiro

日本経済新聞出版社

まえがき

グローバル化の流れに乗ってダイナミックな発展や改革を遂げる東アジアが世界の注目を集めている。

東南アジア十カ国すべてを傘下に共同体を目指す東南アジア諸国連合（ＡＳＥＡＮ）。目覚ましい成長を続け、世界の工場と市場に変貌した中国。その中国との経済的一体化を強め、「中華経済圏」を形成する香港と台湾。改革を断行して通貨危機を克服した韓国。

これに対し、経済大国日本は、バブル崩壊後の長期低迷からの脱却に苦しんでいる。しかし、「ものづくり」大国としての日本の技術力が衰えたわけではない。トヨタやキヤノンなど世界一流の製造企業[1]が日本の意識改革や技術革新をリードしている。そして、東アジア経済のダイナミズムが、日本企業に新たな活力を与え、経済再生の機会を提供している。

東アジアは、経済を中心に急速に一体化している。先行する実態に突き動かされるように制度化の動きが進展し、「東アジア共同体」も提唱されるようになった。ＡＳＥＡＮ＋３（日中韓）首脳会議や「東アジア・サミット」において、共同体作りに向けての議論が本格化しようとしている。しかし、その議論は、緒に就いたばかりであり、それがどういう形に収斂《しゅうれん》するかは未だ見えてこない。東アジアのダイナミズムの実態を捉え、「東アジア共同体」を展望する作業が加速されなければならない。

本書は、多様で活力に溢れる東アジアの経済一体化の動きを踏まえ、東アジアの統合に向けた明と暗を明らかにしつつ、「東アジア共同体」を構想し、その実現に向けての条件と方策を探るものである。そして、その鍵を握るのは、名実共に大国として復権し台頭する中国、冷戦後唯一の超大国として東アジアの安定に欠かせない米国、東アジアの繁栄をリードしてきた経済大国日本、そして、東南アジアにおける共同体を模索し東アジア地域主義の議論をリードしてきたＡＳＥＡＮ、これら主要プレイヤーの動向と相互の関係である。

この東アジアの大きな枠組みを見落として表面的な経済の数字や抽象的な政治的言辞に目を奪われていると、問題の本質は見えてこない。今こそ東アジアの実相をしっかりと捉え直し、将来の方向性を見据えながら、「東アジア共同体」を構想しなければならない。その上で、日本の採るべき戦略を決定し、果敢に行動に移さなければならない。

「東アジア共同体」を構想することは、日本人の生き様を考え、日本の未来を構想することでもある。二一世紀に入る直前、奥田碩日経連会長（現日本経団連会長）をヘッドとする官民合同ミッションが東アジア諸国を訪問して、政府・民間の指導者約二百人以上と意見を交わして作り上げた報告書がある。筆者は、当時外務省の担当課長として、その構想から取りまとめまでにかかわらせていただいたが、半年にわたる濃密な作業を貫いていた思想は、東アジア諸国と共に繁栄を目指すためには、「日本を開く」ことが不可欠であるとの思いであった。報告書は、そうした思いを集大成したものであり、東アジアの繁栄を構想しながら日本の「第三の開国」を提言する「奥田レポート」[2]として、一九九九年十月、小渕総理（当時）に提出され、十一月のＡＳＥＡＮ＋日中韓首脳会議で発表された。自由貿易協定（ＦＴＡ）の推進、労働市場や農業市場の開放、金融・通貨協力、羽田空港の国際化、コミュニケーション手段としての英語教育の強化、留学生を始めとする人材交流の抜本的強化、ものづくりの重視、コンテンツ文化の推進など、「奥田レポート」の具体的提言は、その後、日本の政策課題として議論され、着実に実現されてきている。

グローバル化と地域主義の流れの中で、日本は勤勉でモラルの高い社会的凝集力を維持しつつ、経済や社会をアジア、そして世界に開くことによって立ち遅れた経済システムや社会通念を変革しなければならない。「日本を開く」ことなくして「日本の再生」はなく、日本の目指すべき「開かれた地域主義」を基礎とする「東アジア共同体」像も見えてこない。

「開く」ことには痛みも伴う。政治は、痛みを伴う変化の先にどういう日本と東アジアの姿が現れるのかを国民に示す必要がある。「東アジア共同体」の実現に向けて動き出す環境は醸成されている。今こそ、「東アジアの中の日本」として、真に「国を開く」ことにつき国民各層を巻き込んだ幅広い議論が展開され、実行に移されるべきである。

夢や構想の実現に王道はない。地味ではあるが、夢や構想の実現に向けて強い信念をもって、たゆまぬ努力を積み重ねていくしかない。そして、そうした姿にどれだけ多くの共感と協力を得ることができるかどうかによって、夢が夢で終わるか、あるいは現実のものとなるかが決まる。現実追随でも現実無視でもない、現実を見据えつつ理想に向かって前進する現実主義的理想主義と政治のリーダーシップこそが「東アジア共同体」の夢を現実に変える道となるであろう。

ところで、そもそも「東アジア共同体」という言葉が語られる時、それは一体いかなるものを想定しているのであろうか。この問いに対する答えは人によって様々であろう。「東アジア共同体」は、ようやく東アジア各国の政策課題として取り上げられるようになってきた段階であり、未だ曖昧模糊とした言葉でしかない。しかし、東アジア諸国が東アジアの一体化の必要性を認識し、一つにまとまろうと動き出したことは重要であり、その背景にはそうした認識や動きを促す実態が存在しており、それがまた金融や貿易などの経済分野、環境や感染症などの国境を越えた問題、そしてテロや海賊などの非伝統的安全保障分野における制度化を促しているのである。そして、そうした流れの先に、東アジアとしていかなる形の統合を目指すのかという共同体の青写真が描かれる必要があり、そのための道筋（ロード・マップ）や戦略が提示されなければならない。本書は、そうした問題意識に立って、将来の「東アジア共同体」を展望するものである。

したがって、ここで「東アジア共同体」を定義することはしないが、本書の議論に入る前に次の諸点を指摘しておくこととする。

第一に、「東アジア」とは、共通の文化的、宗教的、政治的な基盤に支えられた概念ではなく、アジアの東の地域といった程度の地理的概念として捉えられてきたのであって、本書でも、中国や日本、朝鮮半島を含む北東アジアとＡＳＥＡＮ十カ国からなる東南アジアを包摂する地域を東アジアと捉えて議論を進める。

第二に、「共同体」とは、特定の地理的空間において様々な形態の協力や統合を制度化した地域秩序であると言え、協力や統合の程度は多種多様であるが、一般的には、経済、安全保障、文化などの分野において、同時並行的に、あるいは、段階的に深化・拡大し、通常、国家主権を制限する形で、国家連合から連邦へと統合されていく過程をたどると考えることができる。

しかし、「東アジア共同体」となると、それは歴史的・文化的・地政学的議論や各国間の政治的立場や国益が複雑にからみ合って、様々な含意を持ってくるのであって、右記二点の定義を単純に足し合わせれば、その全体像が見えてくるわけでないことを前提に本書を読み進めていただきたい。

本書は、序章、五つの章、終章からなる。

まず、序章(「『東アジア共同体』の核心――五つの論点」)においては、筆者の問題意識を明らかにする。それは、「東アジア共同体」論議の核心は何かということであり、五つの論点に整理した。その上で、日本が目指すべき「共同体」についての筆者の考えを簡潔に披瀝した。こうした論点を踏まえて本書を読み通すことで、東アジアの実相や共同体の課題がよりよく理解することができると思う。

第1章(「『東アジア共同体』の基盤を探る――東アジアの「復権」」)においては、戦後の東アジアの目覚ましい経済発展の歴史を振り返りながら、その背景と要因を明らかにする。東アジアは、戦後、日本の復興を皮切りに、NIEs(新興工業経済群)と一部ASEAN諸国が「東アジアの奇跡」を演出し、最後に巨大な中国が走り出して、経済的「復権」を成し遂げた。東アジアの「復権」の背後に何が隠されているのか。経済理論に基づく分析や歴史的・社会的要素に依拠する見解が多数発表されてきた。ここでは、それらも踏まえつつ、政府と市場の関係に注目しながら、東アジアの「復権」の背後にある経済ダイナミズムについて考察してみたい。

第2章（「経済主導の『共同体』――問われる日本の戦略」）では、「東アジア共同体」の萌芽としての経済分野での相互依存と連携の動きを取り上げる。「東アジア共同体」を見果てぬ夢でない、実現可能性のある構想にまで高めることになったのは、何と言っても、アジア通貨危機を契機として認識されるようになった経済面での相互依存の高まりとその後の地域主義の動きである。中国を含めた相互依存の高まりという経済の実態が先行することで、その制度化を図ろうとする各国の連携と協力が促されている。その一つが、自由貿易協定（ＦＴＡ）の推進である。そうした経済分野での協力を政治の分野での協力につなげていくことが、「東アジア共同体」の実現に近づく条件であり、「経済の政治的効果」に期待が寄せられる。

第3章（「解決すべき課題――安全保障と歴史問題」）では、「東アジア共同体」実現のために克服すべき課題を取り上げた。経済の相互依存と連携の高まりという共同体実現に向けての胎動が始まる一方で、共同体の実現を阻む障害、あるいは不透明で不確実な要因も少なくない。ここでは、第一に、東アジアの安全保障環境、第二に、歴史の問題とナショナリズムについて考えてみたい。

第4章（「中国を脅威としないためには――中華的共同体の超克」）においては、「東アジア共同体」の鍵を握る中国に焦点を当てて、その将来像を展望する。まず、東アジアにおける中国という巨大な存在の意味を歴史的視座から考察する。かつて東アジアには、華夷秩序に基づく中華世界が存在し、それが東アジア秩序の安定を保障する枠組みとして機能していた。今日の共同体論議にも、そうした中華世界の影がちらつく。脅威論や特需論が交錯する現代中国の実力と可能性を分析し、その意図や思惑を探ることが「東アジア共同体」を展望する上で欠かせない。

第5章（「『東アジア共同体』実現への道筋——開かれた共同体を目指して」）では、「東アジア共同体」に近づくための道筋について考える。ヨーロッパと東アジアは政治構造や安全保障環境が異なり、単純な比較や類推的議論はすべきではないが、欧州連合（EU）の壮大な実験は、「東アジア共同体」を構想する上でも参考となり得る。EUの軌跡と成功の要因、そして、直面する課題を明らかにすることで、「東アジア共同体」への道筋も見えてくる。経済的統合から政治・安全保障の統合への可能性を探り、そして、共同体意識の醸成の必要性につき検討する。その上で、日本の取り組むべき重要課題として二点取り上げて議論する。第一に、独仏和解になぞらえることのできる日中提携であり、第二に、日本の「第三の開国」である。

終章（「共同体論から見る東アジアの将来——多様性の中での共感と統合」）では、以上の共同体論を踏まえて、将来の方向性を展望する。東アジアにおいて米国や中国という大国が果たす役割は大きい。特に、中国を論ぜずして「東アジア共同体」を論じることはできない。中国の行方を見据えながら、「東アジア共同体」の大きな方向性を描くことが、日本の戦略にもつながる。多様でダイナミズムに溢れた東アジアを過去から未来へと貫く時空の流れの中に位置付け、大胆な構想力と行動力をもって平和と繁栄のために汗を流すことによって、共感を広げ、統合を進めることこそが、二一世紀の日本に託された使命であり、日本再生の道でもあろう。

筆者は、二〇世紀末から二一世紀初めにかけて、外務省において、日本の東アジア政策に携わり、「東アジア共同体」の夢を追いかけた。その夢を現実のものとしたい。そんな願いを込めて、現場での経験を踏まえつつ、筆を執ったのが本書である。本書が、近年高まりを見せる「東アジア共同体」の議論にいささかなりとも貢献することができれば、筆者にとってこれに過ぎる喜びはない。

なお、本書の見解はすべて筆者個人の見解であり、日本政府の見解を代表するものではないことをお断りしておく。

二〇〇五年八月

小原　雅博

目次

序章

「東アジア共同体」の核心
――五つの論点

1 共同体論の核心

(1)「共同体」の萌芽

東アジアは、アジアの東地域という程度の地理的存在として認識されはしても、それ以上の一体性を欠いた地域であった。世界的に地域主義（regionalism）が高まった九〇年代前後から、東アジアでも一つにまとまろうとする動きがなかったわけではない。しかし、東アジアの置かれた状況から、ＡＰＥＣ（アジア太平洋経済協力）[1]やＡＲＦ（アセアン地域フォーラム）[2]のような域外諸国を含む、より大きな地域協力は成立しても、一つの地域としての東アジアの求心力が示されるような地域メカニズムが誕生することはなかった。それは、九〇年代初めにマハティール首相が提唱したＥＡＥＧ（東アジア経済グループ）やＥＡＥＣ（東アジア経済評議会）の構想が日の目を見なかったことにもうかがわれる。

その東アジアが、二〇世紀末から急速に一体化の動きを見せ始めた。契機は一九九七年のアジア通貨危機であり、危機に見舞われた東アジア諸国は相互依存の高まりと地域協力の必要性を認識し、東アジア協力の枠組みが模索されるようになった。その受け皿となったのは、ＡＳＥＡＮが創設三十周年に当たる九七年の首脳会議に日中韓三国の首脳を招待して始まったＡＳＥＡＮ＋３首脳会議である。

その前年に開催されたＡＳＥＭ[3]（アジア・ヨーロッパ首脳会議）のアジア側参加国がＡＳＥＡＮ＋３であったことに加え、通貨危機への対応が地域の一体感を醸成し、首脳会議を定着させた。以後、ＡＳＥＡＮ＋３は日本の積極的イニシアティブや中国の対ＡＳＥＡＮ外交の活発化もあって東アジアにおける多国間外交の中心舞台となった。そうした流れの中で、東アジア秩序を大きく塗り替える可能性のある「東アジア共同体」構想が提唱されるまでになったのである。

二一世紀初頭、ＷＴＯ加盟により対外開放と市場経済化を加速する中国を軸として、東アジアは経済の活力（ダイナミズム）にあふれ、世界で最も高い成長を持続する地域となっている。既に、経済的相互依存を基盤とする一つの経済圏が形成されているとも言え、そうした実態を踏まえた地域主義の高まりが、「東アジア共同体」への期待を育んでいる。

しかしながら、拡大と深化を続けるヨーロッパの統合と比較すれば、東アジアの地域主義は緒に就いたばかりであり、また、東アジアは民族、宗教、政治体制、経済発展段階など実に多様である。

台湾海峡や朝鮮半島の情勢は、この地域の安全保障を不確実で不透明なものとしている。日本と近隣諸国との過去の歴史を巡る問題も依然として克服されていない。二〇〇五年春に中国において起きた反日デモは、「東アジア共同体」の鍵を握る日中関係の行方に暗雲を漂わせるものとなった。また、その直後にはフランスとオランダが国民投票により欧州憲法条約の批准を拒否し、「東アジア共同体」論議に水をかけたとの指摘もされた。

経済的相互依存の高まりや地域主義の流れは、はたしてこうした相反する要因や動きに打ち勝って、東アジアを共同体実現に向かわせるのであろうか。

(2)共同体論の俗説

「東アジア共同体」の議論においてしばしば取り上げられる「俗説」が幾つかある。それらは、共同体の議論が実現の可否を巡って揺れ動く「元凶」であり、「神話」である。しかし、本書はそうした俗説には与《くみ》しない。詳細は各章の議論にゆだねるが、ここでその核心部分を簡単に整理しておきたい。

それらは、①多様性、②経済的相互依存、③不透明・不安定な安全保障環境、④中国の台頭、⑤米国の役割、という五つの論点を巡る俗説である。

①多様性

第一の俗説とは、経済の規模や発展段階、政治体制、宗教や言語などにおける多様な東アジアにおいて共同体など実現するはずがないとの議論である。この議論は説得力があるように聞こえる。

しかし、多様性は、共同体構築の絶対的障害とはならないというのが本書の結論である。多様性は、グローバル化により、あらゆるものが画一化に向かう傾向にある中で、むしろ貴重な要素であり、新しいものを生み出すダイナミズムの源泉ともなり得る。画一的・教条的な共産主義イデオロギーに打ち勝った民主主義と市場経済はそうした多様性を尊重する制度であり、また多様性の中においてこそ真価を発揮する制度である。移民社会の多様性を抱えながらダイナミックに発展するアメリカという「共同体」はその最たるケースである。そして、建国以来自由と民主を理念として掲げてきた合衆国憲法が多様性の中の統合を担保している。共同体の多様性が問われるのではなく、多様な共同体の理念こそが問われなくてはならない。グローバル化する世界においては、多様性はもはやマイナス材料ではなく、プラスの価値を生み出す要素であり、東アジアの強みとして受け止めることさえ可能である。ヨーロッパは「多様性の中の統合」（欧州憲法条約）を謳っている。だからこそ、イスラム国家トルコの加盟までが真剣に議論されているのである。それ以上に多様な東アジアも、「多様性の中の統合」を目指すことによって、活力ある共同体を実現すべきなのである。

②経済的相互依存

第二の俗説とは、経済の相互依存の高まりが「東アジア共同体」の実現につながるとの経済的楽観論である。相互依存論は、共同体論を支える論理的基盤であり、実態でもある。統合が最も進むEUの域内貿易は六〇・三％、NAFTAで四四・五％に達している。これに対し、東アジア（ASEAN＋3と香港・台湾）の域内貿易は一九八〇年の三三％から五三・三％に上昇しており（以上二〇〇三年の数字）、統合の基盤となる相互依存という実態は存在していると言える。そして、こうした実態が制度化を後押ししていることはその通りである。

しかし、相互依存の高まりという経済実態が自動的に共同体の形成につながるわけではない。東アジアは、経済の発展段階や規模における較差や貿易構造の競合性を抱える中で相互依存を高めてきたのであり、その意味で、東アジアにおける経済相互依存は非対称的であると言える。そして、その中心軸となっているのは、二十年で経済規模を四倍にした中国経済と地域のGNPの六〇%を占める日本経済である。

特に、アジア通貨危機の中で東南アジア諸国が懸念した人民元レートの切り下げを行わず、WTOに加盟し経済開放と市場経済化を推し進めてきた中国は、急速に国内市場を拡大し域内経済活性化の牽引役となった。中国の輸入はWTO加盟の前年（一九九九年）とその五年後の〇四年を比べると三・四倍に急増しており、日本以上の輸入大国となっている（ちなみに、〇四年の中国は米国、ドイツに次ぐ世界第三位の貿易大国）。投資の受け入れにおいても、中国は日本を抜き去った。

その影響は、長引く不況の中で苦しんでいた多くの日本企業が「中国特需」によって業績を回復させ、一部では生産が需要に追いつかないほどの活況を呈したことに象徴されている。今や、中国は東アジア最大の市場を提供して東アジア経済の成長に貢献し、域内諸国との間で経済の相互依存関係を深化させているのである。こうした実態があって、中国は東アジア各国とのFTA交渉を積極化しているのであり、中国の動きが共同体論議の高まりにつながっている主たる要因の一つであることを指摘しておきたい。

また、東アジアにおいては依然として日本の経済力が圧倒的な比重を占めていること（ASEAN

＋3に占める日本のGNPは五分の三)、そして、日本が加わらない「東アジア共同体」はかつての華夷秩序のような中国を中心とする地域的枠組みとなる可能性もあることにかんがみれば、日本は「東アジア共同体」の議論に積極的に参加すべきであるが、その際日本としては、共同体全体の利益と日本の国益の観点からも、中国の社会主義市場経済ではなく、日本の自由で民主的な制度や価値を共同体構築に向けての制度化の基礎とすべく行動する必要がある。そして、そのためには、「東アジア共同体」構想を日本の国策として位置づけ、戦略を練り、アジア外交を強化して、共同体を巡る動きにおいてイニシアティブを発揮する必要があろう。

戦略として必要不可欠なのが、日本の「第三の開国」であり、日本を東アジアに開かれた国家とすべく、日本版の改革と開放を断行することである。中国のような経済だけの開放ではなく、政治、文化、社会あらゆる面において、日本が東アジアにとってのモデルとなるような開放された真の国際国家にならなくてはならない。その結果、東アジアの相互依存関係も一層の広がりと深まりをもって進展することになろう。そして、その実態は日本のスタンダードによる東アジアの相互依存の進展であり、実態が制度化を促すとすれば、日本がイニシアティブを握ることが可能となるのである。

いずれにせよ、実態が制度化を促す条件となるとの主張はその通りであり、本書でもそうした実態を明らかにしているが、「東アジア共同体」は各国政府、なかんずく、日本や中国という東アジアの大国が政治的意思をもって、具体的な制度化を積み上げていくことによって実現可能となるのであって、単なる相互依存の高まりだけで共同体へのプロセスが進展するものではないということを見落としてはならない。

③不透明・不安定な安全保障環境

第三の俗説は、第二の俗説とは逆に、経済の相互依存は進展しても、政治や安全保障の分野では、互譲の難しい領土や主権の問題、高揚するナショナリズム、歴史に根ざす相互の不信感などが障害となって、共同体構想は、しょせん夢でしかないとの政治的悲観論である。確かに、不透明・不安定な安全保障環境は、「東アジア共同体」の前に立ちはだかる最大の障害であり、朝鮮半島や台湾海峡の緊張が共同体論議に水を差し、そのプロセスを崩壊させる可能性も排除されない。しかし、市場が国境を侵食し、本音としての経済（カネ）が建前としての政治（主権）をかいくぐりながら、東アジアを席捲していることも事実である。中国では三億人が貧困を脱却した。平和な交易がすべてのメンバーにとって利益となるとの認識が広がりを見せることによって、経済という下部構造が政治という上部構造に影響を与え、政治が徐々に対立から協調へと変化することも期待できる。いずれにせよ、経済と政治の相互作用が「東アジア共同体」の成否を大きく左右するのは間違いない。

悲観論に欠如しているのは、現実を見据えつつも理想を目指して知恵を絞り、汗をかくという未来志向の意思と行動である。問題はいかなる共同体を目指すのかということとも関係する。まずは実利に基づく経済共同体を目指すことで、協力を進め、信頼を醸成しながら、政治や安全保障の分野にも徐々に手をつけ、平和と言う共通の目標に向けて着実に実績を積み上げて行くことによって、難しい問題についても前進を図ることは不可能ではない。そして、東アジアに残された安全保障の問題に深くかかわっている中国が、至上命題とする経済成長を持続する上で有用な「経済共同体」にコミットするのみならず、さらにグローバル化の中での繁栄に不可欠な平和な国際環境を担保する「平和共同体」にも国益を見い出すならば、「東アジア共同体」は経済のみならず、政治や安全保障の分野をも包摂する包括的共同体に発展する可能性がある。そうしたプロセスにおいて、共同体メンバー間に、協調的な行動規範や相互扶助の精神が根付いていけば、中国の行動がより平和的で協調的なものとなり、東アジアの安定に建設的な役割を果たす国となることが期待される。

④中国の台頭

第四の俗説は、中国の台頭を懸念する懐疑論である。軍事大国化する中国が東アジア諸国の安全にとっての脅威となるとの見解や「東アジア共同体」は「中華帝国」の形成と支配につながるとの見解である。世界が注目する東アジアのダイナミズムの中心に中国が存在することは既に指摘した通りである。その勢いは、二〇世紀の最後の二十年間で四倍増したGNPを、二一世紀の最初の二十年間で、さらにその四倍にする（二〇二〇年のGNPは一九八〇年の十六倍）という驚異的な成長速度にも現れている。こうした中国の台頭を、かつての中華秩序の再建の動きとして受け止める向きもある。確かに、中国は「中華民族の偉大な復興」を目指している。十三億人という巨大な民族の復興と華僑ネットワークの広がりが、東アジアの秩序を現代版中華世界という形で再構築することになるのであろうか。しかし、それはないというのが本書の結論である。「東アジア共同体」構想を浮揚させるほどに高まる経済の相互依存とダイナミズムは、かつての中華文明の「政治的・閉鎖的華夷秩序」とは異なるグローバル化の下での「経済的・開放的自由秩序」の下で生まれているものである。こうした東アジア秩序は、中華文明を含む東アジアの様々の文化や文明を基礎としつつ、欧米の近代文明が生んだ資本主義や自由と民主主義という普遍的な価値や原則を融合する形で形成されてきた。既に中国はグローバル化のネットワークの中に雁字搦めに組み込まれてしまっている。中国の貿易依存度は、〇四年には輸出で三六％、貿易全体で七〇％に達した（貿易大国と言われる日本はそれぞれ一二・一％、二一・九％）。中国にとって、国際的なルールや慣行を遵守し、世界の平和と繁栄の維持に貢献することが国益に資する道でもある。逆に、軍事増強によって近隣諸国に脅威を与えることは中国の国益を損なうものである。急増するエネルギー資源の確保やシーレーンの安全は、軍事力ではなく、国際的な対話と協力を通じて追求されるべきである。近年中国で提起された「平和的台頭」論や「責任ある大国」論は、そうした認識が芽生えていることをうかがわせる。

また、中国における持続的な経済成長が中産市民階級を大量に生み出し、そして、市場経済化と情報化の進展が社会の多元化を促進していることにも留意すべきである。二一世紀の中国社会の大きな流れは、より開かれ、より民主的な方向に向かうと見るべきであり、国際社会はそうした中国の変化を慫慂《しょうよう》していかなければならない。

共同体論において本質的な重要性を持つ点は、共同体の理念や行動規範を世界の普遍的な価値や原則に基づくものとすることができるかどうかである。台頭する中国を脅威と見なして、過度に身構え守りを固めるといったスタンスではなく、むしろ積極的に中国の変化を促し、変化する中国を機会（チャンス）として捉えて、日本の再生と東アジアの平和と繁栄に活かすといった発想の転換が必要とされているのである。

⑤米国の役割

第五の俗説とは、「東アジア共同体」における米国の位置付けを巡る議論であり、一方で、東アジアの安定にとって米国の存在は不可欠であり、米国抜きの共同体構想は笑止千万との議論があり、他方で、日本は米国を気にし過ぎであり、ＥＵやＮＡＦＴＡのような地域共同体の形成は時代の流れであるとの議論もある。確かに、東アジアにおける米国の役割は極めて重要である。東アジアの輸出主導型経済発展は、米国の巨大な市場に依存するところが大きかった。東アジア市場が中国を中心に拡大し、域内貿易が五割を超えた今日でも、東アジアの繁栄にとっての米国の経済的役割は依然として大きなものがある。そして、それ以上に大きいのが東アジアの平和と安定に対する役割である。冷戦後も不透明で不安定な安全保障環境にある東アジアの安定化機能を果たしているのが、米国の存在と関与であることに変わりはない。こうした米国の役割を「東アジア共同体」の形成過程においてどう位置付け、あるいはどう調和させていくのかが問われなければならない。一概に米国を排除するとか、排除しないといった単純な議論は有益ではない。ヨーロッパにおいても、経済的にはＥＵ、安全保障においてはＮＡＴＯという一種の分業形態をとって、地域の平和と繁栄を築き上げてきた。東アジアにおいても、東アジアの経済や安全保障の実態を踏まえた柔軟で機能的な共同体論議がなされる必要がある。世界の平和と安全に大きな役割を負ってきた、そしてこれからも負うであろう米国の存在と関与が、東アジアにおいて必要とされないということは当面あり得ないであろう。そうした基本的視点があれば、「東アジア共同体」の議論は、各論において、必要に応じて米国も関与する形で進展していくべきであろう。そうしたアプローチは、単独主義に陥りやすい米国を多国間主義に引きとどめていく上でも有用である。

近年、ＥＵは政治や安全保障の分野でも独自の道を模索しつつある。イラク戦争を巡っては、米国との間に亀裂が生じた。共通の安全保障観に立っていた冷戦時代のような一枚岩の関係を維持することは難しくなっている。しかし、安全保障環境の異なる東アジアがＥＵと同様の関係を米国との間で構築する（中国はそうした関係に立った共同体を想定している節がある[4]）には、朝鮮半島問題や台湾問題などの冷戦の遺物を解消し、領土問題や歴史問題を克服することによって紛争の種を除去し、かつ、自由や民主主義という価値や原則を共有する必要がある。少なくともそれまでの間は、東アジアの安定のためにも米国の存在と関与が必要であり、そうした観点にも立った「開かれた地域主義」を具体的にどう実現していくのかが、日本の基本戦略でなくてはならない。

(3) 日米中三角関係

そして、以上の五つの論点を現実主義的国際関係論に立ってさらに単純化してしまえば、「東アジア共同体」の行方は、三つの大国、すなわち、四千年の歴史と文明の遺産を抱えつつ目覚ましい経済成長を続ける中国と、東アジアの平和と繁栄に大きな役割を果たしてきた自由と民主の超大国米国、そして、その両国との関係が死活的重要性を持つ世界第二の経済大国日本の動向にかかっていると言って過言ではない。この三角関係がどう変化するか、なかんずく、日中関係と米中関係の推移は共同体論議にも大きな影響を与えることになろう。

第一に、日中関係である。台頭する中国は、鄧小平が始めた大胆な開放政策の下で積極的に外資を導入し、経済大国への道を歩んできた。十三億の人口と日本の二十五倍以上の国土を有する中国が、国際的孤立と政治的混乱の革命国家から国際的協調と政治的安定を求める普通の国へと変化してきたことは、日本の平和と繁栄にとっても東アジアの平和と繁栄にとってもプラスである。また、そのために日本が少なからずの貢献をしてきたことも事実である。七九年以来中国の改革と開放を支援してきた日本のODAはその最たるものであり、天安門事件直後の先進国首脳会議の場で「中国を孤立化させるべきでない」と強く主張したのも日本である。七二年の国交正常化以来の日本の対中政策は正しかったと言える。しかし、冷戦構造が崩壊して東アジアの戦略環境にも変化が生じる中で、歴史上初めて日中が共に繁栄する強国として東アジア外交を展開する時代が到来しており、両雄並び立たずとなるのか、それとも平和に共存・提携し得るのか、日中関係の将来展望は両国のみならず東アジア、ひいては世界の平和と繁栄に大きな影響を与える一大テーマとなっている。そして、経済停滞が続き閉塞感の漂う日本と空前の活況を呈し意気盛んな中国において、共にナショナリズムが高まりを見せている。歴史や領土という両国民の感情を煽《あお》りやすい問題によって、日中関係はかつてなく難しい局面に入ってきており、しばらくは新たな着地点を見出す努力が続けられることになろう。その間、日中両国は東アジアの平和と繁栄に資する共同体の構築に向けて、それぞれが建設的な貢献をするという意味で、いかなる協力や役割分担が可能なのかを模索すべきである。そして、そうした作業を共有することで、両国は建設的なパートナーとしての関係を構築する出発点に立つことができるのである。

第二に、米中関係である。覇権安定論や勢力均衡論を持ち出すまでもなく、米中の力関係の変化は東アジアの政治と安全保障に重大な変化をもたらすことになる。しかし、中国の目覚ましい台頭にもかかわらず、米国の優位は、当分の間揺るがないであろう。米国と中国はともに人口、領土、資源などにおいて大国であり、将来国際秩序の中心的担い手として競争と協力を繰り広げる可能性が高い。米国の最大の強みは、自由と民主主義という普遍的価値や原則を体現する社会の持つ活力にある。中国のダイナミズムは鄧小平の経済インセンティブの導入によって生まれた。物質的欲望を封印した「パンドラの箱」が開かれ、豊かになれるという期待が生まれたことによって十三億人の膨大な活力が噴出したのである。しかし、経済改革のみが先行した形での政治とのねじれ状況は、貧富の格差や腐敗の問題を深刻化させている。共産党一党支配の下で多元化する社会の多様な利益をどう吸い上げていくのか。中国の抱える問題は大きく、そして難しい。その意味で、「東アジア共同体」は、東アジアの価値や文化を基礎としつつも、自由で開放的な活力を持続させるシステムとして民主主義の原則と自由や人権という価値を取り入れた共同体となることを目指すべきである。

(4)　日本が目指すべき「共同体」

「東アジア共同体」構想は、「東アジア・サミット」における議論によって、徐々にその輪郭を現すであろう。東アジアの平和と繁栄に大きな利益を見い出す日本は、「東アジア共同体」構想の取りまとめに向けて、積極的にイニシアティブを発揮する必要がある。日本が目指すべき共同体とはいかなるものであろうか。

第一に、共同体の基本理念であり、それは世界に「開かれた地域主義」であるべきである。かつての中華帝国の華夷秩序や日本の大東亜共栄圏のような閉鎖的あるいは排他的なシステムとすべきではない。二〇世紀後半の日本、そして東アジアの経済的「復権」は、多様な文化や文明を柔軟に吸収した「開放性」にあったと言える。「開かれた地域主義」を基礎とし、自由で開放されたシステムとしての共同体の構築は不可能ではない。二一世紀の課題である「東アジア共同体」も、多様性の中での共存とウィン・ウィン関係の実現を目指す協力の精神と開放的な政策によって持続的な平和と繁栄を可能とする共同体でなければならない。

第二に、共同体の推進力となるインセンティブが必要であり、それはメンバー国が利益を共有できる「利益共同体」である必要がある。理念だけでは国家は動かない。各国の国益を維持・増進できる制度的枠組みの構築なくしては、共同体は掛け声だけに終わるであろう。

だとすれば、共同体は、まずは実利を基礎とする経済分野での統合を進めながら、国際テロリズム、エネルギーや環境の問題、海賊、組織犯罪、感染症など、地域が直面する共通の問題への共同の取り組みを制度化・組織化することによって、各国共通の利益を維持・増進するとともに、共同体意識の醸成につなげていくことが現実的なアプローチであると言える。

第三に、共同体の目標であり、それは経済のみならず政治や安全保障をも視野に入れた「包括的コミュニティ」を目指すものでなければならない。さもなければ、共同体は、政治的対立や軍事的緊張によって揺さぶられ、その意義も機能も大きく損なわれる可能性がある。しかし、政治や安全保障は、経済のような実利に支えられた統合に向けての条件が成熟しているわけではない。むしろ、共同体論議の障害と受け止められている。それにもかかわらず、平和共同体を目指す中で信頼醸成を図り、政治的な不信感と安全保障上の脅威を取り除いていくことが一つの建設的かつ賢明なアプローチである。その際、地域の安定に大きな役割を果たしてきた米国をどう位置付けるかが重要な論点となる。既に指摘した通り、共同体の機能に応じて役割を果たし得る国家をメンバーとして柔軟に受け入れていくことによって、平和と繁栄をより実効的たらしめる共同体を目指すべきであるとの考え方に立って議論されることが望ましい。

第四に、共同体の概念である。それは、以上の議論の論理的帰結でもあるが、地理的概念を超えて、「機能的概念」として発展させていくべきである。「東アジア共同体」は、ASEAN+3首脳会議の場において提起され、議論されてきた。したがって、それはASEAN十カ国と日本、中国、韓国からなる地理的枠組みが念頭に置かれていたと言えるが、それはかつてマハティール首相が唱えたEAECのように、意識するにせよしないにせよ、その背後にはどうしても対抗・排除の論理が付きまとう危険性がある。国際社会との関係から、そして、東アジアの実態から見ても、「東アジア共同体」は排他的メンバーシップによるクラブではなく、共同体の効果的・効率的運営という観点から参加を認める柔軟性・開放性を持つ緩やかな連合として発展させていくことが望ましく、現実的でもある。

機能的な協力のネットワークを重層的・複合的に張り巡らせて行くことにより形成される「機能的共同体」は、東アジアの平和と繁栄に資する。そうした共同体を目指すとすれば、その機能を担い得る豪州やニュージーランド、インド、さらには米国の参加も視野に入れる必要があろう。機能的概念としての「東アジア共同体」は、ヨーロッパや東南アジアという地域的概念を基礎とするE

UやASEANとは異なるものとなろう。

いずれにせよ、以上のような共同体を巡る議論は、各国の政治的思惑や戦略的利害が渦巻くプロセスに転化する恐れもある。共同体の参加国をどうするかという入口論に時間を割くのではなく、共同体によって何を目指すのかという出口論に議論を収斂させていくべきであろう。

2 共同体論の視点

本書は、以上のような筆者の視点や理念を基礎として書かれたものであるが、本論に入る前に東アジア共同体論を展開する上で陥ってはならない陥穽を指摘しておきたい。それは、歴史と文明を巡る自己中心的な視点である。

今日のいかなる文明も国家も、その歴史的蓄積の上に立って現在の形をなしている。歴史の遺産を明らかにすることで、現在の形がよりよく見え、未来への構想と戦略も見えてくる。その意味で、歴史を振り返ることは重要である。しかし、歴史に向き合う際には、西洋中心の歴史観にとらわれないようにすべきである。東アジアには、東アジアの歴史がある。東アジアの歴史を東アジアの視点からながめ、世界史的視点に広げていくことで、東アジアの本質が見えてくる。

第一次世界大戦後に『西洋の没落』を書いて、西洋中心の歴史観を批判したシュペングラーは、古代、中世、近代、現代と続く単線発展型の西洋史が世界史の普遍性を体現しているのではなく、世界史はヨーロッパ史にはない幾多の諸文明の歴史からなっていると論じた。「異なった人間には異なった真理がある」とのシュペングラーの言葉は、ヨーロッパの知識人がヨーロッパと異なる真理、文化、価値観、魂の存在を認め、多様性への共感と尊重を示したものでもある。

西洋中心主義への批判は、少なくない。E・W・サイードは、『オリエンタリズム』[5]を著し、「オリエント」(ここではアラブ世界を指す)に対するヨーロッパの研究が帝国主義時代の植民地支配による東洋蔑視感から抜けきっていないことを指摘し、西洋史観で東洋を捉える言説を鋭く批判した。バーナド・ルイスは、著書『イスラム世界はなぜ没落したか』[6]において、イスラムが何世紀もの間にわたって世界一の経済勢力であったと指摘し、その成功の水準、質、多様性の点で唯一比肩し得る中国文明でさえも「本質的にローカルなものであり続けた」と述べている。西洋中心の近代世界システム論を批判したアンドレ・G・フランクは、大著『リオリエント』[7]において、「少なくとも一八〇〇年までの近世の期間を通じて、生産性、生産、蓄積は、世界の他のどの地域よりも、アジアにおいて大きかった」し、その富の蓄積があったればこそヨーロッパの発展が可能であったことを鮮やかに描き出している。フランクは、「アジア、特に中国は、比較的最近まで世界経済において強力であった事実がある以上[8]、それが遠くない将来に再びあり得ることではないと考える理由はない」し、「過去における中国及び他のアジア諸経済の成功は、いわゆる西洋的な様式によるものではなく、近年のアジアの経済的成功も、やはりいわゆる西洋モデルとは異なる仕方で起こった」と述べている。

しかし、西洋文明も、イスラム文明も、そして中国文明も、すべてシュペングラーが言う幾多の諸文明の一つでしかなく、どの文明が中心で、どの文明がローカルかを議論することに歴史の意味があるのではない。大切なのは、シュペングラーが言うところのそれぞれの文明の「真理、文化、価値観、魂」を明らかにすることである。

一九世紀の東アジアにおける近代化が西洋文明の摂取を意味し、今日のグローバル化が、欧米化、なかんずく、「アメリカ化（Americanization）」を意味するとすれば、イスラム世界や東アジア世界は、いかに「西洋の衝撃」（ルイスの言う「Western impact」）に向き合ったのか、そして今、いかに「アメリカ化」と向き合うべきなのかが問われることになろう。また、その逆に、かつて「世界一の文明」を誇り、今日も世界の一角に大きな存在感を示すイスラム文明や中国文明に対して、アメリカはどう向き合うべきなのかも問われなければならない。そのためにも、まずは、イスラムや東アジアの「真理、文化、価値観、魂」を偏見なしにながめることから始めるべきである。その上で、ハンティントンの言う「文明の衝突」ではなく、「文明の対話」によって多様性を認め合う共存共栄こそが追求されなければならない。イスラム文明とアメリカ文明の間で、新たな聖戦や十字軍が叫ばれるなら、グローバル化する二一世紀は混迷の世紀となるであろう。「東アジア共同体」を構築する上で忘れてはならない視点である。

今日、EU及びNAFTAに次いで経済統合の進む地域として台頭する東アジアは、欧米主導の近代化とグローバル化を受容しつつ、欧米とは異なる「真理、文化、価値観、魂」によって、欧米の経済学者や歴史家の常識を覆す繁栄を実現してきた。日本の復興から、「東アジアの奇跡」、そして中国の台頭に、日本モデル、あるいは東アジア・モデルを見い出す議論も少なくない。しかし、そうした議論は、往々にして東アジアや日本についての特殊論につながりがちである。特殊論を排しつつ、民主主義や市場経済という普遍化する価値や制度を共有し、かつ、それぞれの地域や国家の歴史や文化を投影する多様なモデルの存在を認め、あるいは追求することが議論の前提となるべきである。

一九世紀後半、産業革命を経た巨大な工業力と近代化された軍事力を持つ西洋列強の東アジアへの進出は、「安定した東洋の秩序」を「停滞した東洋の非力」に変え、東洋文明は西洋文明の下に跪《ひざまず》くことになった。東アジアの地図は、植民地か半植民地に塗り替えられてしまう。そんな中で、日本は西洋の近代化を模倣し、「脱亜」して、「文明改進の兵」による帝国主義戦争に走った[9]。そして、戦争の大義として掲げられた論理は、欧米に対抗する形で日本が盟主として東アジアに覇を唱えた「東亜新秩序」あるいは「大東亜共栄圏」であった。

「東アジア共同体」は、このような歴史も踏まえて、議論される必要がある。本書が、「歴史の克服」に一節を割き、また、文化や価値について論じるのも、日本が覇権を求めた「東亜」の概念ではなく、日本と東アジア諸国との真のパートナーシップを基礎とする「東アジア」の概念を前提とすべきとの問題意識からである。「東アジア共同体」は、かつての「華夷秩序」でも「東亜新秩序」でもない、世界に「開かれた共同体」を目指さなければならない。

第1章

「東アジア共同体」の基盤を探る

——東アジアの「復権」

二〇世紀後半、混迷と激動の近代史に幕を引いた東アジアでは、目覚ましい復興を遂げた日本を先頭に、新興工業地域（ＮＩＥｓ）、一部のＡＳＥＡＮ諸国、そして中国の経済成長がこれに続き、雁の群れが飛ぶような成長を遂げた（表1参照）。

戦前、軍事力によってアジアの盟主を目指して挫折した日本は、戦後、平和主義と経済重視によって「富国」を求め、アジアとの関係を一貫して重視し、東アジアの安定と繁栄に貢献してきた。平和憲法の下、専守防衛に徹し、近隣諸国に脅威を与えるような軍事大国にならないという日本の基本方針は、アジア重視政策の裏返しでもある。また、政府開発援助（ＯＤＡ）の供与によって東アジア諸国の経済発展を支援もしてきた。アジア通貨危機に際しては、いち早く新宮澤構想など巨額の支援策を発表し、危機克服支援に動いた。その意味で、東アジアの「復権」は、日本がリードし

表１　アジア各国の実質経済成長率(%)

	60年代	70年代	80年代	90年代	1997	1998	1999	2000	2001	2002	2003	2004	2005
NIEs													
韓国	7.6	9.3	8.0	7.4	4.7	−6.9	9.5	8.5	3.8	7.0	3.1	4.6	4.0
シンガポール	8.7	9.4	7.4	8.3	8.6	−0.8	6.8	9.6	−2.0	3.2	1.4	8.4	5.0
ASEAN													
タイ	8.2	7.3	7.2	7.3	−1.4	−10.5	4.4	4.8	2.2	5.3	6.9	6.1	5.0
インドネシア	3.0	7.7	5.7	6.9	4.5	−13.1	0.8	4.9	3.8	4.4	4.9	5.1	5.7
マレーシア	—	8.0	5.7	8.7	7.3	−7.4	6.1	8.9	0.3	4.1	5.3	7.1	5.0
中国	—	9.6	9.9	10.2	8.8	7.8	7.1	8.0	7.5	8.3	9.3	9.5	9.6
日本	10.4	5.2	3.8	2.1	1.7	−1.1	0.2	2.4	0.2	−0.3	1.4	2.6	2.3

(出典, IMF「World Economic Outlook」2003, 2004, 2005／(旧)経済企画庁調査局編「アジア経済1998」)

てきたとも言える。日本人はその成果を誇りに思ってよいし、東南アジア諸国を中心に日本の戦後の生き方には高い評価と期待が存在してきた。戦後の日本を見つめてきたリー・クアン・ユー首相やマハティール首相の言葉がそのことを裏書きしている。そして、小渕総理は「富国有徳」を提唱した[1]。「強兵」によって富国を求めた明治日本は東アジアに不幸な歴史をもたらしたが、二一世紀の日本は「有徳」、すなわち高い志をもって東アジアの平和と繁栄、ひいては国際社会の平和と繁栄に貢献する国家となることを目指すべきであろう。

日本の復興に始まった「東アジアの奇跡」は、二一世紀に入る頃には中国を含む東アジア全域に広がり、「停滞するオリエント」であった東アジアは、世界で最もダイナミックに発展する地域として「復権」したのである。しかし、その復権は決して偶然でも奇跡でもなかった。以下、「復権」の歴史を振り返りながら、その秘密に迫ることで、東アジアの特質を解明し、「東アジア共同体」の基盤を探ることにしたい。

1 「復権」の先駆けとなった日本の奇跡

(1) 復興の秘密

「停滞するオリエント」の中で最初に「復権」を果たしたのは、富国「強兵」路線の挫折を教訓に、富国「経済」路線によって欧米へのキャッチ・アップを目指した日本であった。そして、その目覚しい台頭は、再び世界の耳目を驚かせ、日本の奇跡と称された。「日本株式会社」論などの「日本学」が流行し、高い貯蓄率、高い教育水準、高い政府の権威などに注目が集まった。競争と市場の役割を重視する米国に対して、協力と政府の役割を重視する日本。対照的な経済モデルは、日本特殊論を生んだ。バブル崩壊後、「特殊性」の打破が叫ばれ、日本モデルからアメリカ・モデルへの転換が雪崩《なだれ》を打ったように図られてきた。しかし、日本人がその成功体験を生み出した日本モデルを悪玉視するのは疑問である。日本モデルは、東アジア諸国に受け継がれ、「東アジアの奇跡」を生み出した。日本モデルは米国企業にも取り入れられた。日本モデルの放棄ではなく、その改善こそが目指すべき道であろう。

日本の戦後の復興を振り返る時、日本モデル以外に、二つの重要な要因が指摘されなければならない。第一に、経済発展、すなわち繁栄は、多くの国家にとってはどうにもならない要素である国際情勢に大きく左右されるということであり、戦後の国際情勢は日本の復興にとってたまたま好ましいものとなったという事実である。このことは、幸運と呼ぶべき類の要因であったが、第二に、そのような幸運をしっかりとつかみ取って日本の発展につなげることができた要因として「自助努力」の精神が存在したことを見落としてはならない。以下、簡単にこの二つの要因について触れる。

米ソの対立による二極化の進行の中で展開した戦後の国際情勢は、日本の復興にプラスとなった。

第一に、米国は、ソ連を封じ込める「トルーマン・ドクトリン」を基本戦略に据え、自由主義陣営の結束を図るべく、その圧倒的な経済力をもってマーシャル・プランを中心とする膨大な援助と国内市場の開放によって日本を含む西側諸国の経済復興を強力に支援した。国土の荒廃とインフレ・食糧不足の苦難と混乱のどん底にあった敗戦国日本は、米国や米国主導の国際機関による膨大な援助によって戦後の最も困難な時期を切り抜けることができた。米国の対日援助の規模は、一九四六年から五一年の六年間に総額二十億ドルに達し、その間の日本の一般会計の歳入合計の五分の一に相当する巨額なものであった。また、ドル建て支援であったため、石油などの天然資源や食料など、国家の生存に不可欠な物資を輸入することが可能となった。さらに、その見返り資金は国内に投資され、企業家精神を刺激して自助努力を促す起爆剤の役割を果たした。

第二に、朝鮮特需である。一九四九年にマッカーサー占領軍総司令官の経済顧問として訪日したジョゼフ・ドッジが米国の援助と財政の補助金に頼る脆弱な「竹馬」経済と呼んだ日本経済にとって、一九五〇年六月に始まった朝鮮戦争による特需は、まさに「天の恵み」（吉田茂首相）となった。トヨタ自動車工業の石田退三社長は、「ツキや運は日頃から努力しているものだけが動かせるんだ」と語ったが、倒産の危機に瀕していたトヨタも息を吹き返した。「特需」[2]は、一九五三年末までに総額二十三億ドルに上った。朝鮮戦争終結後も、米国の軍需関連の「新特需」が続き、五四年から五六年までに、さらに十七億五千万ドルに上る外貨収入をもたらした[3]。こうした特需により日本経済は急速に回復し、発展を遂げることになった[4]。

第三に、世界銀行の融資である。日本は、米国の援助と「朝鮮特需」によって戦後の困難を切り抜けた後、世界銀行（国際復興開発銀行）の融資を受けて経済発展の基盤整備に努めた。日本が世銀から借り入れた資金は、一九五三年から六六年までに三十一件、総額八億六千三百万ドルに達した（世銀融資の規模としては、インドに次ぎ第二位）。日本は、世銀融資によって、東名・名神高速道路や東海道新幹線などの交通・運輸インフラと黒部第四ダムなどの電力インフラを整備し、八幡製鉄所やトヨタ自動車などの基幹産業を育成した。世銀融資は、日本の外貨不足を解消し、高度経済成長の基礎条件を整えただけでなく、その経済的な波及効果も大きく、まさに日本経済発展の推進力になった。この返済が完了したのは一九九〇年七月になってのことであり、実に三十七年に及ぶ長期低利の寛大な融資であった。

こうした援助が、勤勉な日本人の「自助努力」と合わさって、高い経済成長を生み出した。戦争によって道路、橋梁、空港、港湾、通信電力施設など物理的な経済インフラは徹底的に破壊されたが、経験のある経営者や熟練労働者などの人的資本と生産から貿易・投資に至る経済活動を律する基本的な機構・制度は残された。そして、それらの要素が「自助努力」という形で効果を発揮した。また、米国や世銀の援助が、贈与ではなく、返済義務のあるローンであったことは、「自助努力」を一層促すこととなった。冷戦の影響もあって戦前の人材やシステムが一掃されずに巧みに利用され、物理的な経済インフラが復旧・整備されると、そうした人的・制度的要素が目を覚まし、両者の結合と相互作用によって経済活動の急速な回復と活性化が可能となったのである。援助を自ら積極的に利用し消化する意思と能力によって、戦争で傷つき、疲弊し、停滞していた経済の潜在力が息を吹き返したと言える。

(2) 賠償問題

戦後の日本の復興にとっての難題の一つは賠償問題であった。賠償は戦後のわが国が周辺諸国との関係を再構築し、国際社会に復帰するために払わざるを得ない国民的代償であったが、戦争による国土の荒廃と経済の破綻の中での賠償は容易ならざる難題であった。しかし、ここでも国際情勢がプラスに働いた。米ソ対立による冷戦の激化の中で、米国は、アジアにおける共産主義の浸透を防ぐとの観点から、日本において「存立可能な経済を維持する」ため過大な賠償取り立てはしないとの政策に転換した。対日講和は懲罰的な色彩を薄める形で実現されたのである。一九五一年九月八日、サンフランシスコ講和会議に出席した首席全権の吉田茂首相は、平和条約受諾演説において、「日本全権はこの公平寛大なる平和条約を欣然受諾致します」と述べたが、サンフランシスコ平和条約は敗戦国日本にとって「世界に類を見ない公正な」(吉田)条約となった。

第一に、日本の賠償は、日本が「存立可能な経済」を維持することを前提に、その「支払い能力」の範囲内で行うとされたが、日本の賠償支払い義務を規定した平和条約第十四条(対日賠償条項)は、賠償の額や期間など具体的な点をすべて賠償請求権を有する国と日本との二国間交渉に委ねた。しかも、サンフランシスコ平和条約の締結国のうち、実際に賠償請求権を行使し、日本と賠償協定を締結したのは、フィリピンとベトナムの二カ国だけであった。ビルマ(サンフランシスコ会議に参加せず）とインドネシア（サンフランシスコ条約に署名したが批准はせず）は別途に日本と賠償交渉を行い、二国間の平和条約を締結し、同時に賠償協定も締結したが、カンボジア、ラオス、オーストラリア、オランダ、英国、米国等は賠償請求権を放棄したか、または行使しなかった。また、中華民国とインドはそれぞれ個別の平和条約で賠償請求権を放棄した。

第二に、賠償の形態は、金銭によって支払われるのではなく、日本人の労働力を利用して賠償相手国の原料を加工して送り返したり、沈船を引き上げたりするという「役務（「the services of the Japanese people」）賠償」に限定された（第十四条）。日本経済の回復もあって、その後の個別の賠償協定交渉では、役務に加えて、生産物の供与も含められることになったが、賠償支払いが日本人の役務及び日本国の生産物に限定されたことによって、敗戦から復興への苦難の中で外貨不足に喘いでいた日本経済の負担は大いに軽減されたと言える。

また、賠償は、いわゆる「ひも付き」（日本タイド）[5]であったため、東南アジアへの日本の輸出と日本企業の進出を促した。賠償を通じて、日本は東南アジア諸国に機材やプラントを輸出し、同地域から原油、鉄鉱石、ゴムなどの天然資源を輸入した。当時の政府の公式見解の中でも、「わが国の経済発展の方向に即応し輸出市場の拡大、重要原材料の輸入市場の確保に貢献しうるものでなければならない」[6]といった輸出振興と資源確保の立場が明らかにされている。こうした直接的効果に加えて、日本経済の有効需要の創出という反射的効果もあって、賠償がわが国製造業の発展と日本の輸出競争力の強化に果たした役割は小さくなかった[7]。日本は、賠償を契機として、賠償を仲立ちとする輸出振興策によって援助と貿易の連携を強めつつ、東南アジア諸国との経済関係を緊密化させていった。

(3) 高度経済成長と「失われた十年」

「朝鮮特需」と東南アジアという市場の誕生によって日本の復興は一気に進み、一九五六年には、経済企画庁が初めて発表した経済白書が「もはや戦後ではない」[8]と宣言し、国民もそれを実感した。テレビ、電気冷蔵庫、電気洗濯機という「三種の神器」が普及し、海や山に行楽客が溢れ、「太陽族」が出現した。六〇年には、池田内閣が十年間で実質GNPを倍増する「国民所得倍増計画」を掲げて、国民挙げての経済成長路線に邁進する。十年間で倍増するためには、毎年平均七・八％の成長率が必要であるが、実際には平均一〇％の伸びを実現した。六四年には、アジアで初めてのオリンピックが東京で開催され、その関連事業は国立競技場（拡張）など会場の整備のみならず、道路や上下水道、さらには東海道新幹線、高速道路や地下鉄の建設まで当時の年間国家予算の三分の一に当たる資金が注ぎ込まれた。この頃には、一人当たりGNPは千ドルを突破し、三種の神器は、自動車、カラーテレビ、クーラーの「3C」に取って代わられた。七〇年には大阪万国博覧会が開催された。日本製造業の国際競争力は飛躍的に高まり、貿易は黒字となり、日本の経済的成功に世界の注目が集まった。戦後の目標であった「欧米に追いつけ、追い越せ」はこうして達成されたのである。七九年、ハーバード大学のエズラ・ボーゲル教授は、日本人の傲慢さに警鐘を鳴らす『ジャパン・アズ・ナンバーワン』を著したが、日本人は内容をろくに読みもせず有頂天になった。八七年、日本の対外資産は米国を抜いて世界一となり、海外の不動産や名画が日本によって買いあさられた。東京の土地は一年間で八五・七％も値上がりした。八九年には、東証平均株価が史上最高値（三万八千九百十五円）をつけ、日本人はバブル経済の中で株や土地に狂奔した。「株価は経済を映す鏡」と言われるが、多くの日本人が株と土地は永遠に値上がりすると信じて疑わなかった。「悪の帝国」ソ連が崩壊し、冷戦が終結すると、米国では「日本脅威論」や「ジャパン・バッシング」が台頭した。しかし、間もなくバブルがはじけ、株価は一万円を割った。「輝ける八〇年代」は「失われた九〇年代」に取って代わられた。

ポール・ケネディは、『大国の興亡』において、戦後の「日本の奇跡」は、①米国が朝鮮戦争とベトナム戦争に注ぎ込んだ多額の防衛費による刺激（いわゆる「特需」）、②高い教育水準、③勤勉や協調性などの国民性、④小さな防衛支出と高い貯蓄率などによって可能となったと指摘したが、バブル崩壊と「失われた十年」の停滞に苦しんだ日本経済に、奇跡を生んだ要因は残されているのだろうか。

まず、①目覚ましい経済成長の中で急拡大する中国の巨大市場は、日本経済にとっての「中国特需」とも言うべき現象を呈している。他方、②偏差値偏重の教育制度とその反省による詰め込み教育からゆとり教育への転換、そして学力低下、さらには、いじめ、不登校、学級崩壊など教育を巡る問題はまことに深刻である。また、③勤勉や協調性と言った国民性は平和で豊かな社会の時代が続く中で無気力と個人主義に取って代わられ、④貯蓄率は長期不況とリストラの中で急速に低下している。不況が長引く中で、財政赤字が深刻化し、動揺する金融システムの下で不良債権処理は進まず、年金・保険や終身雇用などのシステムは事実上破綻している。協調から競争への変化の中で、勝ち組と負け組みがはっきり分かれだした。社会の弱い部分から淘汰が進み、日本の伝統と文化を育んだ地方は荒廃し、日本経済を底辺で支えてきた中小企業が苦しんでいる。

日本を学んで国を発展させてきたマハティール前首相は、次のように述べたことがある。

「日本の若者は日本人の良き特徴を次々と失っています。生活を楽しむだけでは日本のこれからの発展は難しい。中国は大国で、人々は非常に勤勉で器用です。日本に競争力がなくなれば、中国は非常に強くなり、日本は対抗できなくなると思います。」[9]

奥田日本経団連会長も、かつて雑誌の座談会（筆者司会）で、こう述べている。

「私は、道に座り込んでいるような日本の若者を見ると、日本はもっと頑張らないと、二一世紀には負けてしまうのではないかという感じさえ持ちましたね。（中略）日本は、英語教育や大学のあり方を含め、二一世紀に向けて日本の制度の見直しについて考えていかなければならないと思いますね。」[10]

「勤労は美徳」と言われた日本の労働時間は米国と並び[11]、フリーターやニートが増大している[12]。また、ＯＥＣＤの調査によれば、日本人の中学レベルの学力は国際的に低下しており、二〇〇〇年と〇三年を比べれば、「読解力」は八位から十五位へ、「数学的応用力」は一位から六位に落ちている[13]。他方、日本の海外への技術依存度の推移を見ると、九〇年代に依存（輸入超過）から逆依存（輸出超過）に転換し、特に製造業分野では、日本は技術競争力において欧米に追いつき追い越した[14]が、企業の意識レベルでは、逆に米国優位と見る企業が増えている[15]。そんな中で、将来を悲観せず、新たな市場開拓や製品開発に乗り出す企業も少なくない。日本が持つ変革に対する適応力の強さが試されている。「日本の奇跡」を生み出した日本モデルは、政府と市場の関係や公と私の関係における新たなベスト・ミックスを求めて変化を遂げつつある。そして、制度の改革のみならず、意識の改革が進むか否かが日本再生の鍵を握る。

2 「東アジアの奇跡」から通貨危機へ

(1) 奇跡の秘密

日本の奇跡と言われた復興・発展に次いで、東アジアでは韓国、台湾、シンガポール、香港といったいわゆる新興工業経済地域（ＮＩＥｓ）[16]が成長フロントに躍り出て、これにタイ、インドネシア、マレーシアといった一部のＡＳＥＡＮ諸国が続き、最後に中国が改革・開放を軌道に乗せて高成長を開始した。いわゆる雁行型発展によって、東アジア全体が経済成長に向けて離陸したのである。

一九九三年には、日本の要請で世界銀行が「東アジアの奇跡（The East Asian Miracle）」と題するレポートを発表した。これは、欧米資本主義モデルの権威が東アジアの「復権」を正式に認めるものであった。このレポートは、アジアの八カ国・地域（タイ、インドネシア、マレーシア、シンガポール、韓国、台湾、香港、日本）の経済を取り上げて、この地域が急速な経済成長と所得の不平等度の低下という成果を収めたことを「奇跡」と賞賛して、その共通の要因が政府の役割（公共政策）にあることを明らかにした。その表現ぶりや評価が不十分との指摘もあるが、「市場原理主義」の思想が支配的であったＩＭＦ・世界銀行において、政府の役割が評価されたことは画期的なことであった[17]。世銀レポートは、適切なマクロ経済政策、十分な教育投資、積極的な輸出促進などの選択的市場介入政策の有効性を認めたが、これらはまさに「日本モデル」と言えるものであった。ノーベル経済学賞を受賞したジョセフ・スティグリッツは、世銀の上級エコノミストであったが、経済的成功を収めた国は、すべて市場と並んで政府が重要な役割を果たした混合経済であると指摘した上で、重要なのは政府が役割を果たすべきか否かという問題ではなく、政府がいかなる役割をどう果たすかという問題であり、東アジアの成功は市場の失敗を認識しつつ、政府の役割を補完的・限定的なものにとどめたことにあると述べている。

(2) 政府の役割

筆者は、実務者としてODAの政策から実施まで携わったことがあるが、自らの経験と知識に基づく確信めいた結論は、「政府の失敗」は「市場の成功」によって是正される場合があるし、逆に「市場の失敗」は「政府の成功」によって補完される場合があるということである。そして、援助をする側にいかに高邁な理念と豊富な資金があっても、援助を受ける側に次の二つの条件がなければいかなる援助も経済成長を促す力とはなり得ないということである。その二つの条件とは、第一に、機能的な行政府（ガバナンス）と勤勉な国民（自助努力）によって支えられた援助吸収能力であり、第二に、市場メカニズムと政府の適切な役割が確保されていることであり、そのための制度が整備されていることである。東アジアの高い経済成長を支えた日本のODAの成功の秘密も、以上の二点にある。日本のODAが、自らの、そして東アジアの経験を踏まえて、途上国の自助努力を重視し、インフラ整備のための資金協力のみならず、人材育成や知的支援、さらには人間の安全保障に力を入れている理由もここにある。近年、破綻国家の再建が国際社会の課題となっているが、そこでもガバナンスの問題が重要な要素として取り上げられ、取り組みが強化されるようになっている。

そして、政治的安定性は、長期的観点に立ったビジネスの展開や海外からの投資の促進にとって不可欠である。「東アジアの奇跡」を生み出した政治体制は、「開発独裁」あるいは「権威主義的開発体制」と呼ばれる。人権や民主といった価値を尊重する立場からは様々な批判もあるが、奇跡を生み出した政府の役割（特に長期ビジョンの下での適切な政策の一貫性）は、スハルト、リー・クアン・ユー、マハティールといった指導者の長期にわたる強力なリーダーシップの下での政治の安定と経済の優先という形で発揮された。

日本と東南アジア諸国との関係は、戦後国際社会に復帰した日本のアジア外交の中心に位置付けられ、賠償とその後のODAや日本企業の直接投資を通じて強化されていった。今日、東南アジア十カ国をメンバーとするASEANは、あらゆる分野において日本にとって最も緊密なパートナーの一つとなっている（表2参照）。そして、日本のODAと日本企業の直接投資は、七八年の改革・開放政策の採択によって経済成長路線に乗り出した中国においても大きな役割を果たすことになった。

しかし、九〇年代に入ると急速なグローバル化と自由化の流れが東アジアを飲み込んでいった。そんな中で、中国やマレーシアは、市場経済メカニズムと政治・社会の安定との関係に留意しながら政府主導の経済運営を進めていった。このことが、次に述べるアジア通貨危機における両国の対

（経済協力·旅行者数）

ASEANから見た日本

日本から見たASEAN

経済協力

ASEANへのODA供与国

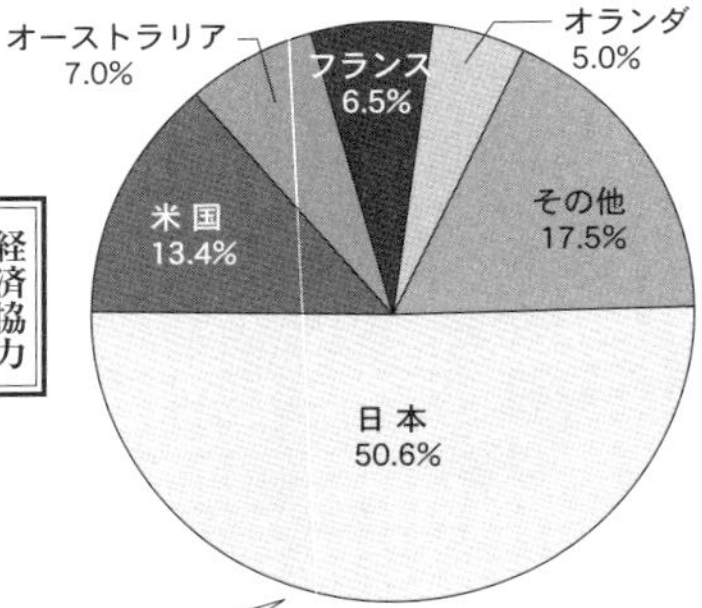

ASEANにとり日本は最大のODA供与国（2003年実績）
DAC諸国ODA総額：29億米ドル
うち日本：15億米ドル

出所：OECDホームページ

日本のODA供与先

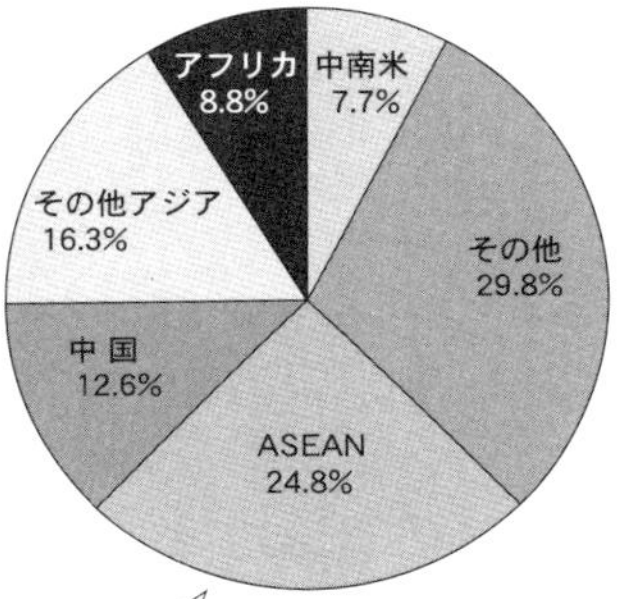

日本にとりASEANは重点支援地域（2003年実績）
日本のODA総額：60億米ドル
うちASEAN：15億米ドル

出所：外務省経済協力局

旅行者数

ASEANへの旅行者数

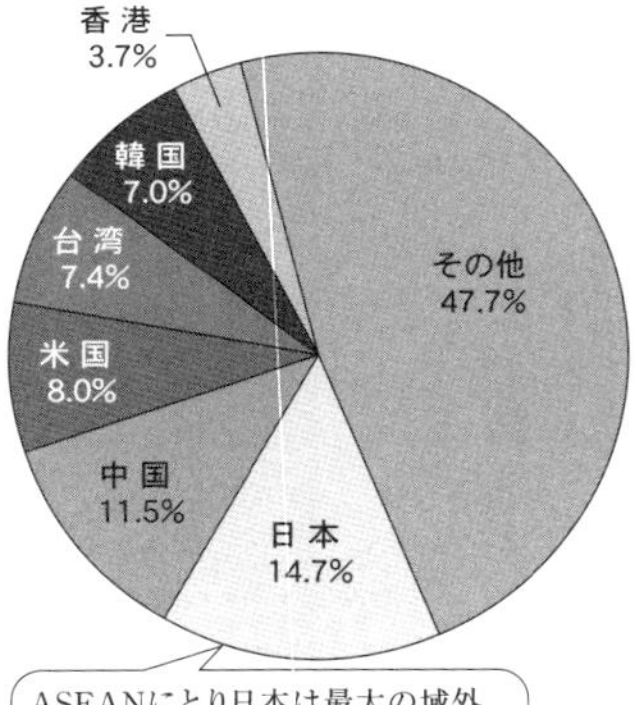

ASEANにとり日本は最大の域外旅行者数（2002年実績）
域外からの旅行者数：2,521万人
うち日本：371万人

出所：各国政府統計等

日本人の旅行先

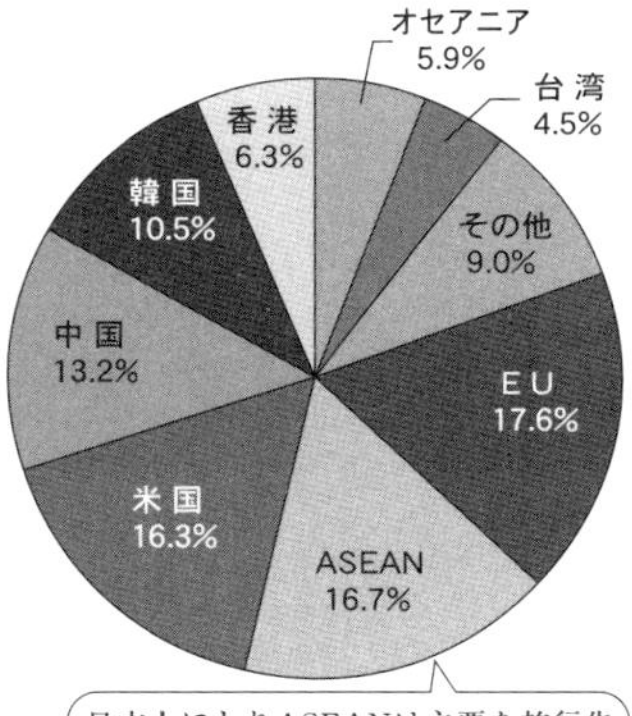

日本人にとりASEANは主要な旅行先（2002年実績）
旅行者数：2,220万人（のべ）
うちASEAN：371万人

出所：国際観光振興機構

表2 日本とASEAN （貿易・投資）

ASEANから見た日本 | **日本から見たASEAN**

貿易関係

ASEANの貿易相手国

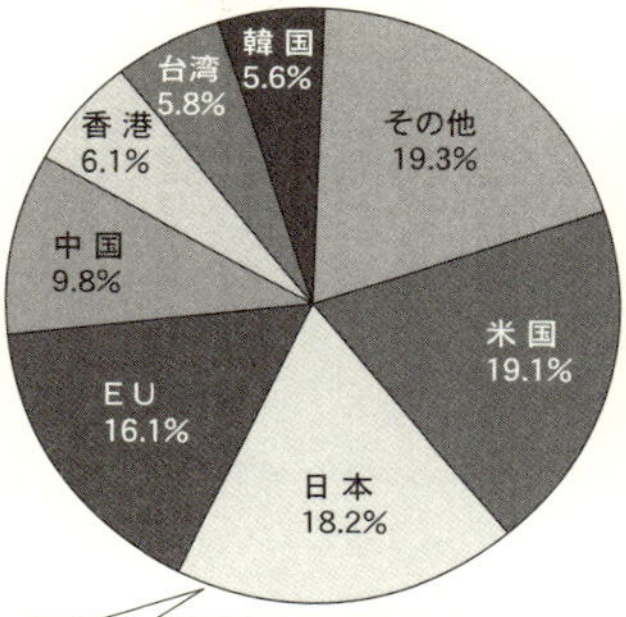

ASEANにとり日本は米国と並ぶ最大の貿易パートナー (2003年実績)
対域外国合計：6,584億米ドル
対日貿易：1,196億米ドル

出所: IMF "Direction of Trade Statistics 2004"

日本の貿易相手国

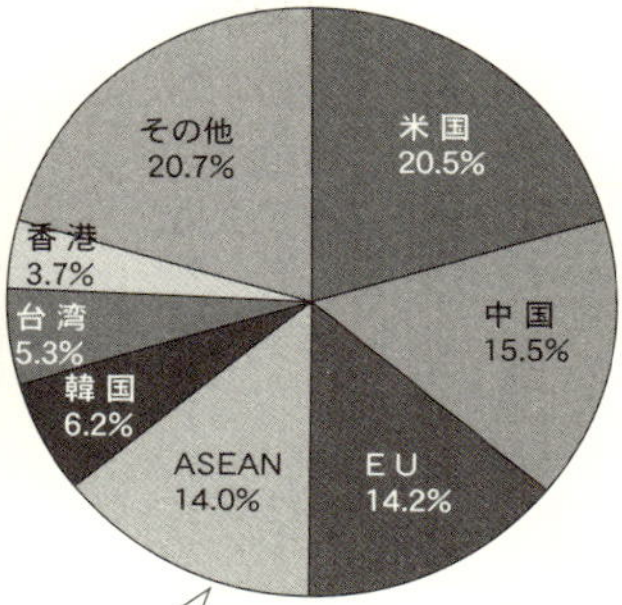

日本にとりASEANは主要な貿易パートナー (2003年実績)
対世界貿易額：98.9兆円
対ASEAN：13.9兆円

出所: 財務省「貿易統計」

投資関係

ASEANへの投資国

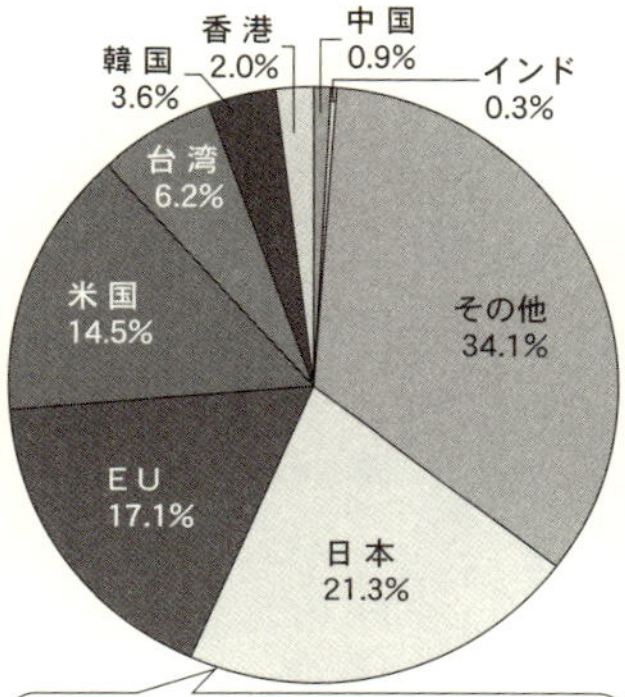

ASEANにとり日本は最大の域外投資国 (1995－2002年累計)
域外国投資累計：2,445億米ドル
うち日本：521億米ドル

出所: ASEAN事務局 "Statistics of Foreign Direct Investment in ASEAN 2003"

日本の投資先

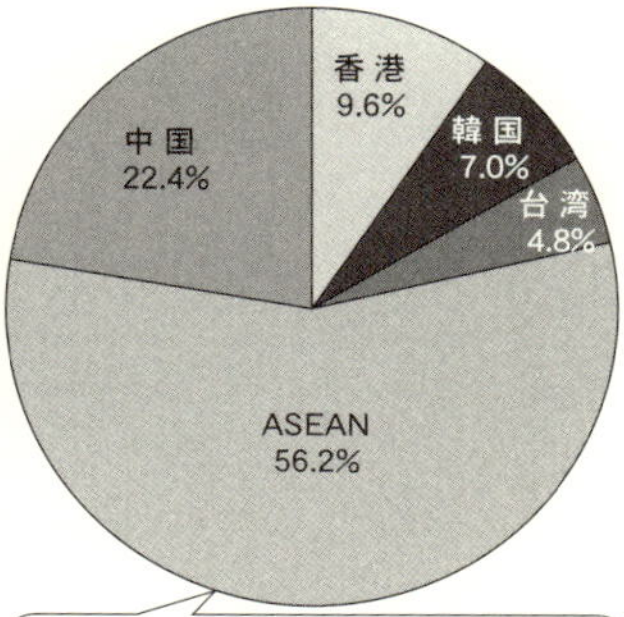

日本にとりASEANは東アジア地域で最大の投資先 (1995－2002年度累計)
対東アジア累計：7兆5,526億円
うちASEAN：4兆2,433億円

出所: 財務省「国別・地域別対外直接投資状況」

応と危機の影響を他の東アジア諸国とは違ったものにさせた。

(3) アジア通貨危機

冷戦終結によって、統合された世界市場が誕生し、グローバル化が進展した九〇年代になると、国境を越えた大規模で急激な資本移動が各国経済を翻弄し打撃を与える市場経済のリスクが徐々に認識されるようになる。「奇跡」と呼ばれた東アジア各国でも、経済、なかんずく、資本勘定の自由化が急速に進み、脆弱な国内金融システムは予測しがたいグローバルな金融システムの中に放り込まれていった。一九九四年から九六年までの三年間で約二千二百億ドルの民間資金が、韓国、インドネシア、マレーシア、タイ、フィリピンに流れ込んだ。一九九九／二〇〇〇年の「世銀開発報告」が指摘している通り、この頃の東アジア諸国の政府は、自国経済の支配権を脅かされる海外からの直接投資よりも民間資金借り入れを好んで利用していた。しかし、民間資金借り入れは直接投資に比べて流出入の変化が激しく、経済の安定的発展に悪影響を与える恐れがあった（表3参照）。

表3　1992−97年における平均資金流入とその変化率

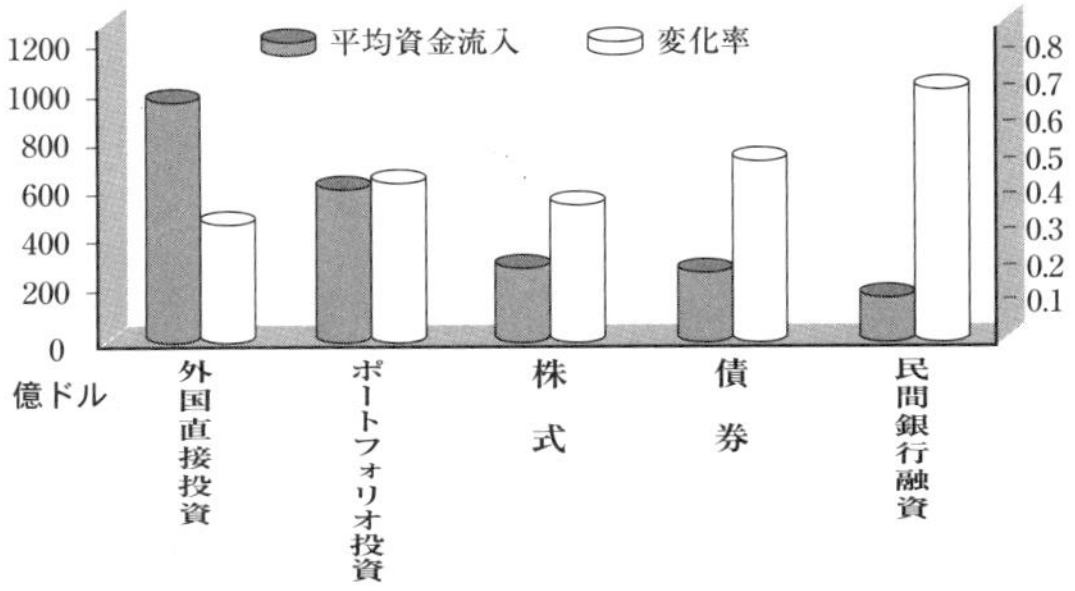

(出典：UNCTAD, World Investment Report, 1998)

九七年夏以降、東アジア諸国の市場への国際的信任が失われると、その年だけで約千億ドルの民間資金が海外に流出していく事態となった。これが、アジア通貨危機である。このように、通貨危機は過剰な短期資金の流入とその過剰な流出によって引き起こされた。その引き金は、為替自由化の中で可能となったヘッジ・ファンドなどによる為替投機（タイのケース）や噂に基づく「パニック」（韓国のケース）であったが、その背景には、外貨建ての短期資金を大量に借りて、国内通貨に換え、これを長期プロジェクトである実物投資（しかも、不動産分野などの生産性が低く、リスクの高い投資）に過剰融資した金融バブルがあった（表4参照）。そこには、短期資金で長期事業を賄う「期間のミスマッチ」と外貨を借り入れて国内通貨建ての融資を行うという「通貨のミスマッチ」が認められる。

表4　不良債権の銀行融資残高に占める割合

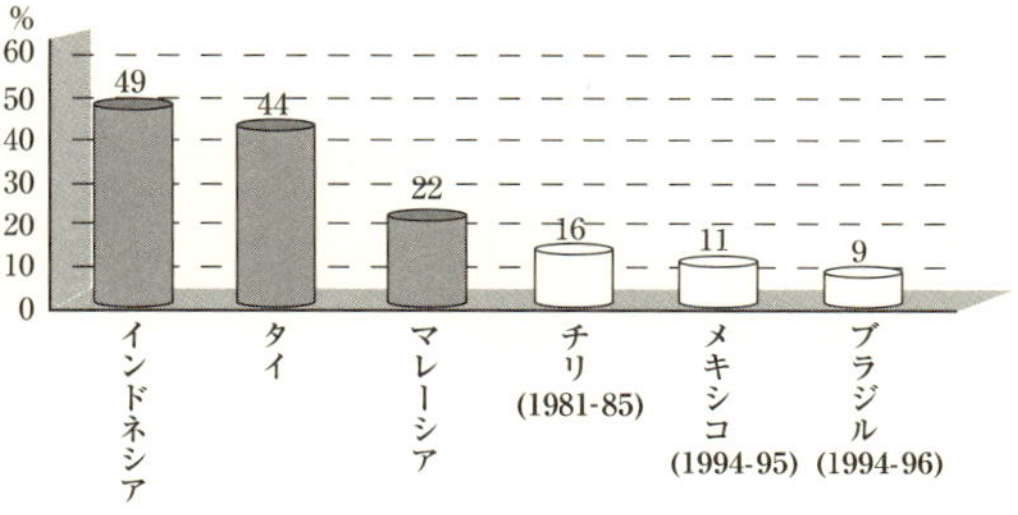

＊上位3カ国は通貨危機のピーク時の数字
(出典：The World Bank)

ＡＰＥＣ蔵相会議において、宮澤蔵相は、こうした通貨面でのミスマッチ(currency mismatch)と満期上のミスマッチ(maturity mismatch)が、非効率な金融仲介によって生じたと指摘した。「ダブル・ミスマッチ」[18]を引き起こした原因は、第一に、短期資金の過剰な流入を可能とした金融・資本の自由化や、そうした流入を促した政策（例えば、タイでは邦銀の支店開設の条件を海外借り入れ額とリンクさせた）、第二に、過剰かつ非効率な投資を生んだ「金融セクターの脆弱性や金融セクターの適切な監督の欠如」[19]にあった。

しかし、これらの原因は、特に東アジアに特有の構造的問題ではなかった。通貨危機発生後、欧米の論調の多くは、危機の原因が「仲間内資本主義（crony capitalism）」、すなわち、アダム・スミスの言う「神の見えざる手」によってではなく、仲間（クローニー）内のコネや情実によって動かされる汚職・腐敗にまみれた資本主義にあるとの構造論・特殊論を展開した。しかし、通貨危機は、翌九八年には、ロシアやブラジルでも発生し、アジア通貨危機は、東アジアに特有の現象ではなく、一般的な現象であることが認識されるようになった。日本政府は、世界金融システムに内在する問題を取り上げて、その改革を提唱した。

ＩＭＦの市場原理主義は、通貨危機を経済・社会危機にまで悪化させたとの批判を招いた。批判の中心は、ＩＭＦの画一的な「経済構造調整政策」という処方箋に向けられた。そもそもＩＭＦは、戦後の貿易通貨安定化のためのブレトン・ウッズ体制の柱として設立され、金・ドル本位制の下での為替の安定や為替制限の撤廃を目的としたが、米国国際収支の悪化により金・ドル本位制が崩壊し、変動相場制への移行が認められるようになると、その役割は国際収支困難に陥った加盟国に対して、加盟国の拠出によってプールされたＩＭＦ資金を一定の政策の下で短期融資することに比重が移った。「一定の政策」とは、融資条件（コンディショナリティ）と呼ばれ、融資を受ける各国政府は、財政・金融の緊縮政策、為替や資本の自由化、国有企業の民営化などの構造改革を約束しなければならなかった。しかし、ＩＭＦのコンデショナリティについては、その有効性への疑問やその代償（特に社会的影響）の大きさへの懸念、さらには国家の主権をも脅かしかねない介入への反発など、問題が少なくなかった。アジア通貨危機では、こうした問題が噴出した。マレーシアは、緊縮政策ではなく景気刺激策を採るとともに、投機家の過剰な資本取引を規制して、ＩＭＦと衝突したが、結果的にこれがマレーシアの打撃を小さくし、危機からの回復を早めることになった。

J・スティグリッツをはじめ、少なからずの著名な経済学者は、このIMFの画一的な政策の弊害を鋭く指摘した[20]。開発の持つ複雑さ、途上国の多様性を考えれば、あらゆる時間的・空間的局面に適用可能な万能の処方箋は存在するはずもないが、ここでは、アジア通貨危機の反省として、三点指摘しておきたい。

第一に、資本の自由化は各国の置かれた状況を十分勘案しながら、適切な順序立てをもって行う必要がある。短期資本の自由化に走る前に、長期資本や直接投資を活用できる自由化を図るべきである。今日、直接投資は、新興市場諸国に不足しがちな資本をもたらすのみならず、技術の移転や経営方法の伝播、市場アクセスの改善などの効果があると認識され、積極的に受け入れられるようになった。そもそも、東アジアは高い貯蓄率と勤勉な労働力によって生み出される資金を東アジア自身の経済成長に利用し得る金融インフラが十分育っていなかった。したがって、東アジア諸国では、株式や債券などの発行による資金調達である直接金融ではなく、金融機関からの借り入れという間接金融が中心となった。このことが、海外からの借り入れに過度に依存する体質を生み出した。危機後、債券市場の創設・育成の重要性が唱えられ、具体化の努力がなされているゆえんである。

第二に、マレーシアが行った資本規制は、国際的な批判を浴び、直接投資など有益な長期資本の流入に悪影響を及ぼす恐れもあったが、通貨危機の影響の甚大さにかんがみれば、万止むを得ぬ「超法規的措置」であったと捉えるべきであろう。急激な資本移動を防止し、仮にそれが起きた場合にはその混乱を制御する何らかの有効な方策が検討されなければならない。この点で、以下に述べる

「ＡＭＦ（アジア通貨基金）」構想や「チェンマイ・イニシアティブ」は、投機家に対する心理的抑制効果と実際の危機対応措置として効果的な地域協力メカニズムであると言える。

第三に、ＩＭＦ・世界銀行の改革である。ＩＭＦの「市場原理主義」モデルが絶対唯一の市場経済モデルではない。各国の歴史や文化、あるいは発展段階を反映した多様なモデルがあって然るべきである。また、政治や社会の安定は経済の安定に深くかかわっていることを認識する必要がある。その意味で、ＩＭＦの持つ巨大な経済的権力の及ぼす政治的・社会的影響はもっと留意されるべきであった。過去二十年にわたり高い経済成長と平等な分配を実現し、貧困の緩和に成功してきた東アジア諸国では、ＩＭＦの処方箋によって、失業が増加する一方で、社会分野への公的支出は減少し、国民生活は大きな打撃を受けた。インドネシアでは、貧困人口が危機の翌年には危機の前年の三・五倍の八千万人に拡大し、社会的不満の増大は政治の不安定化をもたらし、東アジアの平和と安定にも影響を与えた。改革を推し進める際には社会的弱者への手当てが不可欠であるが、東アジア諸国では、ソーシャル・セーフティ・ネットの構築が不十分であった。ＩＭＦ・世銀は、こうした社会的観点からの協力にも力を入れるべきであり、近年世銀が社会安定化のための取り組みを強化していることは望ましいことである。

ＩＭＦ・世銀の改革は、単に両国際機関の組織の問題にとどまらず、世界の平和と繁栄にとって重要な課題である。市場経済の多様なあり方を認め、構造調整政策のスピードやタイミング、その社会的影響といった諸点に十分配慮したアプローチへの転換がなされるべきであり、そのためにも、両機関の透明性の向上や途上国政府との十分な協議が必要とされている。

(4) 日本の支援とイニシアティブ

アジア通貨危機に際して、日本はアジアの経済大国として東アジアの危機克服のために大きな役割を果たした。例えば、日本政府は、東アジア諸国の実体経済回復のための中長期の資金支援として百五十億ドル、短期の資金需要が生じた場合の備えとして百五十億ドルの総額三百億ドル規模の支援パッケージ、いわゆる「新宮澤構想」を発表し、着実に実施した。また、国際金融システムの改革の必要性を指摘するとともに、危機に対処する地域メカニズムの構築にも積極的に動いてきた。一つは、東アジアに金融・通貨協力のネットワークを形成する努力であり、「アジア通貨基金」は米国の反対や中国の準備（勉強）不足もあり実現しなかったが、二〇〇〇年五月には、通貨交換（スワップ）により短期資金を融通し合う取り決めのネットワークを構築する「チェンマイ・イニシアティブ」（図1）が成立した。

図1で示した通り、二〇〇三年末には、日中韓三カ国とタイ、マレーシア、フィリピン、インドネシア、シンガポールのAS

図1 チェンマイ・イニシアティブに基づく通貨スワップ取極の現状

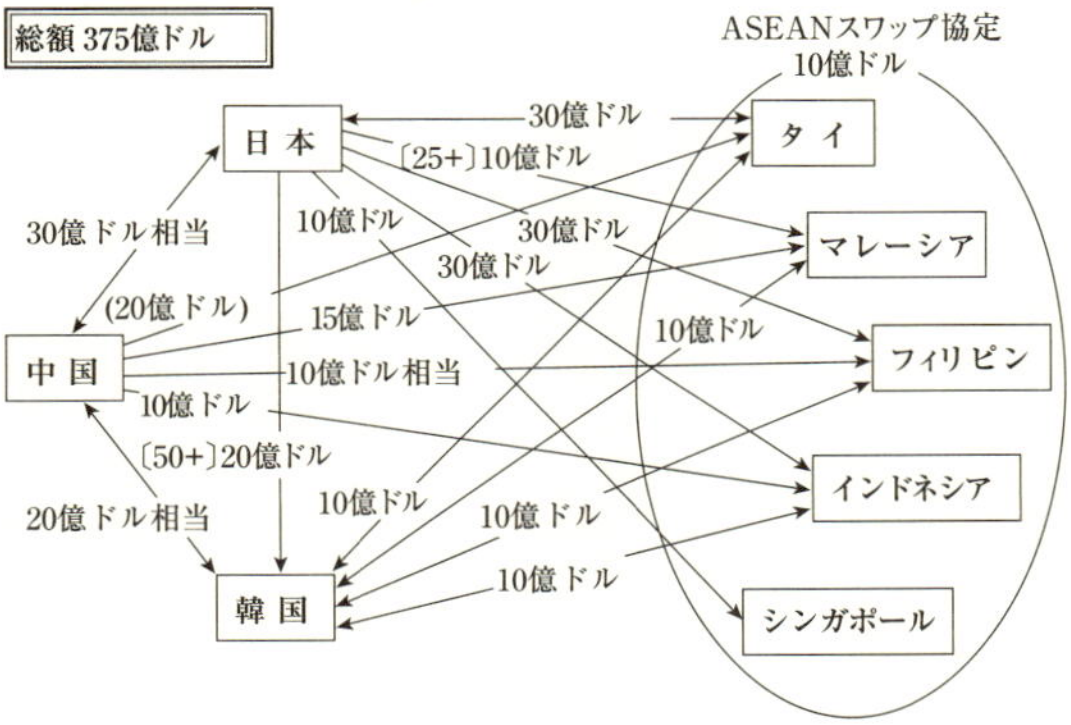

(注 1) ←→は双方向のスワップ、→は一方向のスワップを示す。

(注 2) 日韓、日マレーシアの〔 〕内の数字は、新宮澤構想に基づくスワップ取極（日＝韓 50億ドル、日＝馬 25億ドル）。

上記総額は、新宮澤構想に基づくスワップ取極額を含まない。

(注 3) 日中は円・元、中韓は元・ウォン、中比は元・ペソ間のスワップ取極。

その他は米ドル・相手国通貨間のスワップ取極。

(出典：財務省ホームページの資料から作成)

ＥＡＮ五カ国との間で取り決めが張り巡らされ、総額は三百六十五億ドルに達した[21]。

さらに、日本は、東アジア域内通貨建ての債券の発行を促進する「アジア債券市場育成イニシアティブ」を提案した。これは、ＡＳＥＡＮ＋３の枠組みの下で、東アジアの高い貯蓄率を経済発展に必要な中・長期の投資資金の供給に結びつける債券市場の育成に日本が主導的役割を果たそうとの姿勢を示すものである。こうした努力もあって、通貨危機後、東アジアの対外借入に対する依存体質は大きく低下し、国際返済請求は九七年の二千三百三十億ドルから〇三年には千五百二十億ドルに減少した。国内債券市場は急速に成長しており、国内資本市場が企業の資金調達先として重要な役割を果たすようになってきている。

アジア通貨危機によって、東アジア諸国は未曾有の経済的・社会的打撃を受けたが、二一世紀初頭には危機を克服し、再び世界の成長のセンターとして高い成長を遂げるようになった。もちろん、危機の後遺症がすべて癒されたわけではない。大幅に減価した各国通貨は、未だに危機前の水準を回復していない[22]。貧富の格差は広がり、一人当たりの所得は危機前の水準から大きく落ち込んだ。しかし、この危機を経験したことで、東アジアの相互依存が強く認識されるようになり、「東アジア」を意識した対話と協力が動き出すようになった。将来「東アジア共同体」が誕生したとき、通貨危機の起きた九七年は、その出発点となった年として歴史に記録されるであろう。そして、今日、東アジアの経済成長と地域統合の動きをリードするのは、ＷＴＯ加盟により世界から投資を集めてダイナミックに発展する中国である。

3 中国「復権」が生み出す摩擦

(1) 鄧小平のプラグマティズム

抗日戦争及び国民党との内戦の勝利によって中国大陸を統一した中国共産党は、中国が巨大な人口と領土を擁する「政治大国」ではあっても、経済的には「発展途上国の一員」であるとの認識に立って、「世界の先進国」や「世界の前列」を目標に掲げて意欲的な計画経済を推進した。しかし、政治が経済を支配し、イデオロギーに捉われたスローガン先行の教条主義的な政策は、惨憺たる結果に終わった。

日本が所得倍増政策の下で高度成長を遂げていた頃、中国は文化大革命によって死者二千万人とも言われる「内乱」となった混乱と停滞のまっただ中にあった。一九六〇年代から七〇年代にかけて、中国経済は、「東アジアの奇跡」と言われる目覚しい成長を遂げていた他の東アジア諸国に大きく立ち遅れることになった。中国の歴史的転換を可能にしたのは、数々の辛酸をなめながら戦争と革命の時代を生き抜いた鄧小平という一人の指導者であった。

一九七五年、周恩来総理は、いわゆる「四つの現代化」構想を発表したが、この草稿は鄧小平の手によって起草されたものであった。七七年、毛沢東が逝去し、「四人組」が追放されると、時代は大きく転換し、中国は鄧小平の指導の下、政治闘争から経済建設に大きく舵を切った。七八年十二月二十二日の共産党第十一期中央委員会第三回総会において、階級闘争と継続革命は放棄され、経済建設が共産党と国家の任務の「一つの中心」に位置付けられて、「改革と開放」政策がスタートした。この頃から、鄧小平は、名実共に中国現代化建設の「総設計師」となった。「黒い猫でも白い猫でもネズミを捕る猫がいい猫だ」とか、「豊かになれる者から先に豊かになれ」といった鄧小平のプラグマティズムは、ソ連の崩壊を見通したかのような共産党政権の生き残り戦略、すなわち、経済成長こそが政権維持の前提であり、そのためには「改革と開放」が必要であるとの認識に立ったものであった。そして、それはソ連末期の改革と異なり、政治より経済を優先し、かつ、漸進的手法によって進められた。鄧小平によって、中国は、イデオロギー論争の世界から経済的物質文明の世界へと大変身を遂げることになった。人間本来の欲望を密閉してきた「パンドラの箱」は少しずつ開かれていき、豊かさを渇望する膨大な数の中国人民の巨大なエネルギーが解き放たれることになったのである。

八二年には、二〇世紀末までに工業・農業総生産額を四倍にするとの目標が設定され、改革と開放は一段と加速された。八九年の天安門事件による政治的混乱やその後のソ連・東欧の崩壊による社会主義を取り巻く国際環境の激変により、中国経済は一時急激に冷え込んだが、九二年二月の鄧小平の「南巡講話」によって改革と開放が加速され、再び高い成長路線をたどるようになる。その秋の中共十四全大会において、江沢民総書記は、「計画が多いか、市場が多いかは、社会主義と資本主義との本質的な区別ではない。計画と市場はともに経済手段である」との鄧小平の南巡講話を引いて、「社会主義市場経済」という概念を発表した。中国の市場経済化は急速に進展し、沿海部を中心に海外からの投資が急増した。二〇〇四年には、全人代において憲法が改正され、私営企業の発展奨励や私有財産の保護が初めて明記された。

このように、中国は、共産党による政治の一党支配を堅持しつつ、経済は限りなく資本主義化するという「社会主義市場経済」という実験を続けている。それは、人口十三億人、そしてその七割を占める農民の多くが未だ貧しく、教育水準も低い巨大な国家の秩序を維持しつつ経済発展を実現するためのプラグマティズム、あるいは中国の知恵であると言える。しかし、それによって生ずる政治と経済の乖離とねじれは、中国経済の自由化と開放化、そして世界的民主化の流れの中で次第に顕著になってきており、十三億の民を束ねる共産党の舵取りは微妙な域に入ってきている。

表５　中国の実質GDP成長率の推移

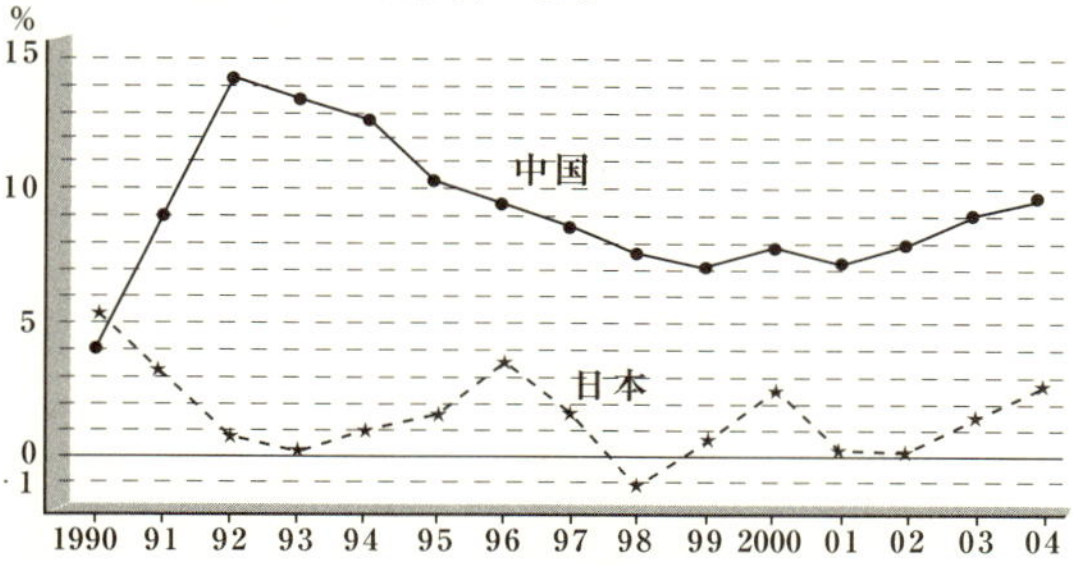

(出典：世界銀行、IMF、内閣府などのデータから作成)

(2) 中国の「復権」

七八年の改革・開放政策への転換以来、中国は世界に例のない四半世紀という長期にわたって、年平均九％を超える高い経済成長を遂げ（表５参照）、二〇世紀末にはＧＮＰ四倍増目標が超過達成された。中国の輸出は、二〇世紀最後の一〇年間で四倍に拡大した。二一世紀初めにはＷＴＯに加盟し、世界第六位のＧＮＰを誇る経済大国となった。

八五年に、鄧小平は、「この大国は小国である。未発達の発展途上の国である」と述べ、八七年には、趙紫陽総書記が、「立ち遅れた東方の大国」と表現した。しかし、閉鎖的な「自力更正」

思想を放棄し、グローバル化という時代の波にも乗った開放的システムの下で「全国人民が奮起して、刻苦創業に努め、中華民族の偉大な復興を実現する階段」を駆け上った中国は、「グローバルな影響力を持つ大国」[23]となったのである。

〇八年には北京オリンピック、二〇一〇年には上海万国博覧会の開催も控えており、中国の二大都市の活気あふれる建設の槌音には、かつての日本の高度経済成長時代、いや、それ以上の勢いを感じさせるものがある。

次の表6において、日本と中国の発展を比較してみた。

ＩＭＦ加盟、ＧＡＴＴ／ＷＴＯ加盟、オリンピック、万博、新幹線、通貨切り上げ。中国は、日本がたどった発展の軌跡を追いかけているようにみえる。日本は、東京五輪を開催した六四年、ＩＭＦ八条国に移行し、貿易為替を自由化し、八〇年には、外国為替法を大改正して、従来の原則規制・例外自由から原則自由・例外規制に転換した。米国の対日貿易赤字が問題となる中で、八五年には、プラザ合意によってドル高円安是正がなされ、九五年には一ドルが八十円を切るほどの円高となった。これに対し、中国は、九六年にＩＭＦ八条国に移行し、世界の工場として輸出を急増させる中で、米国にとっての最大の貿易赤字国となり、人民元切り上げ圧力が高まって、二〇〇五年には管理変動相場制に移行した。

中国は二〇一〇年には日本に次ぐ世界第三位の経済力を有し、その数年後には日本を抜いて米国に次ぐ経済大国となるとの予測が次第に現実味を帯びている。二十数年前の貧しく、世界から孤立した中国の姿はない。これほど短期間の内に、経済体制を転換し、大きな成功を収めた国家は中国をおいて他にない。中国は、一部の専門家が予測したような崩壊も分裂もせず、世界に残された数少ない共産党指導の国家として生き残ってきた。それどころか、欧米先進民主主義国を驚嘆させるほどの発展を遂げ、あらゆる経済指標において驚異的な数字を示してきた。二十年以上にわたる九%を超える高い経済成長、管理貿易体制から世界第三位の貿易額と世界最大の直接投資受入額を誇る開放経済体制への変貌、六千億ドルを越える世界第二位の外貨準備高、歴史に例のない三億人以上の貧困人口の減少などはその代

表6　二つの国の発展の軌跡

日本	中国
1955. GATT加盟	
	58.「大躍進」運動、人民公社化
64. IMF 8条国に移行 OECDに加盟 経済白書「開放体制化の日本経済」発表 東海道新幹線開業 東京オリンピック	66.（―77.）文化大革命
70. 大阪万国博覧会	
72.「日本列島改造論」提唱	
75. 第一回先進国首脳会議（サミット）参加 （79. 東京サミット主催）	77. 鄧小平復活 78.「改革・開放」スタート
83. 東京ディズニーランド開業	
85. プラザ合意(ドル高是正)	
	89. 天安門事件
90. バブル崩壊	
	92. 鄧小平の「南巡講和」
95. 1ドル＝79.75円の史上最高値記録	
	96. IMF 8条国に移行
98. 長野冬季オリンピック	
	2001. WTO加盟
	02.「西部大開発」提唱
	05. 香港ディズニーランド開業 人民元レート切り上げ
	07. 長春冬季オリンピック
	08. 北京オリンピック （北京·上海高速鉄道完成？）
	10. 上海万国博覧会

表的な成果である。その経済パフォーマンスとこれまでの成果から判断して、将来中国が世界最大の経済大国になると予想する見解が発表されたとしても不思議ではない。

中国は台頭する経済大国として「復権」したのである。中国にとって、二〇世紀が屈辱と変革の歴史であったとすれば、二一世紀は栄光と繁栄の歴史となるかもしれない。

中国の領域の広さ、人口の多さ、資源の豊富さ、歴史的に培われた文化・教育の高さなどにかんがみれば、中国の「復権」は奇跡でも何でもない。これを抑えようとする試みは賢明でなく、成功もしないであろう。九〇年代、中国「脅威論」が盛んに唱えられ、その類の書籍が売れたが、中国の台頭を脅威視するのではなく、中国の「復権」を東アジア全体の平和と繁栄につなげていく視点と働きかけが必要とされている。

(3) 「経済成長大国」の実像

①外資導入

目覚しい経済成長を生み出した改革と開放を支え、成功に導いたのは外資である。

それは、第一に、経済インフラの整備を支援した日本のODA、なかんずく、円借款であり、第二に、それによって投資環境が改善した沿海部に流れ込んだ海外からの直接投資である。中国は外資を積極的に受け入れることによって、海外の資本と技術を国内の安価で豊富な労働力に結合させて、価格競争力の強い労働集約型輸出産業を発展させることに成功した。

日本のODAは、中国の経済発展によって量的にも質的にも大きな変化を遂げつつある。表7に

表７ 対中ODAの推移（金額ベース）

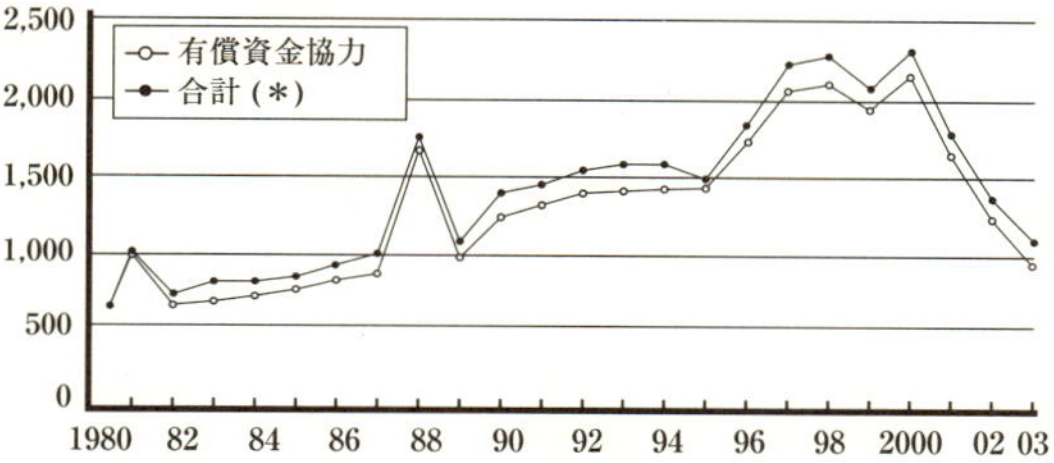

（＊）有償資金協力、無償資金協力、技術協力の合計。
（出典：平成17年版外交青書）

おいて明らかな通り、近年、対中ＯＤＡ供与額は大幅に減少しており、かつてのような沿海部の大規模インフラ整備への円借款供与は姿を消した。しかし、国民の高い貯蓄率と流入する海外からの直接投資は、日本のＯＤＡ政策の変更による経済開発資金の減少を補って余りあるであろう。

既に、沿海部では、地方政府が競って都市再開発やインフラ整備に巨額の投資を行い、中央政府が投資の過熱を抑制する政策や指示を矢継ぎ早に出さなければならない程である。電力や輸送などの拡充が経済成長のペースに追いつかず、ボトル・ネックとなって成長の足を引っ張ることはあっても、経済の過熱を抑えつつ安定成長を目指す中国政府の政策が堅持される限り、大きな混乱や急激な失速は回避できるであろう。

そして、その巨大な潜在力を考えると、中国は二一世紀前半を通して世界で最も有力な投資先であり、政治と社会の安定、法律や税制などの投資環境の改善、市場の拡大が続く限り、直接投資は流入し続けるであろう。今後は、ＷＴＯ加盟において約束した開放がさらに進展することが期待され、製造業のみならず、金融・保険・小売・輸送などのサービス分野においても、直接投資が拡大すると見込まれる[24]。

②「世界の工場」

中国の生産力の増大は目を見張るものがある。例えば、粗鋼は、九六年に日本を抜き世界最大の生産国となり、〇四年の生産高は、二億二千万トンを超え、さらに八千万トンの増産能力を持つプラントの建設が続いている。その背景には、経済発展に伴う自動車・家電向けの鋼材需要や北京五輪などの国家行事に向けてのインフラ整備のための建材需要の拡大がある。自動車生産（〇四年）は、五百万台を突破し、ドイツに次いで世界第四位に躍り出た。カラーテレビ、冷蔵庫、洗濯機、エアコンなどの家電や、パソコン、携帯電話などのＩＴ関連機器は、既に世界最大の生産高を誇っている。携帯電話の生産（〇四年）は、二億四千万台、うち輸出が一億四千万台に達し、通信機器、テレビ、ビデオ、コンピュータ、電子部品など電子情報通信製品の輸出は二千億ドルを突破した。アルミ生産量は、六百万トンに近づき、世界のシェアで、米国（一一％）とほぼ並ぶ一九％に達した[25]。中国は、繊維、雑貨、玩具から家電、造船、二輪車、さらには、鉄鋼、化学などの素材産業まであらゆるモノを作る「世界の工場」となり、「メイド・イン・チャイナ」が世界市場を席巻しつつある。その中核となるのが、外資系企業である。例えば、松下は浙江省杭州に世界最大の家電生産基地を建設し、〇六年の洗濯機、掃除機、エアコンなどの売上げ一兆円を目指している。そして中国企業も国際競争力を急速につけてきている。

市場経済の下で力をつけた民間企業の生産・投資意欲は盛んで、地方政府主導のインフラ整備と都市再開発にも引っ張られて、設備投資はとどまるところを知らない。例えば、携帯電話の生産は、九〇年代半ばまで外資系企業に占められていたが、中国政府が地場メーカーの製造を促すと、その生産力は瞬く間に急拡大し、〇四年には中国系企業の生産高が年産八千万台に達した。

③「世界の市場」

新たな「世界の工場」の出現に警戒感が高まりを見せた一方で、顕在化する「世界の市場」への期待感もそれ以上にふくらんでいる。

中国は、今やあらゆる消費財の巨大な市場と化しており、その背景には、中国の生活水準の急速な向上がある。〇三年には、一人当たりＧＤＰが千ドルを突破し、沿海部を中心に急速に所得が上昇している。「ニュー・リッチ」と言われる中産階級の層は一億人とも言われ、旺盛な消費を支えている。その嗜好も欧米や日本の先進国の嗜好に近づいており、世界のブランドが飛ぶように売れている。また、憲法改正によって私有財産権が認められ、大都市での住宅民営化により「マイホーム」ブームが起きている。乗用車（マイカー）や携帯電話（モバイル・フォン）の消費の拡大と合わせ「３Ｍブーム」と言われるほどである。この変化は、他の途上国では見られない現象である。

二〇〇四年、自動車の国内販売台数は五百万台を突破し、米国、日本に次いで世界第三位となった[26]。急速に拡大する自動車市場には世界の主要自動車メーカーが参入しており、〇七年までに総額三十億ドルの投資を行い現地生産能力を年間百三十万台まで拡大するゼネラル・モーターズ（ＧＭ）や〇五年から高級車クラウンの生産を開始したトヨタなどが現地生産を本格化させ、シェア競争が激化している。自動車の輸入についても、〇五年一月から、輸入許可管理が撤廃され、〇六年七月一日までに関税は二五％まで引き下げられた。

他方で、中国は世界の「工場」を支える資源とエネルギーの一大輸入国ともなっている。石油、天然ガス、銅、アルミ、鉄鉱石から農産物まで、中国の輸入増は国際相場や輸送船の運賃の上昇を招くほどの勢いである。特に、石油は、九三年に純輸出国から純輸入国となったが、その後も消費量は増え続け[27]、〇四年には石油輸入量が一億千五百万トンに達し、輸入依存度は四五％にまで上昇した。将来モータリゼーションが本格化すれば、石油輸入がさらに増大することは確実であり、二〇一〇年には、国内需要が三・五億トンを超え、うち、一・八億トンを輸入に頼らざるを得ないとの見通しがなされている。中国は、胡錦涛国家主席を先頭に、アフリカや中東などの資源輸出国との関係強化を図る資源外交を活発化させている。鉄鋼生産高は、米国と日本を合わせた生産高を凌いだが、国内の鉄鋼市場は世界の四分の一以上の鉄鋼を消費する巨大市場に成長しており、日本の鉄鋼メーカーは競って輸出を拡大し、現地生産を強化している。セメントも世界需要の四〇％を消費する大市場である。

④経済の過熱

火のついた中国経済の勢いは止まるところを知らない。日本経済が冷え切った中で、中国経済は過熱する一方である。所得増加による住宅需要や住宅投資が増加する沿海都市部において不動産価格が高騰しており、金融機関も不動産融資に狂奔している。しかし、北京や上海の新築のオフィスビルには空室も目立ち、不動産バブルの様相さえ見られる。

鉄鋼、化学、建設資材、携帯電話などの分野における製造能力の急速な拡充も、国内の銀行の過剰な融資によって支えられてきた。

しかし、経済成長が鄧小平以来の中国共産党の至上命題である以上、経済失速を招きかねない銀行融資の抑制は現実には容易ではない。また、アジア通貨危機の際に批判された「仲間内資本主義」に似た共産党支配の下での政治的人間関係も経済合理性に基づく融資を困難にしている。そして、こうした過剰融資を支えているのが、国民の高い貯蓄率である。株式市場や債券市場が未発達の中国では、銀行への預金がほぼ唯一の国民の余剰資金の行き場なのである。

その結果、多くの銀行融資が不良債権化した[28]。

過熱気味の経済を抑制気味に運営する必要が認識される中で、中国政府も安定成長に舵を切った。○四年三月の全国人民代表大会（全人代）での温家宝総理の「政府活動報告」は、固定資産投資の規模を適切に抑え、バランスのとれた経済発展を重視するとの目標を明らかにした。その後、金融引締めの効果は現れた。

しかし、物質文明に解き放たれた十三億の民の欲求を抑えることは容易ではない。中央政府が引き締め策を採っても、「上に政策あれば、下に対策あり」の言葉に象徴される通り、地方や企業の建設ラッシュや過剰な投資熱・ビジネス意欲は簡単には制御できない。中国共産党の正統性を維持し、中国経済のダイナミズムを維持するためにも、中国は引き続き経済成長路線を走り続けなくてはならず、過熱や失速を回避しつつ、投資を適切な水準[29]に抑制し、かつ消費を着実に拡大することによって、経済のソフト・ランディング、すなわち持続的安定成長軌道に誘導できるか否かが中国経済の当面の課題である。そして、それは中国の指導者や経済官僚が目指すところの政治や社会の安定に資する経済運営でもある。

中国経済の供給過剰体質は、九〇年代以降顕著になっている。その結果が、「大起大落」と言われる経済の加熱と急激な冷え込みの繰り返しである。自動車も〇四年には、売れ行きが鈍化し、日本メーカーも価格引下げを断行せざるを得ず、「増産不増収」の苦境に陥っている。中国の市場は桁外れに大きくなっているが、工場としての供給能力も高まっており、今後も日本企業が持続的に輸出や現地生産を伸ばすためには、新たな需要を見い出すマーケット調査、新しい製品を生み出す技術革新、そして新たなサービスやコンテンツの創造が不可欠となろう。

(4) 中国「復権」の国際的影響

中国は、日本がかつて世界を驚かせた経済的「奇跡」を実現しつつあるが、「巨象」中国の「奇跡」のインパクトは日本の「奇跡」の比ではない。世界の工業生産を支えていた先進諸国と、ＮＩＥｓや一部のＡＳＥＡＮ諸国に加えて、新たに中国がその他の工業生産諸国を上回る労働力を抱える「世界の工場」として登場したのである。それは、世界にデフレを作り出すほどの生産力であり、世界の産業配置は大きく塗り変えられつつある。他方で、新たな消費者の群れが日々生み出され、中国が膨張する巨大な市場としての存在感も高めつつある。その影響力はまさに世界各地に及んでいる。

第一に、高い経済成長に不可欠な原材料・エネルギー資源の確保を至上命題とする中国の動向が、国際的インパクトを持ち始めており、警戒感も出ている。例えば、米国に次ぐ石油輸入大国となった中国は、石油危機を回避するため輸入先を多元化する戦略の下で、新たな石油資源の調達先の確保に力を入れている。今日、中国は「全方位外交」を積極的に展開しているが、その背景には、エネルギー資源の安定的確保という経済安全保障への考慮が働いている。そして、日本と中国が資源調達を巡って競合するケースも出てきている。

中国は、一九九〇年代末には、テヘランの地下鉄建設に対して財政・技術支援を行うなどイランとの関係を強化したが、その背景には、米国との関係から慎重にならざるを得なかった日本と対照的に、積極的に受注に動いた石油開発プロジェクトの存在があったとみられている。また、シベリア石油を巡っても、中国の目指す大慶ルートと日本の目指す太平洋ルートが鼎立する格好となったが、これは日本のルートに落ち着いた。さらに、中国は、マラッカ海峡の大型タンカーの航行の安全性や輸送時間の短縮の観点から、タイ南部の石油パイプライン敷設計画を後押しするなど、中国の石油戦略は産油国との関係強化のみならず、その輸送やシーレーンの確保にも目が向けられている[30]。また、〇五年六月には、中国政府が七〇％の株を保有する中国海洋石油公司（ＣＮＯＯＣ）による米国第九位の石油会社買収の動きが大きく報じられ、米国において安全保障への懸念を巡る議論が高まった。戦略物資であるエネルギー資源を巡って活発化する中国の動きに、国際社会の関心が高まっている。

また、中国の需要増によって、原材料・資源の国際価格が高騰しており、中国経済は世界経済の動向に確実にかつ大きな影響を与え出している。例えば、中国の鉄鋼需要は急増しており、中国は世界最大の鉄鉱石輸入国となった。鉄鉱石の輸入は二〇〇一年の九百二十万トンから〇四年には千七百万トンに倍増し、国際価格がはね上がった[31]。その影響は、世界の隅々に及んでおり、例えば、中国から最も遠い南米の中でも、鉱物資源の豊かなブラジルやチリなどは中国特需によって経済が潤うほどである[32]。

第二に、巨大な市場に急成長した中国の登場によって日本を含む東アジア諸国にとって最大の市場であった米国の存在感が相対的に低下し、中国の存在感が強まりつつある。

八八年以来赤字続きであった日本の対中国・香港貿易は、〇二年に黒字に転換し、〇三年の黒字幅は一兆二千億円に達した[33]。これに台湾を合わせた「中国圏」向け輸出額は十三兆七千億円に上り、米国向け輸出（十三兆四千億円）を初めて上回った。台湾の大陸への輸出の拡大と台湾企業の大陸シフトの加速などを考えれば、中台政治関係の緊張にもかかわらず、今や台湾経済は大陸との関係なしには考えられない状況にあり、中国・香港・台湾を一くくりにした「中国圏」向け輸出は、その一体化により大きな戦略的意味を持つようになっている。さらに、輸出のみならず、〇四年の日本の対中国（香港含む）貿易は、二十二兆二千五億円に達し、米国（二十兆四千七百九十五億円）を抜いて、統計を取り始めた一九四七年以来初めて中国が日本の最大の貿易相手国となった[34]。

中国の経済成長は、その市場の拡大を通じて、世界中の多くの諸国の輸出を拡大している[35]。日本では、「中国特需」によって鉄鋼、建設機械、海運、造船などの産業が業績を急速に回復させ、自動車、機械、電気などの業界も大きく伸びた。逆に、中国の成長率が低下することは、各国の対中輸出を減少させ、景気を悪化させることにもなる。中国では、沿海部を中心に消費が拡大してきたが、今後さらに内陸、特に農村部の個人所得の増加や購買力の向上が図られれば、過大な投資や輸出に頼る成長から国内需要の増大に軸足を移した投資・輸出・消費のバランスの取れた経済成長が可能となるであろう。これは、建設国債発行による公共投資主導型成長からの脱却につながり、また国内で広がる所得格差の是正にもつながる。対外的にも、輸出を上回る輸入の増大は、米国をはじめとする世界経済にとってプラスである。

第三に、米国の対中貿易赤字の急増による米中貿易摩擦の発生である。中国の対米輸出の増大による米国の対中貿易赤字は九〇年代半ば以降拡大し、二〇〇〇年には、中国は日本を抜いて米国にとって最大の貿易赤字相手国となった。

八〇年代終わりから九〇年代初めにかけて、対米輸出によって貿易黒字を貯め込んだ日本は、「ジャパン・バッシング」（日本叩き）に見舞われた。現在、米国社会では「チャイナ・バッシング」が盛んである。〇二年の米国の対中貿易赤字は、一千億ドルを突破し、ジャパン・バッシングが最高潮に達していた頃の米国の対日貿易赤字の二倍となった。その後も対中貿易赤字は拡大を続け、〇四年には千七百五十八億ドルに達し、三年続けて過去最大を更新した。貿易摩擦（米国による二国間対抗措置[36]やWTOへの提訴[37]など）、通貨摩擦（人民元切り上げ圧力）、ルール摩擦（知的所有権違反訴訟）によってアメリカ国内の強硬論が高まっている。全米製造業協会や米国商工会議所などは、中国が人民元の対ドル・レートを低く固定し、WTOルールを遵守せずに、米国の雇用を奪っているとの批判を強めた[38]。議会では、為替ペッグ制の下で人民元レートを低水準に抑えている中国からの輸入品に二七％の報復関税を課す法案、中国の輸出補助金に対し相殺関税を課す法案、WTO提訴を求める法案など新たな立法措置が次々に提出されてきた[39]。

国内で雇用が中国に奪われているとの批判が高まる中で、米国政府も人民元レートの引き上げを求めるなど中国政府に対し厳しい姿勢を採らざるを得なくなっているが、米政府の基本姿勢は外交的働きかけを通じた解決を目指すものである[40]。日本がかつて経験した「ジャパン・バッシング」になぞらえる声もあるが、「チャイナ・バッシング」はそれほど大きな広がりを見せていない。それはなぜであろうか。当時の日本と現在の中国の最大の違いは、開放された市場としての大きさにある。当時米国企業の日本への輸出や投資は、日本の閉鎖性ゆえに非常に困難であると認識され、そうした日本特殊論が日本叩きや日米構造協議の背後にあった。これに対し、現在の中国には、多数の米国企業が進出し、米国製品が中国市場に溢れている。米国地場の中小企業を除き、少なからずの米国企業、特に大企業は急速に成長する中国の市場から多くの利益を得ている。また、安価な労働力による組み立てを中心とする中国製造業の対米輸出は、日本を含むアジア地域の最終加工地として対米輸出を急増させてきたとの実態があり、付加価値ベースでは米中二国間の貿易黒字はずっと小さなものになるとの指摘もある。

人民元レートの急激な引き上げは、輸出の減退と成長の鈍化につながるのみならず、不良債権を抱える脆弱な金融システムと改革途上の国有企業を危機に陥れる。他方で、経済が過熱し、インフレ懸念の高まる状況下においては、人民元切上げは増大する輸入物資の価格下落を通じて国内物価の上昇を抑える効果が期待できる。実際、中国の外貨準備の急増によるマネー・サプライの増加がインフラを引き起こす可能性は小さくなく、中国政府も人民元切上げの影響を慎重に見極めつつ、WTOルールの遵守や対米輸入の拡大に努める一方で、適切な対ドル・レート変動幅の拡大に踏み切るタイミングを探っていた[41]。そして、〇五年七月には、対ドル・レートを二％切り上げるとともに、事実上の米ドル固定相場制を改め、ユーロや円も含めた複数通貨の動きを参考に調整する「通貨バスケット制」を導入した。しかし、経常黒字が恒常化し、資本流入と外貨準備が増大して、変動相場制に移行した七〇年代初頭の日本と同じ状況を呈している中国も、いずれ変動相場制へ移行せざるを得なくなるとの見方は根強く、さらなる切り上げ圧力が存在している。

他方、さらに人民元レートが引き上げられたとしても、米国製造業の競争力が回復するかについては疑問がある。米国製造業の衰退は、構造的な問題に起因しているとの指摘がある[42]。GNPに占める製造業の割合は、一九五〇年代の三〇%、七〇年代の二〇%、九〇年代の一六%と低下し、現在では一〇%にまで落ち込んでいる。この間、円レートは三百六十円から百円近くまで上昇するなど、各国通貨の対ドル・レートは切り上がってきたが、米国の製造業の衰退は続いた。今日の米国の繁栄は、ハイテク産業や金融・情報産業など付加価値の高い産業によって支えられている。また、安価な消費財の輸入は米国の物価上昇を抑え、米国のインフレなき成長を可能としてきた。さらに、中国が対米輸出によって得た外貨は米国の財務省債券の購入に充てられ、資金が米国に還流している。日本や中国による米国国債の購入が米国の金利上昇を抑え、米国の経済成長に寄与しているとすれば、米国がより重視すべきは、人民元の引き上げではなく、中国での違法コピー商品の生産・販売の取り締まり、非関税障壁の撤廃、金融・保険などサービス分野の市場開放といったWTO加盟時の約束の履行であろう。ブッシュ大統領は、〇五年五月、「貿易問題について、米国は中国との間に大きなビジネス・チャンスがあることは認めながらも、一方ではルールを遵守してもらいたいと期待している」と述べている。米中経済関係の発展は、中国市場の持つチャンスを拡大し、リスクを軽減する中国側の努力にかかっているともいえる。

中国が、改革と開放を通じて、国際社会の相互依存関係に一層組み込まれる形で発展していることは、より透明で、より予測可能な国家として、かつ国際社会の建設的な一員として、かつての政治イデオロギー中心の閉鎖的な自力更生型の中国に比べて、より協力的で信頼性の高い国家になるであろうとの期待を抱かせる。

一九七二年に歴史的な米中和解を実現したニクソン大統領は、水面下の交渉を進めていた時に、「世界の人口の四分の一は中国に住んでいる。今日、中国は大した勢力ではないが、二十五年後には決定的勢力になる可能性がある。アメリカが今できることをしなければ、ひどく危険な状況になるかもしれない」と述べたが、ニクソンが見通した通り、中国は世界有数の国力を持つ大国となった。そしてそれは、経済を中心とする相互依存の網の目の中で繁栄を求めることによって可能となった。今日の中国は、国際社会の普遍的な価値や共通のルールを無視するような行動を取ることは難しくなっている。

一九世紀から二〇世紀にかけての混迷と屈辱の時代を経て、世界の大国として復権した中国は、名実共に東アジアにおける秩序作りにおいて、その能力と責任が問われる国となった。二一世紀において、勃興する中国を脅威として敵視するのか、それとも、その「復権」を認めつつ、かつての中華秩序ではない新しい「東アジア共同体」の構築に向けて建設的役割を慫慂《しょうよう》するのか、その他の東アジア諸国の選択は明白であろう。

4 新たな潮流を追う

東アジアの奇跡や危機の要因を「権威主義的開発体制」とか「政治の役割を重視する市場経済ア

プローチ」と表現される東アジアに特有の資本主義モデルに見い出す議論は少なくない。しかし、東アジアは多様であり、単一のモデルによって説明することには無理があるし、適当でもない。ただ、東アジアの資本主義を欧米と比較して特徴付けるとすれば、そこには、国家、地域社会、企業、家族といった各層の社会集団の中における人間関係、すなわち協力や協調を重視する伝統ないし習慣が存在する。そうした東アジアの協調型資本主義は、市場の役割を主とする点で、社会主義計画経済とは異なるが、「市場原理主義」を基本思想とするアメリカ型資本主義とも異なり、価格や競争以外の要素も重視し、特に、大社会集団としての国家（政府）の役割と小社会集団としての地域社会や家族を基盤とする個人の人間関係を重視する。

「東アジアの奇跡」が賞賛された時代には、政府の役割、高い貯蓄率、教育水準の高さ、勤勉で忍耐強い国民性といった要素によって評価され、儒教思想や稲作文化にも目が向けられた。中国の「社会主義市場経済」やベトナムのドイ・モイが成功し、両国が高い成長を遂げてきた背景にも、こうした社会的土壌が存在した。ところが、アジア通貨・経済危機が起きると、こうした東アジア・モデルは、「仲間内資本主義」と揶揄され、批判された。

バブル崩壊後の日本を含め、改革と「良い統治（good governance）」は東アジア各国のスローガンとなった。しかし、いかに優れた制度や理論であっても、それを適用しようとする国や地域の経済発展段階や政治体制、民族的・宗教的な伝統や習慣、社会の価値体系、国民気質などを考慮に入れずに一律に適用すれば機能しない。「東アジアの奇跡」を生み出した東アジアの協調型資本主義の強みを活かしつつ、アジア通貨危機を招いた弱点の是正にも努めることが東アジアに求められている改革であろう。

一九八〇年代半ば以降、タイ・バーツは基本的に米ドルにリンクし、安定した通貨として、海外との貿易・投資関係や金融取引を促し、各種の経済統計も、まさに「東アジアの奇跡」と称されるだけの数値を示していた。しかし、そこに油断や驕《おご》りはなかったか。バブル経済の中で、協調型資本主義の悪い面が噴き出した。IMFの処方箋は状況を悪化させたが、「良い統治」が必要とされない理由はない。東アジアの持続的成長にとって改革は不可欠なのである。

九九年から二〇〇一年にかけて、筆者は、政府要人が東アジア各国の要人と会談する際の発言用資料には、必ず「改革の推進」をキー・ワードとして盛り込んだ。その後、東アジアでは、経済改革のみならず、政治や社会の改革も進展した。その成果は、確実に数字に現れている。しかし、通貨危機は過ぎ去った過去の出来事ではない。新たな危機が発生する危険は依然として存在している。危機の教訓を忘れず、改革を続けることが必要である。その際、改革は手段であって、目的ではないことを忘れてはならない。国家として、改革によって何を目指すのかが明らかにされる必要がある。行財政改革によって政府と市場の関係をどう変えていくのか。基本的には競争力は企業自身の努力にかかっているとしても、企業の活力を引き出す社会インフラや制度を整備する必要性は変わらない。政府の機能・役割をどう位置付け直すかが問われている。例えば、規制緩和が必要だとしても、環境や安全の問題をどう考えるのか、また、競争力が強い産業・企業のための規制緩和と弱い産業・企業への支援のどちらを優先するのか、研究開発支援や敗者への社会的セーフティ・ネットの整備はどうするのか。「改革」を叫ぶだけでは、こうした問いに答えたことにはならない。

その意味で、腐敗や所得格差の拡大といった問題を抱えながら新たな「奇跡」を演じるかのように急成長する中国経済の行方は要注意である。「社会主義市場経済」の名の下で政府の役割と市場の活力の望ましい関係を模索する中国と、「市場原理主義」重視の改革によって競争力強化を図る日本。東アジアにおける経済のダイナミックな挑戦が続いている。

政治と市場の激しいせめぎ合いの中で、持続的な成長を実現し得る協調型資本主義の新たな着地点が見い出されるのか。資源と環境の制約や人口の少子高齢化への対応から、経済発展の前提条件である平和で安全な内外環境の維持に至るまで、引き続き政府が果たす役割は決定的に重要である。

東アジアの一体化は市場が先行する形で進展している。「東アジア共同体」構想も、東アジア各国の政府が、政府と市場との関係そして、政治と経済の関係をどう位置付けながら、共同の発展を目指すのか、国家経済を超えた地域経済のダイナミズムの中での政策連携が必要となっている。

第2章

経済主導の「共同体」
──問われる日本の戦略

地域共同体の拡大と深化によって人類の歴史を塗り替えてきたヨーロッパは、経済統合への試みから出発し、今日政治や安全保障の分野の統合にも踏み込もうとしている。「東アジア共同体」を展望する上でも、複雑な歴史や文化や宗教を超えた実利によって動く経済の世界における統合にまず目を向けるべきであろう。

1 高まる相互依存

東アジアは、世界で最も活気に満ちた経済圏として世界の注目を集めている。GDPでは、東アジアは既にEUに匹敵する経済規模に達し、欧州、米国と並ぶ三極の一つとして世界経済を牽引するとともに、ＷＴＯや世銀・ＩＭＦを中心とする世界経済システムの発展に貢献する力もつけてきている。

東アジアの経済ダイナミズムを歴史的にながめれば、「雁行型発展モデル」と言われる第一段階において、輸出主導型日本モデルが東アジア諸国に時差移転されることによって、経済成長と相互補完関係が進展した。そして、第二段階において、多国籍企業、なかんずく、製造業分野を中心とする日本企業による国境を越えた投資活動が各国企業の持つ強みや得意分野と結びついて、いわゆる「最適地生産」を可能とした。今日、東アジアのダイナミズムは、供給サイドから見た比較優位の分業体制を可能とする「生産のダイナミズム」、中国の顕在化する消費者の群れを加えた総人口二十一億人という世界最大の「市場としてのダイナミズム」、政治的に安定し優秀で勤勉かつ安価な労働力を確保できる「投資先としてのダイナミズム」に特徴付けられる。

ＯＤＡによるインフラ整備に加え、貿易障壁の撤廃や制度の調和化が進むと、域内取引コストは低下し、効率的なモノやサービスの多角的ネートワーク化が進み、域内の相互依存関係は急速に高まった。そして、その核となったのが東アジアに事業展開する日本企業である。二〇〇〇年には、日本企業の海外現地法人数の四六％が東アジアに存在した。その増加率は一九九〇年の二千八百六十二社から、二〇〇〇年の六千九百十九社へと二・四倍に達し（特に、中国は百五十社から千七百十二社へ十一・四倍）、北米（二千二百八十七社から三千三百十六社へ一・四倍）、欧州（千六百七十三社から二千六百八十二社へ一・六倍）を大きく上回る拡大幅となった[1]。特に、ＷＴＯ加盟により、市場の全面的開放とビジネス・チャンスへの期待が高まる中国には、世界から投資が流れ込み、日本の〇三年度の対中投資も三千五百五十三億円に達し、三年で三倍になった。アセアン諸国への投資は、九七年のアジア通貨危機を境に毎年減少していたが、〇三年には対前年比四八%増の二百三億ドルに達し、その後も順調に拡大している。

東アジアにおける域内貿易も急増している。東アジアにおける貿易総額に占める域内貿易の割合は、NIEs4（韓国、シンガポール、台湾、香港）＋ASEAN4（タイ、インドネシア、マレーシア、フィリピン）＋中国＋日本の十カ国・地域の間の貿易において、〇三年で五二・一%（上記十カ国の対世界輸出総計に占める域内輸出の割合）に達している。これに対しEUは六〇・三%、NAFTAは四四・五%である。EUとNAFTAが自由貿易地域として域内での関税撤廃がなされている中での数字であることにかんがみれば、東アジアの域内貿易は既に相当高い水準にあり、域内の相互依存が急速に進展していることがうかがわれる[2]。〇三年度の日本の貿易は、対米が輸出・輸入共に三年連続で減少したのに比べ、アジアに対しては、二年連続で増加し、特に輸出は一三・三%の伸びを記録し、黒字が六兆円を突破して、対米黒字とほぼ肩を並べるまでになった。

アジア通貨危機を乗り越えた東アジアは、二一世紀に入って、一層ダイナミックに成長を遂げており、世界の熱い視線が注がれている。

2　FTA立国を目指すべき日本

こうした状況下で、少子高齢化社会を迎えた日本が長期不況とデフレから脱却する（あるいは、既に脱却しつつあるとすれば、それを加速し確実なもの）とするためには、国際市場、なかんずく東アジアの経済ダイナミズムを捉えた新たな市場と需要の開拓が不可欠であり、そのために、政府も企業もダイナミックな東アジア戦略を策定して〝攻め〟の姿勢に転じる必要がある。政府が果たすべき役割の一つは、貿易自由化の推進である。ＧＡＴＴ／ＷＴＯという国際貿易システムにおける自由化交渉の推進が日本政府の重要な任務であるが、近年その交渉は停滞しており、各国が個別に相手を選んで自由化交渉を行い、二国間あるいは地域において自由貿易協定（ＦＴＡ）を結び貿易や投資を拡大する傾向が強まっている。ＦＴＡ（Free Trade Agreement）とは、二国間または多数国間において、関税や非関税障壁など貿易の障害を相互に撤廃し、自由な貿易を実現する協定であり、ＷＴＯの無差別原則（ＧＡＴＴ第一条の「最恵国待遇の原則」）の例外措置としてＧＡＴＴ第二十四条の規定により定義されている。すなわち、第二十四条では、①ＦＴＡ形成前よりも関税等が高度または制限的なものであってはならない、②実質上すべての貿易について、関税その他の制限的通商規則を廃止する[3]、③中間協定については、原則として十年以内にＦＴＡを完成させる、との基準が定められており、モノの貿易についてはこの三要件に合致する必要がある。

日本としては、世界的なＦＴＡの流れに取り残されないよう、特にその効果が高い東アジア諸国とＦＴＡを締結することが重要となる。そして、ＦＴＡ締結を通じて日本を真に開かれた経済・社会システムに変革することによって、東アジア全体を相互依存と相互補完のネットワークによって結ぶ生産と市場の一大経済圏として統合していくことが日本の戦略でなくてはならない。そうした国家戦略が官民広く共有されれば、政府のやるべきこと、企業のやるべきことは自ずと明らかになる。シンガポールとの経済連携協定（ＥＰＡ）[4]を皮切りに、日本政府が本腰を入れて取り組み始めた東アジアにおけるＦＴＡの推進は、そうした戦略に沿ったものである。

ここでは、東アジアの経済ダイナミズムの台風の目となっているＦＴＡを取り上げ、その上で、東アジアの経済統合に向けての日本の戦略を考えてみたい。

(1)　ＷＴＯからＦＴＡへ

戦後のＧＡＴＴ／ＷＴＯ[5]という国際貿易体制は、六〇年代のケネディ・ラウンド、七〇年代の東京ラウンド、八〇年代のウルグアイ・ラウンドの成功によって、保護主義を抑え、自由化やルール化の対象分野を拡大することによって世界貿易を発展させてきた。日本は、ＧＡＴＴ（及びその後のＷＴＯ）という多角的貿易体制の下での自由貿易拡大の中で、世界中に工業製品を輸出し、繁栄を享受してきた。したがって、日本は、ある特定の国家のみとの間で、あるいは特定の地域のみにおいて関税や非関税障壁を撤廃するＦＴＡについては、経済ブロック化につながるとして批判的であり、自由と無差別を基本原則とする普遍的な世界貿易システムであるＧＡＴＴ／ＷＴＯ体制の維持・強化を通商政策の要としてきた。その背景には、戦前の主要国の経済ブロック化が戦争への道につながったとの反省があり、また、安価な日本製品の大量輸出への懸念から日本に対して留保されたＧＡＴＴ三十五条（差別的な貿易制限の発動）がしばしば発動されたという苦い経験も存在した。日本が、国際貿易における差別的取り決めに批判的で、ＦＴＡに慎重とならざるを得なかった背景には、それなりの理屈と事情があったのである。

しかし、国際貿易体制は、八〇年代以降、加盟国の増加と交渉分野の拡大・複雑化によって大きな壁にぶつかり、国際的な合意形成には大変な時間と労力を要することになった。ウルグアイ・ラウンドの妥結には当初予定の倍の八年を要した。GATTを発展的に継承したWTO成立後は、NGOや環境団体による反グローバル化の動きに加えて先進国と途上国の間での対立などもあって、新ラウンドの立ち上げや交渉の進展にはかつてない困難が伴うようになっている。加盟国の四分の三が途上国となったWTOにおいて、米とEUが手を握れば交渉が妥結するといったかつての手法は通用しなくなっている。こうした状況の変化の中で、冷戦終結と情報革命によって急激に進展するグローバル化に対応すべく、より機動的でルール形成が容易なFTAの動きが世界的に広がっていった。

FTAのメリットは、その締結によって締約国間の貿易量が増加し、効率的資源配分が可能となることである。そして、域外国に対して差別的であるがゆえに、他国に先んじてFTAを結んだ国は先行的利益を享受することができる。FTAの締結数は、第二次大戦後から一九八九年の間においては、二十六件に過ぎなかったが、九〇年から〇三年一月までの間に百十七件に達し、FTAの流れは決定的となった。

こうした動きに刺激されて、FTAの空白地帯であった東アジアにおいても、FTA締結への熱意が高まった。特に、経済相互依存が強く認識されるようになったアジア通貨危機後は、日本もその伝統的通商政策の転換を模索し始めるようになる。すなわち、マルチ（WTO）路線からマルチ・バイ併用路線への転換である。九八年、日本は、「新たな日韓パートナーシップ」を確認し合った韓国との間でＦＴＡの共同研究を開始した。九九年版通商白書は、「より積極的に地域連携・統合に取り組み、多角的通商システム強化に積極的に寄与するモデルを示していくことが必要」であると述べ、初めて対外的に政府のＦＴＡへの積極姿勢を明らかにした。農業という極めてセンシティブで政治的に難しい問題は抱えていたが、政府内においては、マルチ主義は堅持しつつも、近隣諸国との地域統合や二国間協定を利用してアジア域内の地域統合・連携を強める必要があるとの認識が広がりつつあった。九九年十一月に小渕総理に提出された「奥田レポート」もＦＴＡへの取り組み強化を提言した。その直後の十二月、ＷＴＯシアトル閣僚会議が新ラウンド立ち上げに失敗したことは、日本政府内のＦＴＡ推進への動きを後押しすることになった。こうした状況の中で、シンガポールのゴー首相からＦＴＡの可能性を検討したいとの提案があり、日本はこれを受けてＦＴＡ推進に舵を切った。日本のＦＴＡ推進の基本的スタンスは、ＷＴＯを引き続き重視し、ＷＴＯとの整合性を確保する形でＦＴＡにも積極的に取り組むというものである。そして、ＦＴＡ推進を通じて、農業など国内の構造改革を促すことによって全体としての日本経済の国際的競争力を強化するとの狙いも込められている。

⑵　ＦＴＡと国内問題

二〇〇二年一月、日本はシンガポールと最初のＦＴＡを署名した。これにより、日本とシンガポールの間の貿易は、金額ベースで、シンガポールの対日輸出の九四％、日本の対シンガポール輸出の一〇〇％において関税が撤廃され、貿易全体では九八％の関税撤廃率となった。このＦＴＡは、関税や非関税障壁など貿易上の障害の相互撤廃のみならず、投資の円滑化と促進、資本市場の発展、電子商取引に関連する制度の調査、貿易手続きの電子化、ビジネスに伴う人の移動の円滑化など幅広い分野での自由化や交流・協力の強化を盛り込んでおり、いわゆる「経済連携協定（ＥＰＡ）」と呼ばれるモデル協定となった。小泉総理とゴー首相による共同発表において、「日本と他のＡＳＥＡＮ諸国との経済関係を強固なものにするための枠組みを提供することとなるであろう」と指摘しているのは、まさに日・シンガポールＥＰＡの持つ「先行性」と「規範性」を示すものである。

シンガポールとの間で、交渉が比較的順調に進展し、日本にとって最初のＦＴＡが締結されたことの背景には、両国ともに通商国家として既に平均関税率が極めて低かったこと、及び日本国内におけるＦＴＡ反対の最大の理由であった農業分野への影響が小さかったことが挙げられる。日本もシンガポールも農業輸出国ではない。シンガポールから日本への輸出に占める農林水産品はわずかに一・九％、日本からシンガポールへの輸出に占める農林水産品はゼロで、鉱工業品目が両国間の貿易全体の九八・五％を占めていたことが、農業分野除外という取り扱いを可能とした。ＧＡＴＴ第二十四条は、最恵国待遇（ＭＦＮ）原則の例外として、ＦＴＡの締結を認めており、その条件として、「実質上のすべての貿易」について関税その他の制限的通商規則を廃止すると定めている。「実質上のすべて」を意味する具体的な基準はないが、これまでＥＵは、貿易量の九〇％以上については完全に自由貿易とすること、及び特定分野を一括して自由化の例外としないことを条件としている。実際、ＮＡＦＴＡでは、貿易額（片道）の平均九九％以上、ＥＵ・メキシコＦＴＡにおいても、九七％の関税撤廃を実現しており、日本も国際的に見て遜色のない基準を達成することが求められる。日本・シンガポールＥＰＡは、この条件をクリアした。しかし、協定発効後一年間の日本からシンガポールへの輸出は二・二％減、輸入は二・五％減となり、目立った経済効果は現れていないとの声も聞かれた[6]。景気低迷が原因とされるが、もともと両国間には関税障壁がわずかで、ＦＴＡによる貿易拡大効果が限られていたことを裏付ける結果となったと言える。したがって、シンガポールとの協定は、日本がとにもかくにも世界的なＦＴＡの流れに飛び込んだという、政治的意義の方が実質的な経済的意義よりも大きかったと言えるであろう。しかし、ＦＴＡを超える様々の分野の協力を盛り込んだＥＰＡとしての先行性と規範性の持つ意義は高く評価されてよいであろう。

関税の引き下げ、あるいは撤廃によって市場を開くという意味での実質的ＦＴＡとしては、日本にとって二番目となったメキシコとのＦＴＡが最初のものであると言えよう。〇四年三月、メキシコとのＦＴＡ交渉は、農業問題を巡って決裂も危惧された中でようやく大筋合意し、九月の小泉総理のメキシコ訪問において署名された。メキシコとの間では、ＦＴＡがないために日本企業は年間四千億円の利益を失っていたとの試算もあり、日本の経済界は政府にＦＴＡ締結を働きかけていた。日本にとって二つ目のＦＴＡには、最初のシンガポールとのＦＴＡとは異なるいくつかの重要な意味がある。第一に、世界第十位のＧＮＰと一億人以上の人口からなる消費市場を持つ国とのＦＴＡであること、第二に、農業分野を主要な柱の一つとするＦＴＡであること、そして、第三に、ＮＡＦＴＡの一員であり四十カ国以上とのＦＴＡを結んでいたメキシコとのＦＴＡは、日本企業が諸外国の企業と対等の立場に立って競争できる条件を整えた協定であることが指摘できる。メキシコとのＦＴＡも、シンガポール同様、ＥＰＡと呼ばれるが、実質的には、幅広い経済連携を謳い上げることに意義を見い出した日・シＥＰＡと異なり、関税引き下げあるいは撤廃による市場開放を交渉の核心としたまさに正真正銘のＦＴＡになったと言える。

これが東アジア諸国とのＦＴＡの雛形になるとか、弾みになるとの声も出た[7]が、はたしてそうだろうか。メキシコ最大の農産物輸出品目である豚肉については、関税の完全撤廃には至らず、八万トンの枠に対して二・二％という低税率を適用することで合意した。オレンジや牛肉についても、低関税枠の新設に止まった。ある試算では、日本がメキシコから農林水産品を輸入する際にかかる関税が、即時または段階的に撤廃される品目の割合は四六％に過ぎない。また、農産物五品目は発効後五年目に再協議することになっている。ＷＴＯでは、十年以内の関税撤廃がＦＴＡの締結要件とされており、自由化の度合いも九〇％以上とすることが世界の常識となっている中で、メキシコとのＦＴＡの内容が低水準にとどまったことは否定できず、ＷＴＯ適合性を問題にする声もある[8]。他方で、こうした措置によって日本の農業政策を大きく変えることなく、自動車などの輸出において大きな利益を確保する協定ができたと評価する意見も強い[9]。

東アジア諸国とのＦＴＡ交渉における最大の障害も、やはり農業となった。タイとはコメ、鶏肉、砂糖、でんぷん、マレーシアとは合板などの林産物、フィリピンとはバナナ、パイナップル、韓国とは水産物などの関税撤廃が焦点となった。東アジア諸国との貿易に占める農林水産品の割合は高く、タイは対日輸出の二二％、マレーシアは一〇％弱、フィリピンは一三％、韓国も九％を占める。ＧＮＰに占める農業の比率も高く、タイが一一・二％、フィリピンが一七・四％にも上る。メキシコ以上に農業問題が大きな比重を占め、自民党の農水関係議員や農業団体などからの反発は強い。さらに、シンガポールやメキシコとは問題にならなかった労働市場の開放が、タイやフィリピンの主要な関心分野となった。フィリピンからは、介護士及び看護師、タイからはマッサージ師や調理師の受け入れ要請がなされた。日本国内では、日本看護協会などの反対もあったが、〇四年十一月フィリピンとの間で大筋合意に至った。これにより、不法就労を防ぐための厳しい条件[10]はついているが、日本の看護・介護現場での外国人労働者受け入れが、不完全ながら一歩前進することになった。〇五年五月には、マレーシアとの間でも大筋合意に達した。合意では懸案の国民車保護政策が見直され、二〇〇〇CC以下の自動車も含め、実質上すべての品目についての関税を十年以内に撤廃することとなった。

「実質上すべての貿易」を対象に、原則十年以内に関税撤廃が求められるFTAは、「実質上すべて」という文言の下で各国が農産物を中心に除外品目や再協議（先送り）品目などの例外措置を設けてきている[11]。ASEAN諸国とのFTAも、互いの国内事情に配慮した例外措置を盛り込む形で進展しており、日本はコメなど一部品目を除く農産物の関税を幅広く撤廃・削減する方針でFTA交渉に臨んできた[12]。しかし、例外品目や経過期間を設けることは可能ではあっても、貿易額の九〇％以上の関税撤廃と農業という特定の分野をまるごと例外とはしないという条件はクリアしなければいけないという点は変わらない。互いに国内市場を開放して初めて成立する自由貿易の恩恵を享受するためには、痛みを伴う国内の構造改革が不可欠であり、要は国の将来像をどう考えるかである。高齢化が進み、地方は看護士やホームヘルパーの不足が深刻になりつつある。ヨーロッパの経験なども参考にしながら、労働力受け入れのためのしっかりした制度を構築することが日本社会全体の利益に適う。農業にしろ、人の移動にしろ、相手の要求に対して日本が消極姿勢をとれば、相手も日本の要求に消極的に対応する。そして、FTA交渉は日の目を見ず、妥結しても出来上がったFTAは、形だけの中身の薄い文書でしかなくなる。東アジアの経済統合に向けた布石とするためにも、またWTO新ラウンド交渉の進展につなげる実績作りのためにも、国内改革を伴う包括的内容のFTA網を張り巡らせていくことを目指さなければならない。

(3) FTAの効果

二〇〇三年九月のWTOカンクン閣僚会議は、農業補助金削減問題[13]などを巡る先進国と途上国の間の対立によって合意なく終了し、加盟国が百四十六カ国にも膨れ上がった[14]WTOでの全会一致によるルール作りの限界を露呈した形となった。機能不全に陥ったWTO離れが、米欧をFTAに向かわせた。米国のゼーリック米通商代表部（USTR）代表は、「交渉の場はWTOだけではない」[15]、「米国は（交渉妥結を）待ちはしない。我々は、できる国との間で自由貿易に向かって進む」[16]と発言し、米国は、中南米のみならず、東アジアにおいても、FTA交渉を積極化した。また、巨大なFTAのハブとなったEU[17]も、域内の統合のみならず、域外の北アフリカや東アジアにもスポークを伸ばしている。

今や世界はFTAラッシュによりブロック化が進展し、WTO体制が危機に瀕しているとの警鐘を鳴らす専門家や学者もいる[18]。しかし、世界経済のブロック化の防波堤たるWTOの重要性は認識しつつも、WTOを補完する役割として、あるいはWTOに積極的に寄与するモデルとして、F

TAやEPAが広がっていくことは、世界経済の発展にとって悪いことではない。

二〇〇四年版外交青書は、FTA／EPAの意義として、三点挙げている。第一に、WTO体制を補完する形での自由貿易推進という経済的観点であり、「WTOで実現できる水準を超えた、あるいはWTOではカバーされない分野における経済上の連携の強化を図る手段としてEPA／FTAを結ぶことは日本の対外経済関係の幅を広げる上で意味は大きい」と指摘している。第二に、グローバル化に伴う経済格差の拡大による国際秩序の不安定化を防ぐという安全保障上の観点であり、白書は、「ODAと並び、貿易投資の拡大を通じた包括的な取り組みにより開発途上国の経済的利益の増進を図る」と述べている。第三に、政治・外交上の戦略的観点であり、日本にとって重要なアジアとの連携を強化する手段として極めて重要であると指摘して、そうした関係の強化が、「日本の国際社会における立場を確固たるものとするために欠かせない」と強調している。

日本政府の積極姿勢は、日本の経済外交の幅を広げることにつながり、そして、グローバルな競争時代において、なかんずく、東アジアの経済ダイナミズムの高まりの中で日本企業の展開を支援することにもつながる。

〇三年秋に日本経済新聞社が実施した中国・アジアに現地法人、支店などを持つ有力日本企業六百六社へのアンケート結果によれば、その四七％が中国を含むアジアは今後五―十年、高度成長を維持できると答え、その条件として、七五・八％が投資環境の整備を挙げ、四九・一％が多国間FTAの締結を挙げた。日本政府の支援として望むことについては、四八％が日本の市場開放を挙げた。ただ、日中間のFTAについては、五―十年内には不可能と予想する答えが三三％と最も多かった。他方で、アジア主要国・地域の中で、営業・事務・統括拠点、あるいは、生産拠点として最高の評価を得たのは、ともに中国中部であり、それぞれ十点満点で平均七・四と七・二を獲得した。

ＦＴＡ／ＥＰＡによって得られる効果には、次のような諸点が挙げられる[19]。

第一に、経済上のメリットとして、短期的には、関税引き下げを通じた資源配分の効率化による貿易の活発化（「貿易創造効果」と呼ばれる）や市場の拡大を促し、中長期的には、生産性上昇や資本蓄積等を通じた経済成長を高める効果がある。ちなみに、タイとのＦＴＡは、年間一兆円程度の経済利益を生み出すとの試算や、中国とのＦＴＡは日本のＧＮＰを〇・五％押し上げる効果があるとの試算もある[20]。表８は、内閣府経済社会総合研究所[21]が試算したＦＴＡの日本経済に及ぼす効果と影響を各国・機構別に示したものである。ちなみに、最大の効果があるのは中国とのＦＴＡである。

表８　FTAが日本経済に及ぼす効果と影響

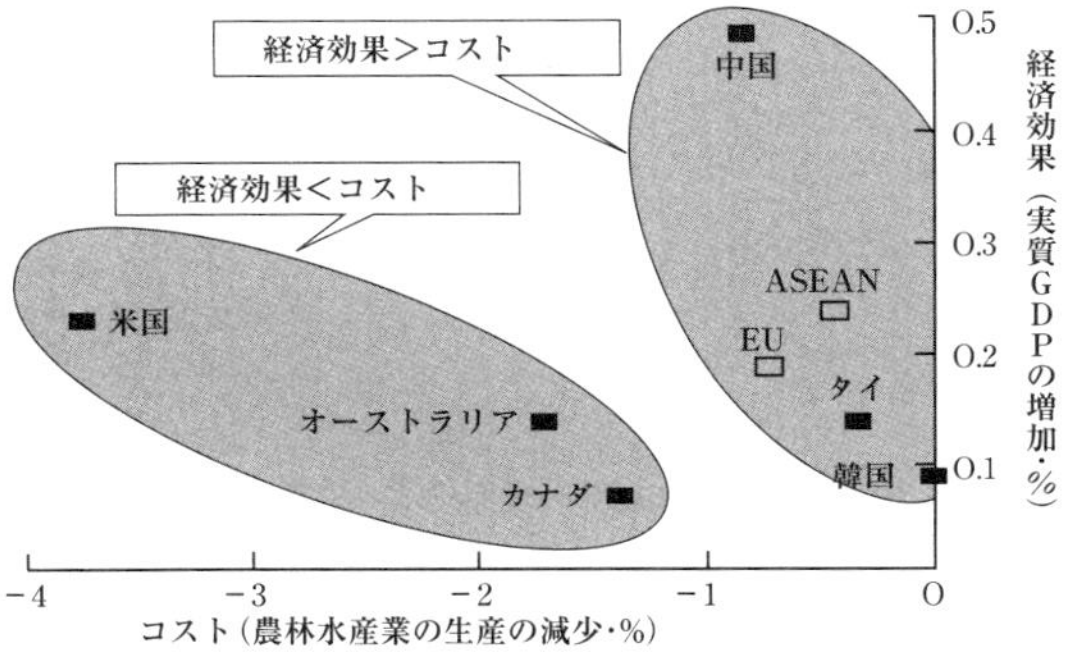

(出典：内閣府経済社会総合研究所、2004年12月発表)

他方、ＦＴＡによって生まれる関税格差が効率的な第三国との貿易を非効率な協定締結国間の貿易にシフトする「貿易転換効果」というマイナスも指摘されている。メキシコとのＦＴＡは、メキシコが米国やＥＵなどと結んでいたＦＴＡによる貿易転換効果の不利益を受けていた日本企業を助ける効果を持ったと言える。したがって、東アジアで、FTAにおいて他国に遅れをとることは、日本企業が貿易転換効果による不利益を被ることを意味する。

第二に、国内の産業構造の転換を促す効果であり、FTAを通じた自由化によって日本が現在進めている国内の構造改革を促し、産業の高度化を推進する効果が期待される。貿易立国日本を海外に対して閉ざす政策は自殺行為である。日本の経済構造を世界、なかんずく、東アジアに開かれた経済システムに変革していくことが日本の繁栄につながる。FTAは、そのための大きな梃子《てこ》となり得るのである。

第三に、政治・外交上のメリットである。FTAを締結する国との経済の相互依存が強化されることによって、政治的パートナーシップの強化が期待される。また、WTOより深掘りができるFTAを積み上げて得た実績としての制度やルールを、WTOの場にフィード・バックすることによってマルチ経済外交における日本の交渉力を強化することにもつながる。

(4) 日本のFTA戦略

日本は、東アジアでの経済的相互依存の高まり、なかんずく、中国の積極姿勢と一部ASEAN諸国の熱心な誘いに引っ張り出される格好でFTA交渉推進に動いた。依然として域内GNPの三分の二を占める日本の経済力ではあるが、中国をはじめとする東アジアの諸国の追い上げは目覚ましいものがある。今こそ国内の改革を連動させた対外経済戦略を策定し、積極果敢に東アジア経済外交を推進しなければ、日本経済が将来にわたって競争力を保持し、先頭を走り続けることは難しいであろう。日本は、そうした認識に立った日本のＦＴＡ戦略を推進する必要がある。

第一に、東アジアを優先すべきである。その理由としては、第一に、日本は東アジアの一国であり、東アジアは日本にとっての地域主義の現場であるとの地理的理由がある。第二に、東アジアは世界で最もダイナミックに成長する地域であり、日本企業の生き残りと日本経済の再生にとって大きな可能性を秘めた地域であるとの経済的理由がある。そして、第三に、繁栄する東アジアは日本の平和と安全の前提である東アジアの平和と安定に資するとの政治・安全保障的理由である。日本の貿易相手先として、東アジアは今や北米やＥＵより大きく、全貿易額の半分近くを占める最も重要な地域となっている。他方、東アジア諸国の関税率は北米やＥＵより高く、日本が東アジアにおいてＦＴＡを形成する実益はきわめて大きい。日本が東アジアのＦＴＡ交渉において遅れをとれば、日本に踏み止まっている企業も残らず海外に移転せざるを得ず、生産拠点の全面シフトによる空洞化のみならず、研究開発などの本部機能にも影響が出る恐れがある。ちなみに、〇三年二月に外務省が外部委託して行った国民意識調査によれば、日本がＦＴＡを締結する対象国として関心のある国は、一位が中国（三五・四％）、二位が米国（三一％）である。政府は、〇四年十二月二十一日、東アジア地域を中心にＦＴＡ交渉を進める基本方針を閣議決定した。

第二に、東アジアでのＦＴＡの進め方は、将来ビジョンを考えながら戦略的に展開することが望ましい。日本は、ＡＳＥＡＮ諸国との個別のＦＴＡ／ＥＰＡ締結交渉を進めるとともに、〇四年一月には、小泉総理が、シンガポールで、「日・ＡＳＥＡＮ包括的経済連携構想」を提案した。ＦＴＡの進め方としては、ＡＳＥＡＮ全体（マルチ）とのＦＴＡとＡＳＥＡＮ加盟国との二国間（バイ）

のＦＴＡ／ＥＰＡという二つのアプローチがある。理想的には、日・シンガポールＥＰＡのように、バイ協定において、できる限り水準の高いものを作り、その上で各国の最大公約数以上の内容となるマルチ協定を作るというアプローチを採るべきであろう。内容をできる限り共通化したバイの経済連携を束ねる形で日・ＡＳＥＡＮ経済連携につなげていくアプローチは現実的でもある。他方、従来の一国ごとのフルセット生産とは異なり、部品や組み立ての最適生産という観点からＡＳＥＡＮ域内に広く展開している日本企業からすれば、生産拠点間のシームレスな連携が不可欠であり、「日・ＡＳＥＡＮ原産」という概念による域内間の関税撤廃が可能となるマルチ協定の早期締結が望まれている。日本は、ＡＳＥＡＮ全体との交渉を〇五年四月に開始した。いずれにせよ、マルチとバイの有機的関係を考慮しつつ、日韓ＦＴＡとも連動させ、最終的には中国も含めたＡＳＥＡＮ＋３におけるＦＴＡを視野に入れたロード・マップの下で交渉を加速する必要があろう。

第三に、スピードは大事であるが、ＦＴＡの中身もそれに劣らず重要であり、幅広い分野をカバーする包括的で、将来の東アジア地域全体のモデル協定となるような中身の濃いＥＰＡを目指すべきである。スピードと質の伴ったＦＴＡ締結のための努力が求められている。近年、目覚しい成長を遂げる中国は、脅威論の払拭、開放経済に資する平和な国際環境の確保、安定的な海外市場、海外からの投資・エネルギー資源の確保、大国としての多角的積極外交の展開といった観点から、近隣アジア諸国とのＦＴＡ締結に積極的姿勢を示している。東アジアの経済成長をリードする中国経済の動向が、東アジア経済の将来像や日本の経済戦略を描く上で、ますます重要となってきていることにかんがみれば、日本として、こうした中国の動きを座視すべきでないことは当然である。東アジアの経済連携において日本が主導権を発揮することによって、知的財産権や投資の保護など東アジアの活力強化に資するしっかりとしたスタンダードを作り上げなければならない。そのためには、日本が、ODAによって統合の深化、特に制度の整備や人材の育成のためのASEANの努力を支援するとともに、日本自身の構造改革を大胆に進め、「第三の開国」を実現する必要がある。そして、それが、日本にとって望ましい東アジアの経済システムの構築にもつながる。

日本のFTA戦略は、将来の東アジアの経済秩序、すなわち、いかなる理念や価値を共有するのかという問題に対する答えともなる必要がある。東アジア標準となるシステムは、体制の異なる中国の推進するFTAではなく、日本のFTAであるべきである。〇四年一月に発効した米・シンガポールFTAは、NAFTAに盛り込まれなかった電子商取引、知的財産権、労働、環境なども盛り込んだ「他国と結ぶ協定のモデルとなるFTA」（米側交渉団長の発言）となり、シンガポールは国内の構造改革に取り組んでいる[22]。日本も、十年後、二十年後を視野に入れて、通商政策と農業を含む産業政策を総合的に捉える戦略を描きつつ、EPAの推進に取り組むことが必要である。特に、国内の農業改革や外国人労働者の受け入れ態勢の整備は急務である。国内の政治調整が難航し、関税撤廃ができない場合でも、段階的撤廃を短期間に実現する必要がある。〇四年十一月のAPEC閣僚声明でもそのことが謳われている。

FTA空白地帯であった東アジアは、今やFTA／EPAの主戦場と化した観がある。日本がFTAという新しいフロンティアを求めることで民間の活力を引き出し、国内経済を再活性化するチャンスが生まれている。農業を理由に逡巡しているときではない。先の意識調査では、農業貿易の自由化を容認する声は四七％に達し、保護すべきという三五・八％を大きく上回った。他方で、ＦＴＡに関心がないと答えた人の多くが、その理由として自分の生活に関係がないからと答えている。日本は貿易立国である。ＦＴＡのメリットに対する国民の認識を高め、幅広い合意を形成しながら、障害を乗り越え、ＷＴＯ体制の維持・強化を基本としつつも対外経済政策の新たな展開としての「ＦＴＡ立国」を目指す必要がある。

3 ASEANのイニシアティブと中国の積極姿勢

現在の東アジアの地域主義は、制度的統合が最も進んだヨーロッパに比べれば、大きく遅れをとっていると言わざるを得ないが、第1章において俯瞰したように、東アジア各国は開発を国家政策の柱に位置付けて、海外からの投資や借款を積極的に導入することによって高い経済成長を実現してきた。対外的に開かれた経済体制は、東アジアの経済相互依存を高めることにつながった。そして、アジア通貨危機が、そのことを強く認識させることとなった。何ら効果的な対応を取ることができなかったＡＰＥＣ[23]、危機を悪化させたＩＭＦの処方箋、中南米の危機において見せたような積極的支援姿勢を示すことのなかった米国、これに対し、日本は「新宮沢構想」をはじめとする大規模な支援を行い、中国も人民元レートの維持に努めるなど域内の協力姿勢は顕著であった。危機を経験することで、東アジア諸国は、地域的な協力体制の構築の必要性を模索するようになった。

ＷＴＯ加盟を果たし、対外開放を全面展開することによってグローバル競争の寵児となった中国は、その他の東アジア諸国、なかんずく、ＡＳＥＡＮ諸国から輸出や投資の受入において強力な競争相手として意識され、脅威とさえ見られるようになった。大競争時代に突入した二一世紀初頭の東アジアにおいて、ＡＳＥＡＮ諸国は、強い危機意識によって自国産業の競争力強化とＡＳＥＡＮの統合深化を加速させ、日本や韓国の企業は、中国の台頭を好機として捉え、巨大市場に成長する中国での展開を積極化させている。

東アジアの地域主義は、経済相互依存という実体面において進展し、これに押される形で制度面の取り組みが各国政府間で活発化している。

二〇〇二年に日本がシンガポールとＦＴＡを締結するまで、ＦＴＡを一つも締結していない主要な経済主体としての国家は、世界で日中韓の三カ国のみであった。世界の流れから取り残されるとの危機感は、程度の差はあれ、三カ国に共通する。そして、東アジアにおいてＧＮＰの九割を占める日中韓の協力の進展が「東アジア共同体」の成否を左右する。日韓間では、〇五年中の実質合意を目指し、交渉が進められてきたが、中国との関係をどうするかが問題である。韓国にとって、今や中国は米国に次いで二番目に大きな輸出先であり、香港向けを加えると二〇・九％と米国を上回る（〇二年実績）。これに対し、日本向けは九・三％でしかない。また、韓国の対中投資も活発化しており、〇四年実績で日本を抜いた。中国の市場としての存在感は圧倒的であり、韓国が対中関係をかつてなく重視するのは無理からぬことである。

〇二年十一月の日中韓首脳会合では、朱首相から、「日中韓ＦＴＡの実現可能性について研究を進めたい。三カ国のＦＴＡは東アジア経済統合に役立つ」との提案がなされた。これに対し、小泉総理は、「まずは中国のWTO加盟後の約束事項の履行状況を見守る必要があり、日中韓FTAについては、中長期的な視点から検討すべき課題である」との慎重な発言をしている。〇三年及び〇四年の日中韓首脳会合では、引き続き三国研究機関による共同研究を進めていくことで合意されたが、日本は、究極的には、ASEAN+3（日中韓）の東アジア経済連携を視野に入れつつ、当面は中国のWTO協定の履行状況、日中関係全体の状況、ASEANや韓国とのEPA／FTAの進捗状況等を踏まえて、方針を策定するとの基本的立場である。

他方、日中韓三カ国の経済人は、三国のFTAを強く期待している。日本経済新聞、中国の国際商報、及び韓国の毎日経済新聞が共同で実施した「日中韓三カ国経営者三百人アンケート」では、三カ国のFTAが必要と答えた経営者が六～七割に達した（日本では、六九・八％、中国では六四％、韓国では七五％）。三国FTAに次いで高かったのが、中韓FTAであり、その理由として、韓国経営者の間では、十年後の中国が米国に匹敵する大消費市場になっているとの見方が六二％に達しており、中国市場への期待感と日本の工業製品流入への懸念が中韓FTAへの支持につながっているとみられる[24]。

日中韓FTAは、三カ国の提携・協力を一段と促進し、それがまた地域の平和と安全にも資するとの観点から、大きな意義がある。特に、一体化する東アジア経済の中で生産拠点あるいは市場としての重要性を急速に増大させている中国を東アジアの地域統合のプロセスにどう取り込んでいくかは、今後の東アジアの平和と繁栄にとって決定的な鍵を握っている。そうした観点から、まずは、速やかに日韓FTAを実現し、日中韓FTAにつなげ、先行するASEANとのFTAに包摂する形で「東アジア経済共同体」の形成を目指すべきであろう[25]。

東アジアの地域主義をリードしてきたのは、ＡＳＥＡＮである。ＡＳＥＡＮ自由貿易地域（ＡＦＴＡ）は、域内の数量制限を撤廃し、関税を引き下げて、域内の貿易を活性化してきた。例えば、ＣＥＰＴ（共通効果特恵関税）は、域内産品の関税を自主的・計画的に引き下げる役割を果たし、ＡＳＥＡＮ原加盟国間の関税は、二〇一〇年までに撤廃されることになっている。日本のＡＳＥＡＮとのＦＴＡ交渉においてもこのスケジュールが念頭に置かれる[26]。ＡＳＥＡＮ各国に展開する生産拠点間で部品の相互供給を行う日本企業にとっては非常に有効な制度であり、例えば、トヨタ自動車は〇二年に特恵関税を適用された部品数が約三千点、金額ベースで二億ドルに達している[27]。投資環境が整備される中国との競争に危機感を抱くＡＳＥＡＮは、域内統合をより早くより深く進めることによって、日本企業の中国への移転を食い止めることができよう。特に、物流インフラの整備や技術基準の調和化などビジネスのコストとリスクの低減につながる統合の加速化が求められる。トヨタなど日本企業の中には、既にＡＳＥＡＮを世界各国への輸出の生産拠点とすることを決定している企業もある。ＡＳＥＡＮには、その表明通り、二〇二〇年までに経済統合を完了し、経済共同体を構築することが期待されている。

日本は、ＯＤＡによるＡＳＥＡＮの格差是正努力への支援や人材の育成・交流を支援する「小渕プラン」をはじめとする数々のイニシアティブによって、ＡＳＥＡＮの統合努力を全面的に支援してきた。ＡＳＥＡＮは、このような日本の支援を評価し、日本もＡＳＥＡＮとのパートナーシップを深めることができた。

他方で、ASEANとの貿易関係については、日本は、国内での構造改革や「第三の開国」への抵抗が強く、ASEAN諸国の期待や要望に柔軟かつ機動的に応えてきたとは言えない。その間隙を突くかのように、中国がASEANとの経済統合に積極的な姿勢を示し、イニシアティブを発揮してきた。中国にとっては、ASEAN諸国の中国脅威論を抑え、周辺諸国との摩擦を回避しながら高い経済成長を持続させることが最優先課題となる。二〇〇〇年十一月のASEAN＋3首脳会議の際の中国・ASEAN首脳会議において、中国の朱首相はASEAN側に対してFTA構想を提案し、〇二年の首脳会議では、二〇一〇年までにFTAを締結するとの枠組み合意に署名した。その中で、中国はASEAN新規加盟四カ国（ベトナム、カンボジア、ラオス、ミャンマー）に対する期限を猶予すること（他の六カ国より五年遅い二〇一五年が期限）、及びタイのフルーツや野菜などASEAN側が重視する輸出産品についてはいわゆる「早期収穫（early harvest）」条項によってFTA締結前にも輸入することを約束し、ASEAN側に歩み寄った。二〇〇五年七月には約七千品目の関税が引き下げられた。また、〇三年十月の首脳会議では、日本に先立って東南アジア友好協力条約（TAC）に署名した。同時に開催されたASEAN＋3首脳会議では、温家宝首相が十三カ国の市場を統合する「東アジア自由貿易圏」の創設へ向けた事前調査の実施を提案し、東アジア経済の一体化を積極的にリードする姿勢を鮮明にした。

こうした中国の積極姿勢が日本の政治や世論を動かした面があることは否定できないであろう。中国の積極姿勢と日本の消極姿勢を取り上げ、このままでは日本は東アジアのダイナミズムから取り残されるとの焦りや憂慮の声がマスコミや経済界から高まった[28]。〇二年、小泉首相は東南アジア歴訪の際に「東アジア共同体」構想を提案し、翌〇三年十二月には、ASEAN首脳を東京に招いて日・ASEAN特別首脳会議を開催し、「東アジア共同体」の形成に向けた基本文書として「東京宣言」の採択に漕ぎ着けた。

ASEANは、戦後一貫して日本にとって最も重要な東アジアのパートナーであった。引き続きASEAN重視の外交を言葉だけでなく行動で示すことにより、ASEANとのパートナーシップを一層確固たるものとする必要がある。その上で、「東アジア共同体」の戦略も、ASEANとの関係を基軸として構築し、展開していくべきであろう。

4　ODAの戦略的活用で経済水準を平準化

(1)　ODAの果たしてきた役割

戦後の東アジアの経済的成功の背景には、いくつかの要因が存在したことが指摘できるが、その一つは日本のODAが果たした役割である。東アジア、なかんずく、東南アジアに対する日本のODAは、圧倒的な存在感を示してきた（表2参照）。東アジアの平和と繁栄のために重要な役割を果たしてきた日本のODAは、東アジアの変化に応じて、三つのステージに分けて特徴付けることができる。

第一ステージは、「開発体制」と呼ばれる国家主導型の経済開発路線の下での経済の高成長と政治の安定の時代である。日本のODAは、経済インフラの整備を支援し、「東アジアの奇跡」を後押しした。第二ステージは、アジア通貨危機によって東アジア各国の経済成長が軒並みマイナスに落ち込み、政治・社会が不安定化した時代である。日本は「新宮沢構想」など経済危機支援策として総額八百億ドルを供与し、危機回復努力を強力に支援した。第三ステージは、グローバル化が加速する中で、危機を克服した東アジア諸国が金融協力やFTAの推進などの地域的な経済連携を積極的に進める時代であり、まさに今日日本のODAが直面している局面である。ODAは、FTA戦略との有機的連携やASEANの格差是正支援など、外交・通商政策の中で一層戦略的に活用される必要がある。

表9　わが国二国間ODA国別累計額　上位20ヵ国（1969〜2001年）

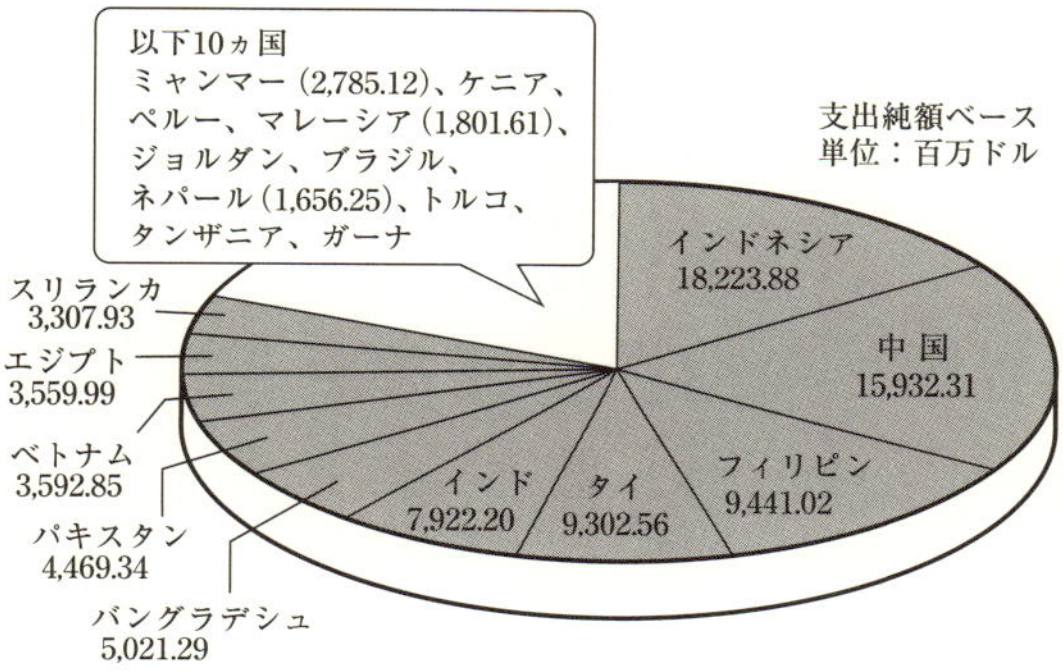

（出典：外務省「ODA白書」及び外務省HPより作成）

　これらの期間のすべてにわたって、日本のODAの過半が東アジアに供与され、東アジア諸国の経済発展と投資環境整備を強く後押ししてきた（表9参照）。

　日本からの直接投資の増大は、ODAの役割を抜きにしては語れない。日本からのODAと投資によって、東アジアは目覚ましい経済発展を遂げてきた。これは、有償資金協力（円借款）、無償資金協力、技術協力という多様なスキームを駆使して展開された日本型援助の成果であり、ODAは日本の東アジアにおける最大の外交手段として大きな効果を発揮してきた。特に、日本の東アジアに対するODAの太宗を占める円借款は、道路、港湾、鉄道、飛行場、通信、発電所などの経済・産業基盤を整備するために重点投入されてきた。インフラの整備が進んだことで、投資環境が改善され、海外からの直接投資の増加によって、経済成長が促進された。

経済インフラの整備は、経済成長の実現にとって重要な条件であるが、採算性や投資リスクの観点から民間融資を期待することは難しく、また、巨額の資金を必要とする経済インフラに対し、教育、医療、保健などの基礎生活分野（BHN）の支援に充てられるべき贈与をつぎ込むことも適当ではない。これに対し、返済義務を伴う円借款は、巨額の資金を動員することができ、途上国の自助努力を促すことも期待できる。自助努力を期待できない国に巨額の資金を貸し付けることは債務問題を引き起こすだけの結果になりかねないが、「東アジアの奇跡」を実現した国・地域では、自助努力が遺憾なく発揮され、日本の円借款は有効に活用された。

輸出指向型経済発展を目指した東アジア諸国は、「アジア／インフラ／円借款」の顔を持つ日本のODAを最大限活用し、運輸・電力・通信などの経済インフラを整備することによって、日本をはじめとする外国からの投資を呼び込み、輸出産業の育成に成功した。例えば、空港は人の移動や物資の輸送にとって不可欠なインフラであるが、八〇年代から九〇年代にかけて供与された円借款によって東アジア各国の重要な空港が建設・拡張された。例えば、中国の北京首都国際空港（約三百億円）や上海の浦東国際空港（約四百億円）、タイの第一、第二バンコック国際空港（それぞれ三百五十五億円、千二百四十億円）、マレーシアのクアラルンプール新国際空港（六百十五億円）、インドネシアのバリ国際空港やスラバヤ空港（それぞれ三百十三億円、百三十四億円）、フィリピンのマニラ国際空港やセブ国際空港（それぞれ百八十一億円、百十二億円）などである。円借款による空港整備事業はビジネスや観光産業の発展にも大きく寄与した。

(2)　今後のＯＤＡの役割

戦後の日本外交は平和主義を基本理念としてきた。日本外交の平和主義とは、軍事力ではなく、経済協力（ＯＤＡ）や貿易・投資・科学技術など平和的・経済的な手段によって、アジア、そして世界の平和と繁栄に積極的に貢献することである。そこには、日本の平和と繁栄は、アジア、そして世界の平和と繁栄の中にこそ存在するとの認識がある。日本が戦後半世紀以上にわたり平和を享受できたのは、日米安全保障体制によるところが大きいとは言え、急速に復興し再びアジアの大国となった日本自身が、平和外交に徹し、ＯＤＡを通じて東アジア諸国の経済・社会開発と経済成長を支援してきたことも要因の一つであったと言える。

世界の飢餓、貧困、開発の遅れは依然として深刻であり、東アジアにおいても、ＡＳＥＡＮの格差是正のためのＣＬＭＶ諸国[29]への支援、貿易・投資促進に資するインフラ整備、持続的発展に不可欠な環境、エネルギー、法制度、人材育成などの分野におけるＯＤＡの役割は依然として重要である。

しかし、既に述べた通り、東アジアの目覚ましい経済成長と相互依存の高まりの中で、東アジアに対するＯＤＡの役割は質的にも量的にも大きく変化している。

第一に、厳しい経済・財政状況の中で、世論調査において「（ＯＤＡを）減らすべきだ」との声

表10　途上国に対する日本の援助・協力

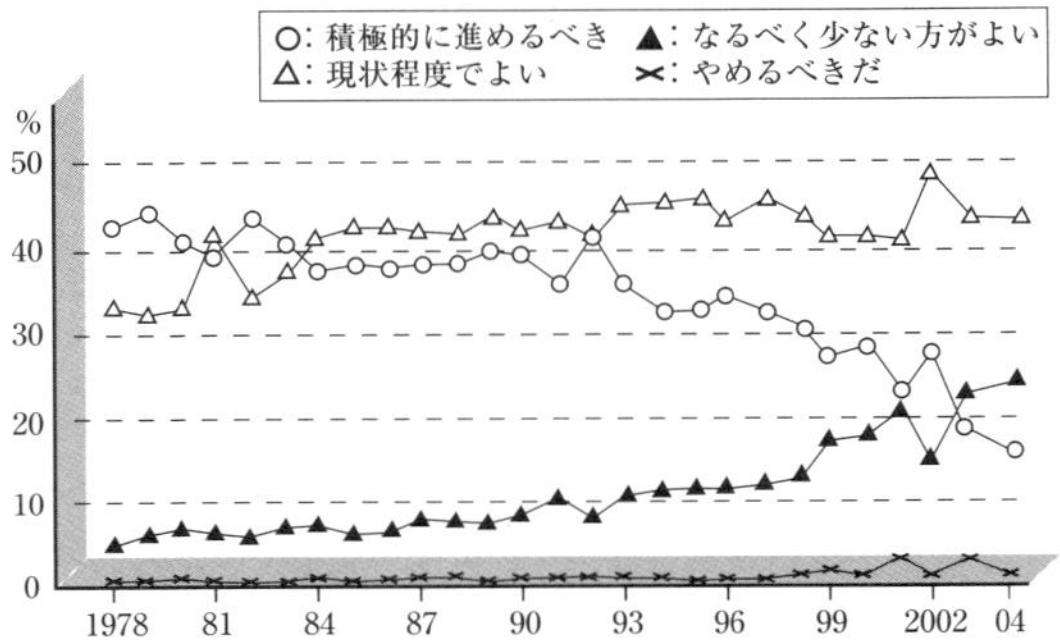

（出所）内閣府実施の「外交に関する世論調査」平成17年10月実施

表11　日本のODA実績

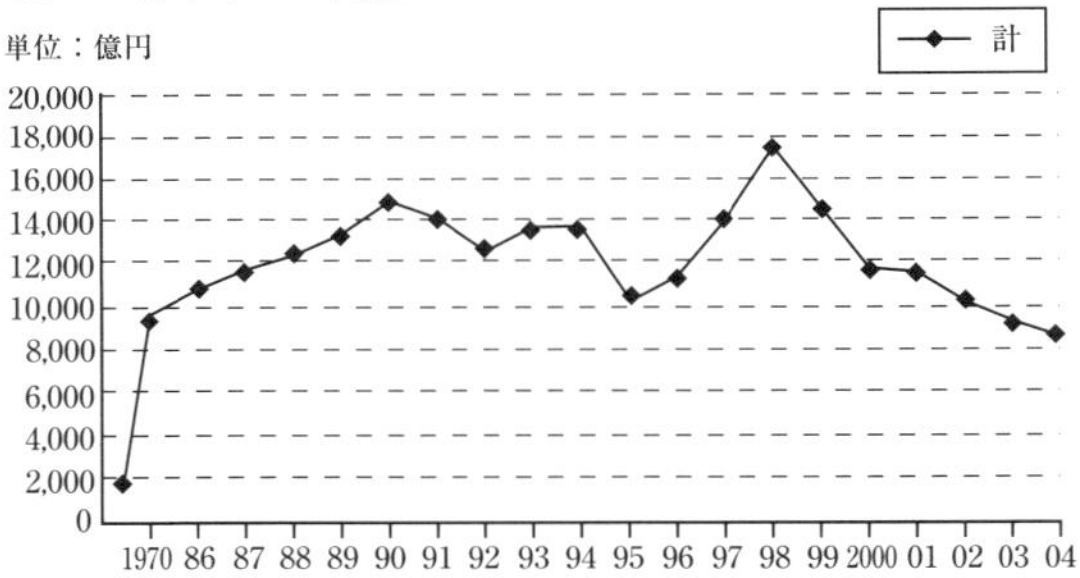

（注）支出総額ベース、2004年は暫定値
（出所）外務省HP

が増加しているといった国民意識の変化も受け（表10参照）、ＯＤＡは九〇年代末より予算の減少とそれに伴う実績の減少が続いている（表11参照）。

第二に、中国に対するＯＤＡの見直しである。中国へのＯＤＡは、中国の改革と開放を支援し、中国の経済発展に大きな貢献をしてきた。近年、中国政府の指導者や幹部からも、こうした貢献に対し、評価と感謝の意が表明されてきている。しかし、経済成長が著しく、軍事費の増大や第三国援助を進める中国への巨額のＯＤＡ、なかんずく、円借款に対しては、国内に疑問の声が少なくなく[30]、円借款は二〇〇〇年度の二千百四十四億円をピークに毎年減少し、〇三年度には九百七十億円とピーク時の半分以下となった（表7参照）。また、〇一年には、「対中国経済協力計画」を策定し、重点分野を沿海部を中心とするインフラ整備から内陸部を中心とする貧困問題や環境対策への協力に転換した。外務省は、国民の理解と支持を得るため「国益の観点に立って個々の案件を精査する」ことを明らかにしている[31]。

第三に、〇三年八月に閣議了解されたODA大綱に明らかな通り、ODAの重点地域を引き続きアジアに置きつつも、東アジアにおいて高まる経済統合の動きに連動する形で戦略的にODAを活用していくことが新たな方針となった[32]。ODA大綱は、「近年、経済的相互依存関係が拡大・深化する中、経済成長を維持しつつ統合を強化することにより地域的競争力を高める努力を行っている。わが国としては、こうした東アジア地域との経済連携の強化などを十分に考慮し、ODAを活用して、同地域との関係強化や域内格差の是正に努める」と謳っている。東アジアの経済連携強化のためにODAを戦略的に活用することについては、〇三年版の通商白書も強調している[33]。ASEANの後発加盟国であるCLMV諸国のインフラや制度の整備への支援によってASEAN域内の格差を是正し、東アジアの経済連携の流れに乗り遅れかねないCLMV諸国の経済の底上げを図ることで、ASEANの経済統合と単一市場形成を促進することが重要である。また、日本が提唱した「東アジア・パートナーシップ・イニシアティブ」のように、ASEANの先行六カ国とCLMVとの間での南南協力を日本のODAによって支援することで、共同体意識を醸成することも期待される。

以上述べた通り、ODAはインドシナ諸国などの経済を底上げし、東アジア諸国が一体となって地域共同体の形成に参加できるようにするために重要な役割を担い得る。日本はODAによって経済格差の是正に努めつつ、ＦＴＡ／ＥＰＡを推進する必要がある。ＯＤＡとＦＴＡ／ＥＰＡは、東アジアにおける経済外交の車の両輪なのである。

第3章

解決すべき課題
——安全保障と歴史問題

「東アジア共同体」を実現する上で、克服すべき課題は何であろうか。これは、統合の進むヨーロッパと比べれば、自ずと明らかとなる。

第一に、東アジアの安全保障環境の改善である。ベルリンの壁が崩れて、東西ドイツが統一され、ヨーロッパでの冷戦は終わったが、東アジアにおいては、朝鮮半島と台湾海峡の壁が「冷戦の遺物」として残された。二〇〇〇年秋に発表された「アーミテージ・レポート」[1]は、「ヨーロッパでは、少なくとも今後二十年～三十年間は大戦争は考えられない。しかし、アジアでは紛争の見通しは遠のいていない。（略）米国を大規模な紛争に巻き込む敵対関係は、朝鮮半島と台湾海峡にいつ何時でも起こり得る」と指摘した。朝鮮半島と台湾海峡という二つの不安定要因は、東アジアの平和と安定に大きな影響を与えるのみならず、日本の安全にも深刻な影響を及ぼす。第2章で述べた通り、東アジアは、経済的相互依存関係を高め、世界で最も活力ある地域として発展しているが、平和で繁栄する共同体の実現が可能となるためには、東アジアに存在する不安定・不確実な安全保障環境が改善されることが不可欠である。

第二に、歴史の克服とナショナリズムの克服である。ヨーロッパでは、二度の大戦をはじめ、歴史的に何度も戦争を繰り返してきたフランスとドイツが歴史を克服し、和解をしたことで、今日の欧州連合（ＥＵ）への道が開かれた。そして、加盟各国のナショナリズムはヨーロッパという地域主義によって薄められてきた。フランス人はフランス人であると同時に、欧州人でもあるとの意識を着実に育んできている。「東アジア共同体」の実現にとっても、東アジア諸国間の信頼関係の増進、なかんずく、日本と中国、日本と韓国との間での歴史の克服やナショナリズムの克服が不可欠である。

1　不透明・不安定な安全保障環境——共同体に立ちはだかる障害

(1)　不安定化と安定化の交錯した半世紀

第二次世界大戦後、欧州に続き、東アジアにおいても激しい東西対立の構図が生まれた。日本軍が敗戦によって中国大陸から駆逐されると、国民党と共産党の対立は決定的となり、米国の支援した国民党政府は共産党との内戦に敗れて台湾に逃れ、一九四九年、中国大陸には共産党の支配する中華人民共和国が誕生した。米国の東アジア政策は、中国に対する門戸開放政策以来、一貫して中国を中心に据えていた。中国の共産化は、アジアにおけるソ連の勝利であり、米国は東アジア政策の抜本的見直しを迫られた。冷戦構造の投影された朝鮮半島では、ソ連の占領した北と米国の占領した南にそれぞれ国家が誕生し、五〇年六月には、北朝鮮軍が三十八度線を突破し、朝鮮戦争が勃発した。米国を中心とする国連軍と中国の「義勇軍」が参加した冷戦下の「熱戦」となり、戦火は中国東北部にも拡大しかねない勢いであったが、トルーマン大統領の不拡大方針によってかろうじて朝鮮半島に限定された戦争にとどまった。

この間、米国の対日政策は大きく転換され、それまでの徹底的な非軍事化に代わって再軍備が促されることになった。日本は、米国の東アジア戦略の要として位置付けられ、「戦力なき軍隊」（吉田茂首相）と日米安全保障条約（五一年九月調印）を柱とする体制が固まった。平和憲法と日米安保を巡る「軋轢」はここに始まった。米国は、ソ連と中国を封じ込めるため、東アジアに同盟と基地のネットワークを構築し、米軍の前方展開を基本戦略とした。日本との安全保障条約の他に、五一年八月に、フィリピンと相互防衛条約を調印し、九月には、豪州及びニュージーランドとの間でＡＮＺＵＳ条約に調印した。五三年七月に朝鮮半島で休戦協定が成立すると、十月には、韓国との間で相互防衛条約を調印した。

しかし、朝鮮半島が静かになると、今度はインドシナが騒がしくなった。五四年五月、ディエン・ビエン・フーの戦いでフランス軍は北ベトナムの人民軍に大敗する。共産「ドミノ」を恐れた米国のアイゼンハワー政権は、同年九月に、英、仏、豪州、ニュージーランド、フィリピン、タイ、パキスタンを誘って東南アジア条約機構（ＳＥＡＴＯ）を創設し、反共軍事体制を構築した。ケネディ政権以降、米国はベトナムに軍事介入を始め、ジョンソン大統領は北爆と地上軍の派遣を決定し、米国の「最も長い戦争」が始まった。戦争は、エスカレートし、米軍とベトナム人に多数の犠牲者を出しながら泥沼化していった。ベトナム戦争は、軍事的に失敗したのみならず、国内では反戦運動の広がりによる社会の亀裂や深刻な財政赤字とドル流出による米国経済の悪化を招いた。七五年、カンボジア、ラオス、ベトナムは、共産主義政権の手に落ちた。

しかし、中ソ対立の進行の中で、米中は戦略的利益を共有するようになる。七一年のキッシンジャー訪中を経て実現した中国の国連復帰とニクソン訪中による米中和解は、東アジアの安全保障環境を一変させた。七三年、ベトナム和平協定が調印され、米軍はベトナムから撤兵した。日本は、七二年に中国との国交正常化を実現した。七八年には、「覇権条項」[2]を巡って難航した日中平和友好条約を締結し、七九年から改革・開放に歩み出した中国を積極的に支援する。中国と米国は、七九年一月一日に、正式に国交を樹立し、一月末には、三度目の復活を果たして最高実力者となった鄧小平が訪米した。その直後、カンボジアに進攻し、ポル・ポト政権を打倒したベトナムに対し、米中両国は足並みをそろえて機敏に動いた。二月十七日、中国は「懲罰」と称してベトナムに出兵した。米国は国連で対越物資禁輸決議案を提出し、採択にこぎつける。ポル・ポト政権は国連でのカンボジア代表権を得た。四月には、中国は「中ソ友好同盟相互援助条約」の破棄を通告し、米中両国は、対ソ戦略で連携を強めた。ソ連は、レーガン政権との軍拡競争によって増大する軍事費の負担と国内経済の停滞に苦しみ、アフガニスタン侵攻の泥沼化によって国力の衰えは決定的となった。ゴルバチョフの改革もソ連・東欧圏の崩壊を食い止めることはできなかった。

九一年に、米国にとって最大の脅威であったソ連が崩壊すると、米国は世界で唯一の超大国となり、東アジアの安全保障環境も、再度劇的に変化した。米国にとっての「中国カード」は、その役割を終え、米中関係は質的変化を遂げる。すなわち、ソ連崩壊によって、米中対ソ連という構図は消え、ソ連の脅威を前提とした中国と米国の戦略的関係はその土台を失ったのである。

米中関係は、ソ連の脅威が消滅した後の東アジアの安全保障環境を左右する最も重要な二国間関係である。この地域の平和と安全に決定的な影響力を持つ米国と地域の軍事大国であり経済大国ともなった中国との関係が、良好で安定した関係となることが東アジアの平和と安定にとって望ましいことは言うまでもない。

米中双方が、対東アジア戦略において、互いに相手をどう位置付け直し、いかに安定した関係を再構築するかは東アジアの安全保障に大きな影響を与える。しかし、冷戦後の米国の対中戦略は、米中関係を取り巻く情勢の変化もあって揺れ動いている。クリントン大統領は、大統領選では中国の人権問題を取り上げて厳しい対中姿勢をのぞかせたが、大統領就任後は、次第に中国を米国の「戦略的パートナー」として位置付けるようになり、米中関係を重視した。ブッシュ大統領も、当初は中国を「戦略上の競争相手」と定義したが、九・一一事件後の対テロ共同戦線の観点から、そして核開発を進める北朝鮮の脅威への対処から、中国を「潜在的なパートナー」であると見なすようになった。

また、中国の対米輸出の急増によって、米中間で貿易摩擦が発生しているが、巨大化する中国市場は、米国、特に大企業にとっては、大きな魅力であり、経済の相互依存は確実に高まっている。

中国の市場経済化とテロという脅威が米中関係の安定化要因として機能している。他方、中長期的には、中国の高い経済成長が持続すれば、資源やエネルギーを巡る競合や対立が生まれたり、また、経済力と科学技術力の向上によって中国の軍事力が強化されれば、東アジアにおける米国の軍事的優位が脅かされる恐れもある。将来、相対的力関係の変化の中で、民主化・人権問題や台湾問題に火がつけば、両国関係は不安定化するであろう。

一方、東アジア諸国間においては、冷戦終結後、経済を中心に対立から協力を基調とする関係が定着してきた。東南アジアでは、ソ連の崩壊で東西冷戦の前線としての戦略的位置付けが失われ、ソ連の経済支援を失ったインドシナ諸国は西側諸国との関係を見直すとともに、ＡＳＥＡＮに加盟して、市場経済と貿易・投資・ＯＤＡによる経済発展モデルを学ぶことによって共存共栄を図る道を選択した。例えば、カンボジアでは、クメール・ルージュ共産政権が倒れ、国連関与の下で選挙が実施された。新政権は、日本をはじめとする国際社会から支援を受けて民主的改革と経済の復興を進めると共に、九九年にはＡＳＥＡＮへの加盟を実現した。また、ベトナムは、ドイモイ政策を掲げて、市場経済に移行し、二〇〇〇年には、米越通商協定が調印され、クリントン大統領が米国大統領として初めてベトナムを訪問するなど、米越関係は完全に正常化した。

北東アジアでは、中国が、八九年の天安門事件で後退した改革・開放を、九二年の鄧小平の「南巡講話」以降再び加速し、韓国との国交樹立やＷＴＯ加盟を実現するなど、平和で安定した国際環境作りと経済建設重視という路線を定着させた。韓国は北朝鮮に圧倒的な国力の差を付けて、台湾、香港、ＡＳＥＡＮ諸国と共に「東アジアの奇跡」を演出した。冷戦後、韓国は中国との外交関係を正常化し、〇三年には、中国が米国に代わって韓国の最大の貿易パートナーとなり、〇四年の韓国の対中投資は日本のそれを上回った。

二一世紀初頭、東アジア地域は世界の経済ダイナミズムの中心となって発展しており、イデオロギーに代わって経済利益が、軍事的対立よりも経済の競争と協力が基調となってきている。日本に続き、NIEsやASEAN諸国、そして中国の経済発展によって「復権」した東アジアにおいては、経済の実態面における統合が着実に進みつつある。経済は東アジアの安定要因として働いているのである。

(2) 不安定要因

冷戦の終結により、東アジアの安全保障を巡る全体環境は好転したと言えるが、他方で、依然として不透明で不確実な要素が残っていることも事実である。特に、朝鮮半島と中台関係の問題が「冷戦の遺物」として東アジアの安全保障環境に暗い影を投げかけてきた。ソ連・東欧諸国において見られた共産党政権の崩壊と民主化の広がり、ドイツ統一のような変化が起きなかった東アジアでは、朝鮮半島の分断と台湾海峡の緊張が存続した。今日、グローバル化に伴うテロの国際化と核兵器拡散の問題が、「新しい脅威」として登場しているが、東アジアに特有のこれら二つの問題は「古い脅威」であると言える。日本周辺に残されたこの二つの不安定要因は、今日も日本をはじめとする東アジアの平和と安全にとって最大の脅威として残されている。

以下、この二つの不安定要因につき考察する。特に、朝鮮半島は、歴史的にも、白村江の戦い、元寇、秀吉の朝鮮出兵、日清戦争、日露戦争といった日本の対外戦争の多くにおいてかかわってきた。そして、二一世紀初頭、防衛白書は、朝鮮半島が最大の脅威であるとの認識を示すに至った。朝鮮半島は、昔も今も、日本の安全に直接的影響を与え得る地政学的重要性を持つ地域であり、まず朝鮮半島を巡る問題について考察する。

①朝鮮半島情勢

朝鮮半島では、冷戦後、ソ連・東欧の崩壊による孤立化と経済困難に陥った北朝鮮が危険な核のゲームを弄ぶようになる。韓国がソ連・東欧諸国、さらには中国と外交関係を樹立する一方で、北朝鮮は、最大の援助国であるソ連の後ろ盾を失い、孤立感を強めた。また、同じ社会主義国家である中国やベトナムが市場経済化と対外開放を進める中で、改革・開放を拒絶した[3]閉鎖的で硬直的な経済体制にしがみつき、極度の経済不振に陥って、農村部では飢餓が恒常化した。北朝鮮の核開発の背景には、こうした状況の変化による北朝鮮指導部の国力低下への危機感があり、核やミサイルによって局面を打開しようとの戦略ないし戦術がある。第一に、米国との関係では、米国の核の脅威への対抗と北朝鮮の体制存続のための戦略、そして、対米交渉のためのカードとするとの戦術があり、第二に、韓国との関係では、韓国との経済力の格差の広がり[4]とそれによって生じた北朝鮮の通常兵器による戦闘力の劣勢と低下を挽回する狙いがあると言える。

国際社会と北朝鮮の関係は、独裁政権による予測困難な対外姿勢によって紆余曲折をたどった。九三年から九四年には、北朝鮮が核不拡散条約（ＮＰＴ）[5]脱退の動きや国際原子力機関（ＩＡＥＡ）の査察拒否など不透明で一触即発の危険な行動を示した「核危機」が起こった。北朝鮮を訪問したカーター元大統領が金日成主席と会談したことが契機となり、「合意された枠組み」（Agreed Framework）[6]が成立し、危機は回避された。この合意に基づき、九五年に、朝鮮半島エネルギー開発機構（ＫＥＤＯ）が設立され、北朝鮮に対し、軽水炉の建設と重油の供給が行われてきた。しかし、その後も北朝鮮の核開発疑惑は消えなかった。九八年八月には、北朝鮮の中距離弾道ミサイル「テポドン」が発射され、一部は日本を飛び越えて太平洋に落下する事態が起きた[7]。翌日、日本政府は、日本の対応について官房長官発表を行い、日米韓での意見・情報交換、国連での提起、北朝鮮への厳重抗議とミサイルの開発・輸出の中止要求、日朝国交正常化交渉や食糧等の支援などの見合わせ、衛星など日本独自の情報収集能力の強化、弾道ミサイル防衛システム（ＢＭＤ）の技術研究の検討、「日米防衛協力のための指針」（ガイドライン）関連法案の早期成立・承認といった方針を明らかにした[8]。日本の懸念は国際社会でも広く共有され、国連安保理、日米首脳会談、日米韓外相協議、日韓首脳会談などで取り上げられ、北朝鮮に対する国際社会の一致したメッセージが発出された。〇二年一月、ブッシュ大統領は、一般教書演説において、北朝鮮を、イラン、イラクと並べて、大量破壊兵器を入手しようとする「悪の枢軸」と名指しで非難した。

他方、〇二年九月、小泉総理は、日本の総理として初めて北朝鮮を訪問し、金正日国防委員長と会談し、日朝平壌宣言に署名した。その後、日本は、この宣言に基づき、拉致問題、及び核やミサイル等の安全保障上の問題を解決し、北東アジアの平和と安定に資する形で日朝国交正常化を実現するとの基本方針の下で、北朝鮮への働きかけや政府当局間協議を継続している[9]。

他方、〇二年十月には、ケリー米大統領特使が訪朝した際に、北朝鮮が核兵器用ウラン濃縮計画の存在を認めたことで、核開発疑惑が再燃し、十二月、KEDOは「合意された枠組み」に違反するものとして北朝鮮への重油供給を停止した（軽水炉建設事業は、翌〇三年十二月より一年間停止）。これに対し、北朝鮮は、「合意された枠組み」に違反したのは米国であると主張して、凍結していた核関連施設の稼働と建設を即時再開するとともに、IAEA査察官を国外退去にし、〇三年一月には、NPTからの脱退を宣言した。同年四月には、米CNNが米中朝の三者会合で北朝鮮が核兵器保有を認めたと報じた。そして、〇五年の二月十一日、北朝鮮外務省は、声明を発表し、「わが方は既にブッシュ米行政府の増大する対（北）朝鮮孤立・圧殺政策に対し、自衛のために核兵器を造った」と核兵器の製造を初めて公式に宣言すると共に、六者会合への参加を「無期限中断する」ことも明らかにした[10]。

日本は、北朝鮮の核開発問題が、東アジアの平和と安定に対する直接の脅威であるのみならず、国際的な核不拡散体制への重大な挑戦であるとの認識の下で、米国及び韓国と緊密に連携しつつ、外交努力を続けてきている。その基本は、「対話と圧力」である。

一般的に言って、「圧力」については、軍事的圧力と経済的圧力が考えられる。九四年の核危機の際には、この二つの圧力が関与政策（対話）と組み合わさって効果を発揮し、「合意された枠組み」が実現した。しかし、軍事的圧力と言っても、イラクの国造りのために大きな軍事的・財政的負担を余儀なくされている米国にとっては、軍事的選択肢はよほどの事態にならない限り取り得るオプションではないし、また、イラクのように軍事力を行使すれば隣接する韓国が戦場と化し、多大の犠牲を伴うことから政治的・外交的にも極めて難しいオプションである。国防省の推定として報じられた記事によれば、北朝鮮との戦争に伴う人的犠牲の大きさは、最悪のシナリオで戦争開始後九十日間で、米韓両国五十万人の軍人が戦死し、何十万人という一般市民が犠牲になるとの数字もある[11]。他方、経済的圧力については、北朝鮮にとっての最大の援助国であり、貿易パートナーでもある中国、そして韓国が加わらない限りその効果は半減する[12]が、両国とも経済制裁には反対の立場であり、特に中国がどこまで歩調を合わせられるのかは不透明である。

「対話」については、〇三年四月の米中朝の三者会合を経て、八月に日本、韓国、ロシアを加えた六者会合が実現した。北朝鮮は、従来から米国との間での交渉を求めていたが、二者間での交渉には応じないとの米国の立場と北朝鮮に影響力を有する中国の仲介努力によって、三者会合から六者会合へとつながるマルチ対話の継続が可能となった。

北東アジアには、ASEANやASEANを核として存在するARFといったマルチの政府レベルでの安全保障対話の枠組み[13]が存在せず、その構築の必要性が指摘されていたが、六者会合はそうした枠組みの萌芽とも言える。もちろん、「核開発のための時間稼ぎ」とか「話し合いのための話し合い」といった醒めた見方もないわけではない[14]。しかし、第一回六者会合閉会に際して議長役の中国の王毅外交部副部長（現駐日大使）が、朝鮮半島の非核化を目標として、対話による平和的解決を目指すことで一致したと総括し、その後も、会合のプロセスが継続されていることにかんがみれば、東アジアの不安定要因の一つである北朝鮮の核問題については、平和的解決に向けた協議のメカニズム（制度的基盤）の構築に向けた関係国の外交的努力が形になりつつあると言える。今後は、交渉の実質的な進展を図ることが不可欠となる。およそ交渉というものは、交渉当事者がそれぞれ自らの立場を一歩も譲らなければ妥結しない。日米韓は、「国際的に信頼できる検証の下での完全な核計画の廃棄」を要求しているが、同時に、北朝鮮の求める安全の保証や経済支援などを組み合わせながら、交渉を進める必要があろう。その意味で、米国が、〇四年六月の第三回六者会合において、北朝鮮の核放棄の確約（平和利用も含め、すべての核施設を三カ月内に封印・閉鎖した後、査察と解体を進め、国外に搬出すること）を条件に、日韓中ロが定期的にエネルギー支援（重油供給）を行うことを認める、米国は北朝鮮への不可侵と、体制転覆を図らないことを暫定的に保障する、との提案を行ったことは、六者会合というプロセスの行き詰まりを回避し、その信頼性を保持する上で、有意義であったと言える[15]。問題は、北朝鮮がこの条件を受け入れることができるか否かにかかっている。

ここで大きな役割を果たし得るのが中国である。平和な国際環境の下で持続的経済成長を目指す中国にとっても、朝鮮半島の緊張は望ましいものではない。また、六者会合を主催し、その進展のために汗をかき、朝鮮半島の非核化に向けて建設的な役割を果たすことは、中国の国際的発言力の強化や対外的イメージの向上にもつながる。

日本は、第三回会合の前に、小泉首相が訪朝して、二回目の日朝首脳会談を行った。日本は、経済協力というカードを持っている。核問題、ミサイル問題、拉致問題と言った諸懸案を包括的に解決することによって日朝国交正常化が実現し、経済協力につながることを北朝鮮に説くとともに、引き続き日米韓の連携を緊密にし、北朝鮮との対話を継続していく必要があろう。

六者会合は、北朝鮮という当事国と利害関係を有する関係国との交渉であり、ＡＲＦといった制度化されたマルチの枠組みとは性格を異にするが、今後会合が継続され、北朝鮮の核開発問題が平和裡に解決されれば、単なる会合から制度化されたマルチ安全保障対話の枠組みに発展する可能性がある。六者会合という多国間協議プロセスがより実効性のある予防外交メカニズムにまで高められれば、この地域の安全保障環境の改善に資する。その意味で、日中韓首脳会合などの北東アジア三国の対話を進展させるとともに、将来の北東アジアの多角的な安全保障メカニズムの萌芽となり得る六者会合の進展を図ることが、朝鮮半島の安定に死活的な国益を有する日本にとっての重要な外交課題なのである。

②台湾問題

もう一つの不安定要因は、台湾海峡を挟む両岸関係である。

中国は、一貫して「平和統一、一国二制度」の基本方針を掲げつつ、「中国の統一に干渉する外国勢力」や「台湾独立を企む台湾の分裂勢力」に対しては、「決して武力行使の放棄を約束しない」と言明している。これに対し、台湾では、民主化が進み、九六年には台湾初の総統直接選挙で台湾人総統が選出された（李登輝総統の再任）。本省人（人口の八割以上を占める台湾出身者）の台湾人意識の高まりの中で、台湾海峡は緊張した。「一つの中国」は絶対に譲れないとする立場[16]の中国は、選挙前年から台湾海峡を臨む福建省に人民解放軍を集結させて大規模な演習を行い、台湾沖にミサイルを発射して、台湾の選挙を威嚇した。これに対し、米国は二隻の空母を派遣して軍事的解決に反対する米国の強い姿勢を示すことで事態を沈静化した。

九九年七月、李登輝総統は、「中台は特殊な国と国との関係」と述べて、「二国論」を展開し、両岸対話は中断した。そして、共産党との内戦に敗れて台湾に逃れた後も長期政権の座にあった国民党は、二〇〇〇年五月の選挙で野に下り、民進党の陳水扁政権が誕生した。「一つの中国」を是認しない立場の陳総統は、就任当初こそ独立を宣言しないことを含む「五つのノー」[17]を表明したが、〇二年に、「中国と台湾はそれぞれ別々の国（「一辺一国」）である」と述べ、〇三年には、二年後の住民投票で新憲法を定め、四年後に施行すると公約した。さらに、〇四年の総統選挙に合わせて、中国のミサイル配備や両岸関係について問う、初めての住民投票を実施した。

こうした陳総統の言動に対し、中国政府は警戒感を募らせた。〇四年三月の全人代において、首相となって初めての政府活動報告を行った温家宝総理は、「いかなる形の台湾独立や分裂活動にも断固反対する」と表明した。〇四年十二月に発表された中国の「国防白書」は、台湾独立阻止を人民解放軍の「神聖な使命」と位置付けている。〇五年三月には、全人代において「反国家分裂法」が採択され、国家主権と領土を守るため必要があれば「非平和的方式」を採ることを法制化した。台湾海峡は緊張し、両岸対話が再開される見通しは立っていない。

独立を綱領に掲げた民進党の得票率は、九六年の最初の総統選で二一％、二〇〇〇年の二回目が三九％、〇四年の三回目は五割を超えた。今や人口の大半を占める台湾生まれの「台湾人」意識が強まる中で、台湾の民意も変化している。民主化とそれによって強まる「台湾人」意識が、台湾人の「一つの中国」意識と中台統一を難しくしている。

他方で、中国は改革・開放の進展により世界の工場と市場となって国際社会における存在感と影響力を強めている。朝鮮問題を巡る建設的仲介役としての貢献やＡＳＥＡＮ＋３などの地域協力における積極姿勢など、中国は東アジア外交においても一段と重みを増してきている。また、台湾の安全保障や大陸との経済関係の観点からは、台湾海峡の安定は不可欠である。台湾の大陸投資は急増し、一部産業には空洞化現象さえ見られるほどである。陳総統をはじめ台湾の指導者も両岸関係の安定を望んでおり、台湾の経済界には、政治の冷却が、大陸とのビジネスに悪影響を与えるとの危機感がある。しかし、台湾の民意の変化は、こうした現実とは無関係に進んでいるようにもみえる。台湾を取り巻く国際社会の現実と台湾の中で起きている変化のギャップが台湾人の苦悩を生んでいるようだ。このことは米中両国にとっての苦悩でもある。米中関係を転換した七一年のキッシンジャー国務長官の中国電撃訪問において、キッシンジャーは、周恩来首相に対し、「台湾海峡の両岸のすべての中国人が、中国は唯一つであると主張していることを認識し、それに異議を唱えない」[18]と約束したが、三十数年後の今日、米中両国は、台湾の人々が中国は一つであると考えなくなってきた現実を突き付けられているのである。苦悩の中で、中国は、独立の動きに備える軍の近代化と台湾の対岸部へのミサイル配備に努め、これに対し、米国は台湾にハイテク兵器を供与する。台湾を巡る状況は、緊張を高める負の連鎖に陥っているようだ。

〇四年の台湾の国防報告書は、〇八年以降に双方のミリタリー・バランスが崩壊し、台湾の安全保障にとって極めて不利な状況になると指摘している[19]。八九年の天安門事件以来課せられてきた対中武器禁輸は、中国のヨーロッパへの働きかけもあって、一時EU内、なかんずく、フランスの早期解除論が強まり、米国をいら立たせた。イラク問題のみならず、台湾問題も、米欧関係に亀裂を生む要因となっていると言える[20]。

日本は、七二年の日中共同声明に基づき、台湾との関係を非政府間の実務関係として維持するとともに、両岸関係については、当事者間の直接の話し合いを通じて平和的に解決されることを強く希望し、そのために両岸対話が早期に再開されることを期待しているとの立場を明らかにしてきた。他方、台湾における住民投票などの動きが中台関係をいたずらに緊張させる結果となったことから、台湾に慎重な対処を申し入れると共に、中国側にも台湾問題の平和的解決の重要性を繰り返し表明した。台湾海峡の緊張は、日本のみならず、米国の望むところでもない。ブッシュ大統領は、台湾の住民投票について、「（台湾海峡の）現状を変えようとする中国と台湾のどちらの一方的な決定にも反対だ。台湾指導者の言動は、我々が反対している現状の一方的変更に前向きに見える」と述べ、メディアは一斉に「米大統領が住民投票にノー」と報じた[21]。

米国の台湾政策は、米中国交正常化の際の「上海コミュニケ」など三つのコミュニケと七九年の米国の国内法として制定された「台湾関係法」によって規定されてきたが、その政策は「戦略的曖昧性」というアプローチとして受け止められてきた。これは、中国と台湾に逆のこと、すなわち、中国に対しては、台湾に武力行使すれば、米国は軍事介入によってこれを阻止するということを信じさせ、他方、台湾に対しては、独立宣言して中国から攻撃される場合には、米国は台湾を防衛するとは限らないと言うことを信じさせることによって、中台双方の自制を促し、平和的交渉以外の現状変更を阻止するという政策である。米国は、「一つの中国」を支持してきており、米国の中華人民共和国承認は、台湾の将来が、平和的に、かつ台湾海峡両岸の人々の合意によって決定されるという約束の上に立っている。その意味では、現状を変更しようとするいかなる一方的動きにも反対するとの米国の立場は「曖昧」ではなく、一貫していると言える。台湾総統選の際の中国のミサイル発射訓練に対する米国の二個空母機動部隊の台湾海峡への派遣や陳水扁総統の独立志向の動きへの米国指導者の牽制は、そうした姿勢を具体的行動で示したものである。しかし、中国の軍事力増強が続く中で、米軍介入によるリスクは高まらざるを得ない。ロシアからの最新兵器の購入など、中国の軍近代化の動きは米空母介入に備えるものであるとの見方もある。〇五年七月、中国人民解放軍国防大学の朱成虎教授（少将）が台湾海峡での武力紛争に米国が介入した場合、核攻撃も辞さないと発言したと報じられ、米国で大きな波紋を呼んだ[22]。

米国は、冷戦に勝利した後、クリントン政権の下で、民主化への支持や支援を米国の道義的使命として位置付ける姿勢を鮮明にして、「封じ込め」に代わる戦略として「関与と拡大」を掲げて、東アジア外交を展開した。したがって、米国の「戦略的曖昧性」は、天安門事件を起こした中国にとってより、民主化する台湾にとって有利な形で減少した。しかし、中国が米国の大企業にとっての「市場」として成長すると、クリントン大統領は中国を「戦略的パートナー」と位置付けた。議会はこれに不満で、共和党が多数を占める議会は、李登輝の私的訪米を歓迎した。ブッシュ政権下では、九・一一以降のテロとの戦いや北朝鮮問題での中国の協力が必要とされるようになると、当初「競合者」として位置付けられていた中国との「建設的な関係」が唱えられるようになった。このように、一方的な現状の変更は認めないとの政策を堅持しつつも、その枠内において、米国の中台間での比重の置き方は微妙に変化してきた。台湾は、民主主義国家（あるいは地域）の決定や行動が常に民主主義のチャンピオンである米国の国益と一致するわけではないことを認識すべきであろう。また、中台双方ともに、それぞれの社会や政治への考慮から台湾海峡の緊張を高めるような動きは自制すべきであろう。当面の課題としては、対話と交流の進展が重要である。まずは、両岸対話が再開されることが最も重要であり、また、実体面では、中台間の貿易・投資関係がさらに拡大し、「三通」[23]が解禁されて[24]、政府要人を含む人の相互往来が増加すれば、中台間の対立や緊張の緩和の糸口も見い出される可能性がある。その上で、長期的には、中国における政治改革の進展が統一に向けた動きを占う鍵となろう。

(3) 平和と安定のための取り組み

こうした不安定要因を顕在化させることなく、東アジア地域の平和と安定をいかにして確保していくかが、「東アジア共同体」構想を実現する上での最大の課題となる。ここでは、第一に、米国の役割、第二に、日米安保体制と日本の役割、第三に、地域的な多国間安全保障メカニズムについて考察する。なお、米国の安全保障観を変えたと言われるテロの脅威については、伝統的脅威が存在する東アジアの平和と安定を脅かす不安定要因としては取り上げなかったが、米国は、「国防戦略」[25]などにおいて「伝統的脅威」と「新たに出現しつつある脅威」への対応を打ち出してきており、その中で進展する「米軍の変革（トランスフォーメーション）」が中国の軍近代化などの動きもある東アジアの安全保障環境の中でいかなる意味を持つのかに留意する必要があろう。ここでは、東アジアにおいて前方展開し、即応性を高めた米軍部隊が存在することは、米国が同地域への関与を弱めていないとの力強いメッセージとなる点だけを指摘しておきたい。

①米国の役割

東アジアの安全保障において米国が果たしてきた役割は大きい。米国の存在は、この地域の安定要因として機能してきた。冷戦中は、ソ連という仮想敵に対する軍事同盟の二国間ネットワークが、「ハブとスポーク」の関係、すなわち、米国をハブとし、日本などの同盟国との間でスポークが張り巡らされていた。域外にありながら同盟国の提供する基地を拠点として前方展開する駐留軍と強力な海軍力が、大きな抑止力として機能した。

しかし、冷戦後は、米ソ対立という二局構造が消滅した結果、戦略的脅威に対抗する「ハブとスポーク」型の安全保障システムの必要性は疑問視され、その解消を求める声も上がった。世界政治の劇的な構造変化が、ポスト冷戦期の安全保障観や脅威認識を多様なものとしている。米国とヨーロッパの安全保障を巡る亀裂はその一例である。また、反米感情の高まりや同盟国の国民の駐留米軍に対する支持の低下などを背景に[26]、米国世論が、民主と自由の擁護者としての米国のイメージに戸惑いを覚え、孤立主義に傾くようなことになれば、東アジアの安全保障にも大きな影響が出る恐れがある。新しい時代の同盟関係の意義が議論され、改めて同盟に対する国民の理解と支持が求められる必要がある。

日米間では、台湾海峡や朝鮮半島の緊張という東アジア特有の問題に加え、民族や宗教の対立などによって引き起こされる地域紛争、大量破壊兵器やミサイルの拡散、そしてテロといった脅威が高まる中で、東アジアの安定を維持するためのメカニズムとしての日米同盟の必要性が再確認された。

九五年六月に起きた沖縄駐留米兵による少女暴行事件は、日米安保条約の信頼性を揺るがせたが、翌九六年の「日米安全保障共同宣言」によって、日米安全保障体制は、東アジアにおける米国の安全保障戦略の要《かなめ》として機能することになった。

そして、日米同盟に加え、米国と韓国、豪州、タイ、フィリピンとの間の二国間安全保障体制、及び米国と豪州・ニュージーランドとの軍事協力（ANZUS）[27]が、引き続きアジア・太平洋における安全保障システムの柱となっている。

〇二年二月訪日したブッシュ大統領は、国会での演説で次の通り述べて、アジア太平洋地域における米国の「存在と関与」を強調し、日米安保体制の強化を訴えた。

「このビジョン―自由な太平洋国家の共同体―を実現するには、日本と米国が従来以上に緊密に協力することが必要です。我々の責任は明白です。幸いなことに、両国の同盟は以前にも増して強固なものとなっています。日本と同様、米国は太平洋国家であり、貿易、価値観、そして歴史によってアジアに引き寄せられ、アジアの将来の一翼を担う国家であります。そして米国は、この地域における前方のプレゼンスに以前にも増してコミットしています。米国は、フィリピン、オーストラリア、タイを支援する上で、引き続き、その力と決意を示していきます。我々は韓国に対する侵略を阻止します。日本と米国は、ともに安全保障面の絆を強めていきます。米国は台湾の人々への約束を決して忘れることはありません。」[28]

他方、米国では、冷戦の終結や同時多発テロ事件などの国際情勢の激変と米国の財政赤字の深刻化の中で、安全保障戦略を見直す必要性が認識され、地球規模での米軍再配置計画が進められている。東アジアにおいては、前方展開兵力として、極東に十万人、日本に四・五万人の米軍を駐留させてきたが、これをどうするかが議論となった。見直しの基本的考え方は、テロや地域紛争への即応能力を高めるため、コストのかかる駐留型より緊急展開能力を重視する、精密誘導兵器などハイテク化を一段と進める、予期せぬ事態への対応能力を高める、などである。特に、イラクでの米軍の展開が続く中で、ヨーロッパとアジアに駐留する米軍の削減と機動的編成が急務とされた。ヨーロッパ駐留米軍については、その手始めとしてドイツ駐留の二個師団の撤退や米海軍在欧州司令部の英国からイタリアへの移転などが進められている[29]。

東アジアにおける米軍の再配置は、韓国において象徴的である。在韓米軍については、〇三年秋、ソウル・漢江以北の米軍基地をソウル南方に移転することが決定され[30]、〇四年五月には、北朝鮮との軍事境界線近くに展開する第二歩兵師団から約三千六百人をイラクに派遣し、その補充はしないことが発表された。さらに、六月には、〇五年末までに在韓米軍（三万七千人）を三分の一（一万二千五百人）削減する計画が発表され、朝鮮半島の安全保障への影響が注目された[31]。韓国は、米軍削減を韓国軍が補う「自主国防」を掲げ、国防費の増額（GDP比二・八％を三・二％〜三・五％に増額）と最先端兵器の購入を進める方針ではあるが、態勢補完が間に合わないことと国民の不安感を理由に、米軍削減の規模縮小と時期延長を求めた。これに対し十月、米国は、韓国側の懸念に配慮し、削減時期を延期し、〇八年までの三段階で段階的に削減することで韓国側と正式に合意した[32]。米国は軍事境界線を境に対立する陸軍中心の配置から空軍力とミサイルを中心とする機動的な編成に転換し、そのために百十億ドルを投入する。

豪州やシンガポールでは、「共同訓練施設」の建設に向けて動き出した[33]。共同の作戦や演習を実施することで危機への即応能力を高める狙いがある。

そして、在日米軍の再編も動き出した。テロや地域紛争の多い中東から北東アジアにかけての「不安定の弧」の東端にある日本が重要な戦略拠点と位置付けられる中で、米陸軍第一軍団司令部（米国ワシントン州）のキャンプ座間（神奈川県）への移転などが進む。

ヨーロッパやアジアでの米軍の再編については、同盟国との関係や米国の影響力を弱めることになるとの指摘もあるが、新しい状況の中で駐留米軍を最も効率的・機動的に危機に投入することができ、かつ最小の政治的コストで済む体制に再編する上で不可欠との指摘もある[34]。こうした状況の中で、日米安保条約の役割として、日本の防衛に加えて東アジア地域の安定の維持という役割が重視されるようになったのである。中台関係の緊張や北朝鮮の脅威といった不安定要因の存在など地域の安全保障環境の現状にかんがみれば、日米同盟を柱とする米国の存在と関与は、地域の平和と安定にとっての「公共財」と位置付けられる。米軍の再編を機に、日米が戦略対話を強化し、二一世紀の東アジアにおける安全保障政策のありようを再設計する必要があろう。

図2は、北東アジアにおける各国の軍事力を示している。ここでは、量的な比較しか扱われていないが、兵器の質的水準や核兵器の有無なども重要な要素となることはもちろんである。東アジアの軍事情勢においては、北朝鮮と韓国（在韓米軍を含む）、及び中国と台湾の間の軍事バランスがそれぞれ今後どう推移するかが一つの焦点となろう。特に、北朝鮮の核開発と中国の軍近代化の動向には注意を払う必要がある。そんな中で、東アジアの平和と安定にとって在日・在韓米軍と第七

図2　アジア太平洋地域の軍事情勢

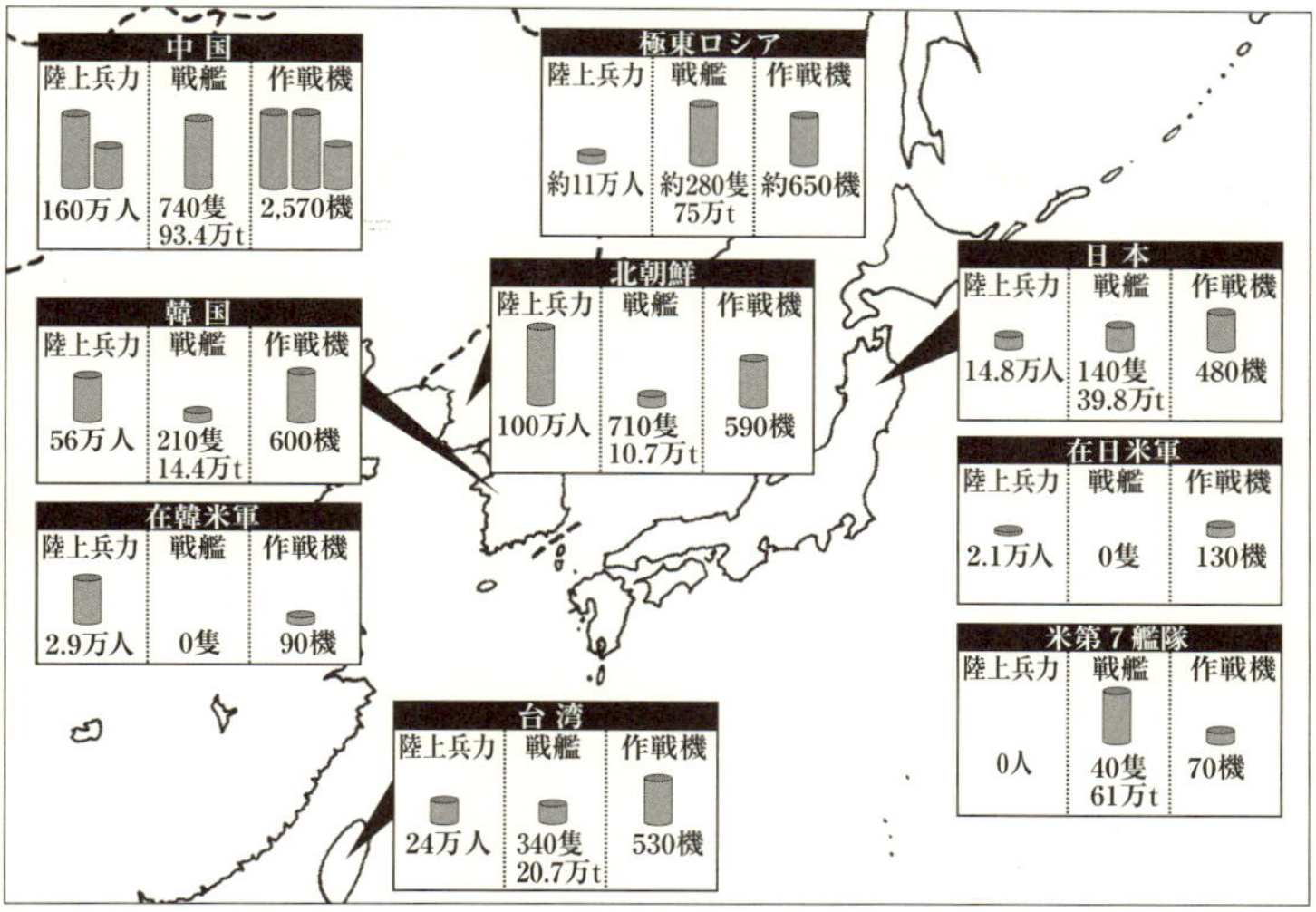

出典：防衛白書(平成15年版)

艦隊の存在が果たしてきた役割は大きく、抑止力としての米軍の存在は引き続き重要である。

②日米安保体制と日本の変化

西洋列強の進出によって華夷秩序が崩壊する一九世紀半ば以降、東アジアの国際関係は、西洋列強間、そして米ソ両超大国間の角逐によって左右されてきた。そうした環境の中で、日本は英国と同盟を結び、戦後は米国と同盟を結んで、自国の安全保障を図ってきた。英米との同盟を持たなかった四半世紀に不幸な時期を持ったこともあって、日英・日米の同盟は、いわば日本の成功体験として多くの日本人の共通認識として埋め込まれている。日本の安全保障が議論になると、しばしば、とにかくアングロ・サクソンと同盟しておけば間違いないという信仰めいた主張が出てくる背景にも、こうした歴史的「教訓」が存在している。日本は、戦後半世紀以上にわたり、平和憲法と日米安全保障条約の下で、戦争に巻き込まれることなく、平和と安全を享受した稀有な国家となった。専守防衛に徹した自衛隊は一人も殺されず、また殺しもしない軍隊であった。そして、そうした平和の中で、復興と経済大国としての繁栄も実現した。

日本政府は、戦後、「必要最小限の」（あるいは「国力・国情にふさわしい」）自衛力の整備と日米安全保障条約によって日本の平和と安全の確保に努めてきた。「必要最小限」または「国力国情にふさわしい」との表現には、幾つかの意味が込められている。第一に、戦後の経済的に困難な時期においては、経済的負担を抑えるために自衛隊の規模を抑える必要があったという点である。この表現には、安全保障は米国との同盟に委ねて日本は経済に専念するという「吉田ドクトリン」に由来する政策が体現されている[35]。第二に、過去の戦争の反省の上に立って、戦後「平和国家」として生きることを世界に明らかにした日本の姿勢を示す表現でもある。「平和憲法の下、専守防衛に徹し、近隣諸国に脅威を与えるような軍事大国にならない」（例えば、一九八一年の鈴木総理や八八年の竹下総理の施政方針演説）との基本方針は、自衛力と言えども、その整備は慎重に、かつ自制しつつ進めることが前提とされた。防衛費をＧＮＰ一％の枠内に収めるとの方針もここから生まれた。

米ソ間の「力の均衡」によって安定が保たれた冷戦時代においては、日米同盟は日本の平和と安全にとって最も現実的な選択であった。また、歴史問題を抱える日本と東アジア諸国との間で日米安保体制が果たしてきた一種の「安定化機能」も指摘できる。すなわち、歴史を巡る近隣諸国の懸念や批判などを背景に、日米安保条約は日本に軍国主義が復活するのを防止する役割を果たしているとの、いわゆる「瓶のふた」論である。平和国家として国際社会で主体的・建設的な役割を果たしたいと願い、非軍事的手段によってアジアの発展に貢献してきた日本にとっては、素直に受け入れることのできない理屈ではあるが、歴史的に複雑な感情を残してきた東アジアにおいて、「専守防衛に徹し、近隣諸国に脅威を与えるような軍事大国とならない」との基本方針を裏打ちする意味を持ったことは確かであろう。

冷戦後、ソ連の脅威が消えた中で、日米安保体制の意義をどう再認識するかが日米間の大きなテーマとなったが、中台関係や朝鮮半島情勢などの不安定要因を抱える東アジアの安全と安定にとって日米安保体制は新たな重要性を持つとの認識が共有されるようになった。九六年の「日米安全保障共同宣言」は、そうした認識を確認するものであった。九八年二月十六日、橋本総理は、国会での施政方針演説において、日米関係がアジア・太平洋地域の平和と安定の基軸であり、日米安保体制の信頼性の向上がこの地域全体の平和と安定につながるとして、新たな「日米防衛協力のための指針」の実効性の確保のための作業を進めることを明言した。

冷戦後の日本外交は、百三十億ドルに上る資金的貢献を行いながら初動対応の遅れにより「too little, too late」と揶揄され、また汗を流さない（人の貢献がない）「一国平和主義」との批判を浴びた湾岸戦争の教訓を強く意識した外交であった。そして、安全保障は米国、経済は日本という役割分担を超えて、安全保障の分野においても日本として建設的な役割を担う姿勢を示すようになった。

それは、アジアにおいては、日米安保条約に基づく貢献に加えて、カンボジアや東チモールでの国連平和維持活動（ＰＫＯ）に参加して、平和構築の分野で実績を上げるとともに、地域の多国間安全保障対話において積極的にイニシアティブを発揮することにより、地域の繁栄のみならず地域の平和と安定にも貢献するバランスの取れた能動的外交の展開に現れた。

米国は、日本が安全保障問題においても「普通の国」になることで日米関係が米英関係のような特別の関係になることを期待する。ここでその是非について議論する余裕はないが、東アジアの視点からは二つの点に留意する必要がある。

第一に、「普通の国」になるためには、平和憲法と集団的自衛権の関係の見直しが必要であり、国民世論の変化を反映した憲法改正論議がその鍵を握っているが、日本がアジア外交の基本に据えてきた平和主義をどう貫いていくのかが最大の論点とされなければならない。同時に、国際社会の平和と繁栄への役割を積極的に果たしていかなければならない日本として、東アジアでも評価の確立した国連の平和維持活動への参加を拡充し、強化する方向で貢献していくのか、それともそれ以上の役割、例えば、イラクの復興人道支援のような限定された形であれば、多国籍軍への参加や国連が機能しない場合の有志連合の活動への参加も積極的に進めるのかが議論されなければならない。九・一一同時多発テロ後の安全保障環境の変化の中で、東アジアの一国として平和主義の国是を守りながら、かつ国際社会の一員としてグローバルな責任をどう引き受けていくのかが問われている。

第二に、そうした議論を進める上で、戦後六十年を経てなお近隣諸国との間には、歴史的な不信感や敵意が潜在的に存在していることを認識し、これを表面化させない配慮が必要である。この点については、疑問を呈する人もいるだろうが、安全保障は日本の国内問題であるとか、「歴史カード」は認めないといった硬直的態度で臨むことは、東アジアの平和と繁栄に大きな役割を担うべき日本の採るべき態度ではない。改定された「日米防衛協力のための指針（ガイドライン）」については、日米両国政府が東アジア各国に対して、その範囲、目的、内容につき十分な説明を行い、その理解を得る努力をしたが、こうした努力が日本の信頼性を高め、アジアも支持する国際貢献につながるのである。特に、日本の防衛のみならず東アジア地域の平和と安全に対する日米安保体制の役割を定着させる上で、透明性や説明責任は国内においてのみならず、対外的にも重要な条件となろう。

③地域的な多国間安全保障メカニズム

一九世紀半ばまで中国を中心とする華夷秩序の下での平和を享受してきた東アジア諸国は、ヨーロッパ世界で繰り広げられた合衡連衡（同盟・協商）や多国間外交を経験することがなかった。そして、第二次大戦後、冷戦構造が東アジアを支配する中で、敗戦国となった日本は東アジアを植民地化し侵略した歴史のトラウマに苦しみ、また共産化した中国はイデオロギーと権力闘争の中で停滞した。東アジアの平和と安定に中心的な役割を果たすべき両国が地域の安全保障にイニシアティブを発揮し得ないままに、冷戦後も台湾海峡と朝鮮半島の三十八度線において冷戦の残した緊張が続いた。こうした特徴を持つ東アジアにおいては、ヨーロッパ安全保障協力機構（ＯＳＣＥ）[36]のような地域的集団安全保障システムが構築されず、東アジアの安全保障は、圧倒的な軍事力を擁する米国をハブとし、日本、韓国、フィリピン、シンガポール、タイなどとの間に張り巡らされたスポークからなる二国間安全保障システムの束によって維持されてきた。東アジアの安全保障は、域内のマルチ・システムではなく、域外の超大国とのバイ・システムによって支えられてきたのである。

緊張の中で平和が続いたこともあって、米国の「存在と関与」を核とするバイ・システムの現状に満足し、地域安全保障システムの構築に意欲を持つ国はなかった。域外国の豪州やカナダがCSCEのアジア版を提案したが、東アジア諸国や米国の賛同は得られなかった。東アジアは、ヨーロッパとは安全保障の下部構造を異にする。核兵器を保有する軍事大国である中国の存在、朝鮮半島や台湾海峡両岸の分断など地政学的にも歴史的にもより複雑で、政治体制においてより多様であることが東アジアにおける多角的な安全保障システムの構築を困難にしていた。九一年、日本はより実行可能な構想を提案し、これが九三年にASEANが採択したARF（アセアン地域フォーラム）の基礎となった。九四年、十八カ国・機関のメンバーによってスタートしたARFは、政治・安全保障問題に関する対話と協力を通じ、東アジア地域の安全保障環境を向上させる上で貴重な存在となっている。

ARFは、集団防衛的な安全保障機構ではなく、ARFによって国家の安全が保障されるわけではないが、中国や北朝鮮の参加する東アジアで唯一の安全保障問題に関する政府間フォーラムとして貴重であり、対話を通じて信頼醸成を促進するという点で、地域の安定に一定の役割を果たしてきた。毎年七月に開催される閣僚会議を中心に、コンセンサスを原則とする自由な意見交換によって、透明性を高め、参加者も国防・軍事関係者に拡大する会議フォーラムとして発展している。その三段階アプローチは、第一段階の「信頼醸成の促進」から第二段階の「予防外交の進展」に移りつつあり、第三段階の「紛争へのアプローチの充実」まで漸進的な進展を目指しているが、こうしたアプローチは東アジアの多様で複雑な状況に適した現実的なものであると言える。二〇〇〇年に北朝鮮の参加が実現し、〇四年にはパキスタンがメンバーとなり、加盟国・機構は二十四に達した。特に、東アジアの軍事大国である中国がこうした地域的枠組みの中で地域の平和と安定に建設的な役割を果たすよう求めていくことが重要である。米国の対中政策も「封じ込め（containment）」ではなく「関与（engagement）」を基本としており、ARFという多国間の対話の枠組みは、こうした米国や日本の戦略に合致している。中国からしても、ARFに積極的に参加することは、中国脅威論に代表される対中イメージを改善し、改革・開放に必要な地域の平和で安定した環境作りを促すとの意味において利益となる。

こうした対話の枠組みは、米軍の前方展開による米国の「存在と関与」というハードな枠組みと組み合わさって、冷戦後の東アジアの安全保障を特徴づけてきた。

北朝鮮問題についての六者会合も、そうした流れに沿ったものである。また、〇三年十月の日中韓首脳会合は、安全保障対話を謳う共同宣言を発表し、〇四年十一月の首脳会合では行動戦略を採択した。「三国の安保対話や軍当局者間の交流と協力を推進する」（共同宣言）ことや「防衛当局の長の間でより頻繁な接触を持つとともに、実務者、高級実務者レベルの交流を促進するよう努力する」（行動戦略）ことは、北朝鮮の核開発問題で揺れる北東アジアの平和と安定にとってプラスである。日中韓の対話と協力は、東アジアの重層的な対話のメカニズムの一つとしてますます重要となってきている。もちろん、「開かれた、非排他的な方法で進める」と宣言した通り、安全保障分野での日中韓対話は米国との緊密な連携なしには機能しないことも忘れてはならない。

〇三年十月のASEAN首脳会議で採択された「ASEAN協和宣言」においては、二〇二〇年までのASEAN統合の三本柱の一つとして、「安全保障共同体（Security Community）」[37]の実現が謳われた。インドネシアを中心に実現に向けてのロード・マップが議論されているが、「平和維持軍」の創設構想が内政不干渉原則の観点から合意に達しなかったように、経済の統合から政治・安全保障の統合への道のりは平坦ではない。〇四年六月のASEAN外相会議においては、行動計画案が採択され、紛争の予防や解決から紛争後の平和構築まで、六つの分野で軍高官の相互交流や域内各国の安全保障白書の発行などの具体的行動が盛り込まれた[38]。

こうしたASEANの取り組みは、将来の東アジアが目指すべき共同体の一つの姿を示唆し得る。その意味で、ASEANの掲げる「安全保障共同体」への取り組みがどこまで進展し、成果を挙げるかが注目される。

2 歴史とナショナリズム——共同体意識を阻む壁

(1) 歴史とナショナリズムの克服

中国の悠久の歴史の中で繰り返された人間の営みは、司馬遷の『史記』以来、膨大な数の歴史書によって記録されてきた。史記の前にも『左伝』といった史書があり、その後も『漢書』や『後漢書』など王朝ごとに正史が書かれ、全部で二十五の正史が存在する。これらのいわば公式の歴史書以外に、専門家でも読み切れない程の大量の史書が存在する。中国において、知識人たる資格の一つは、中国の歴史や古典に通暁していることであり、彼らは歴史を学ぶことによって世界と人間の本質を理解し、政治の道理を導き出そうとした。中国の指導者がしばしば口にする「歴史を鏡とする」との表現にも、中国人の歴史重視の姿勢が現れている。

『詩経』の一節に、「殷鑒《いんかん》遠からず、夏后の世に在り」という名言がある。殷王朝最後の紂王《ちゅうおう》は暴虐の限りを尽くし、周によって滅ぼされた。紂王が戒めの鏡とすべき前例は、殷によって滅ぼされた夏王朝の暴君桀王の時代、すなわち近い過去の歴史にあるという意味である。唐の太宗は、「古を以て鏡となさば、興替を見るべし。人を以て鏡となさば、得失を知るべし」と述べて、歴史を鏡とすることを説いた。

中国人は井戸を掘った人を決して忘れないと言う。日中国交正常化を実現した田中角栄総理が、ロッキード事件により失脚した後も、中国側は田中を厚遇し続けた。一九七八年十月、目白邸を訪れた鄧小平は、「飲水不忘掘井人」（原文は「喫水莫忘井人」で、水を飲む人は井戸を掘った人を忘れるなとの意味）と述べたし、〇二年四月に、松村謙三元衆議院議員の地元である富山県を訪れた李鵬全人代委員長も、同じ言葉を引いている。

中国人の歴史を大切にする気質は、中国人と付き合う上で頭に入れておくべき点である。日本には、一部に、歴史を美化したり、歪曲したりする動きもあるが、これでは歴史から何ら学ぶことはできず、再び同じ過ちを繰り返すことにもなろう。歴史にしっかりと向き合うことこそが、国家を発展させたいと願う真の愛国心であり、また国家と民族の明日の命運を握る鍵ともなる。

日本の過去の戦争を巡る問題については、しばしばドイツとの比較において議論されてきた。ドイツは周辺国との歴史的和解を果たしたが、日本は未だに中国や韓国との間で歴史を克服できないでいるとの指摘である。しかし、ドイツは長く東西に分裂していたという特殊な事情のために、日本のように平和条約を締結していないなど、日本とドイツ各々の戦後処理の方法はそもそも異なるものであり、両国の対応を単純に比較し評価することは適当でない。その一方で、確かに、ドイツとフランスの和解がなければ、ECの誕生はなかったし、ドイツとポーランドの和解がなければ、EUの拡大もなかったであろう。今日、ヨーロッパ世界がEUという形で経済のみならず、政治や外交においても国家を超える統治体として発展する勢いを見せているのは、過去を克服し得たからであり、そして悲惨な過去を二度と繰り返さないとの強い意思を共有し得たからである。

しかし、こうしたヨーロッパのケースを取り上げて、東アジアの取り組みの遅れや日本政府の姿勢を批判するのは早計である。ヨーロッパでは、ドイツの戦争責任は、当時のファシズムという時代の狂気を体現したヒトラーやナチスに帰属し、その罪は「ホロコースト」と称される人類史上最も忌むべき犯罪であるユダヤ人虐殺に収斂された。ドイツ人の中に、こうした犯罪に反対しなかったことへの悔恨や責任はあっても、自らが加害者としての責任を負うという意識がどの程度強かったであろうか。自らとは一線を画した過去の指導者や体制が責任を負う形で歴史を精算することによって、ドイツは新しく生まれ変わることができた。だからこそ、「新しいドイツ」は、周辺国と一緒になって歴史教科書を作ったり、ナチス復権を法律で禁止する措置を取ることができたのである。

これに対し、日本は、ドイツのナチスに相当するような歴史の清算を担わせる特別な存在を見い出し得なかった。中国は、軍国主義者とその犠牲者でもあった一般国民を区別し、戦争責任を前者に限定することで賠償を放棄し国交正常化に動いた。こうした区別が可能であれば、圧倒的多数の国民間の和解は可能なはずであった。しかし、戦前から戦後へのある種の連続性を残した政治状況の中で、日本はドイツのような「加害者限定論」によって歴史を総括できず、加害者曖昧「一億総懺悔」という形をとらざるを得なかった。さらに、日本だけが経験した原爆の惨禍、沖縄戦の悲劇とその後の軌跡、中国東北部（満州）にいた日本人が敗戦の中で直面した苦難（シベリア抑留や中国残留日本人）は、日本人の意識の中に被害者のトラウマを強く残すことになった。

そもそも、戦争を巡る記憶は、侵略した国とされた国の間で同じというわけではなく、加害者と被害者との間の意識のズレや記憶の濃淡によって、しばしば大きなギャップを露呈する。通常、被害者は記憶を引きずり、加害者は記憶を忘れようとする。このギャップが近隣諸国の被害者をして加害者たる日本人の認識や反省の欠如を感じさせる一因となる。このような加害者としての日本と被害者としての周辺国の間の感情のギャップに加えて、日本人にも深く刻み込まれた被害者としての戦争体験が、そうしたギャップをさらに大きなものとしがちであった。

こうした被害者体験は、ドイツにおいても見られたが、アウシュビッツに象徴されるユダヤ人虐殺はまさに加害者と被害者の関係以外の何者でもなかった。したがって、ドイツでは戦争責任の特定化と明確化によって国内の論争と対立を招くような深刻な分裂状況は生まれなかったのである。

現在、ドイツは、NATOの一員としてユーゴを初め世界に約一万人の兵士を展開させている。日本は、九一年のPKO協力法によって、カンボジアや東チモールに自衛隊を派遣してきたが、二〇〇三年末までの累計でも千八百八十人に過ぎない。イラク特措法により新たに約千人がイラクのサマワに派遣されたが、この間、国論を二分するような政治状況が生まれた。その背景には、歴史を克服し切れていない日本社会のメンタリティも存在している。世界の平和と安定に貢献し、「東アジア共同体」を目指すためにも、日本は歴史を克服する必要があるが、いかにして克服が可能となるのだろうか。

歴史の克服は、幾つかのプロセスの同時進行によって成し遂げられる。

第一に、歴史を直視することである。我々は歴史から逃げ出すことも、歴史を作り替えることもできない。人間は過去の歴史の上に立って自らのアイデンティティを認識する。ドイツのヴァイツゼッカー大統領は、「過去に目を閉ざす者は過去の誤りをまた繰り返すことになる」と述べたが、過去の克服は過去を直視することから始まる。過去に誠実でない者に対し、過去に痛みを抱える者は決して許すとは言わないであろう。九三年、細川総理は過去の戦争が「侵略」であったことを認め、九五年に、村山総理は、日本が「植民地支配と侵略によって、（略）アジア諸国の人々に対して多大の損害と苦痛を与え」たことに対して、「痛切な反省の意を表し、心からのお詫びの気持ちを表明」した。

第二に、賠償、被害者の救済、再発防止といった誠実な対応が必要とされる。日本の場合には、サンフランシスコ平和条約と関係国との賠償協定や経済協力協定の締結、慰安婦問題、原爆被害者問題、サハリン在住韓国人帰国問題などへの取り組みを通じて対応してきた。そして、平和憲法と専守防衛、武器輸出三原則と非核三原則などは単なる「誠実な対応」を超えて平和を希求する国家の生き様を世界に示すものでもあった。

第三に、未来志向の協力関係を構築するための貢献であり、イニシアティブである。日本は、ODAを中心に東アジア諸国の経済発展を支援し協力関係を発展させてきたし、国連を中心とする平和外交を推進してきた。

総じて言えば、日本は歴史の克服のために様々な努力を積み重ねてきたと言える。それにもかかわらず、中国や韓国との間では歴史を巡る問題がしばしば大きく取り上げられ、両国との関係を揺さぶってきた。表12の年表はこうした歴史を巡る近隣諸国との関係を時系列にとりまとめたものである。日本政府は、日中共同声明や日韓共同宣言、そして村山談話によって歴史に対する基本姿勢を明らかにし、中韓両国政府もそうした日本の姿勢を評価して日本との友好協力関係の発展に賛成した。二一世紀に向けて日中及び日韓が協力関係の強化を謳った「平和と発展のための友好協力パートナーシップの構築に向けた日中共同宣言」と「日韓共同宣言——二一世紀に向けた新たな日韓パートナーシップ」は、そうした両国との未来志向の関係構築への政治的意思を示すものであった[39]。今後とも、日本は、公式に表明した歴史認識の立場を揺るがせてはならない。ところが、これまでしばしば、現職閣僚や政治家からそうした立場と相容れない発言がなされ、そのたびに、日本政府と圧倒的多数の日本国民が積み重ねてきた歴史の克服の努力が大きく損なわれた。過去の日本の正当化や歴史の美化によって現在の日本の信頼が傷つけられているのである。

	め、ここに改めて痛切な反省の意を表し、心からのお詫びの気持ちを表明いたします。また、この歴史がもたらした内外全ての犠牲者に深い哀悼の念を捧げます。」
11. 8	江藤隆美総務庁長官が、朝鮮植民地支配を正当化する発言を行い、「東亜日報」が批判し、13日辞任。
96. 7.29	橋本総理、靖国神社を私的参拝。中国が批判。
10. 4	橋本総理、インタビューに答え、「総理という立場にあって、いたずらに日本に対する疑惑を呼んだり、日本の国に迷惑をかけることなら、これからは心して行動しなければならない」と発言。
98.10. 8	金大中韓国大統領来日。日韓共同宣言発表。 「2．両首脳は、日韓両国が21世紀の確固たる善隣友好協力関係を構築していくためには、両国が過去を直視し相互理解と信頼に基づいた関係を発展させていくことが重要であることにつき意見の一致をみた。 小渕総理大臣は、今世紀の日韓両国関係を回顧し、わが国が過去の一時期韓国国民に対し植民地支配により多大の損害と苦痛を与えたという歴史的事実を謙虚に受け止め、これに対し、痛切な反省と心からのお詫びを述べた。 金大中大統領は、かかる小渕総理大臣の歴史認識の表明を真摯に受けとめ、これを評価すると同時に、両国が過去の不幸な歴史を乗り越えて和解と善隣友好協力に基づいた未来志向的な関係を発展させるためにお互いに努力することが時代の要請である旨表明した。 また、両首脳は、両国国民、特に若い世代が歴史への認識を深めることが重要であることについて見解を共有し、そのために多くの関心と努力が払われる必要がある旨強調した。」
98.11.25	江沢民国家主席来日。日中共同宣言発表（26日） 「双方は、過去を直視し歴史を正しく認識することが、日中関係を発展させる重要な基礎であると考える。日本側は、1972年の日中共同声明及び1995年8月15日の内閣総理大臣談話を順守し、過去の一時期の中国への侵略によって中国国民に多大な災難と損害を与えた責任を痛感し、これに対し深い反省を表明した。中国側は、日本側が歴史の教訓に学び、平和発展の道を堅持することを希望する。双方は、この基礎の上に長きにわたる友好関係を発展させる。」
2000. 6.19	米下院、南京大虐殺、「従軍慰安婦」、731部隊、捕虜虐待など旧日本軍の戦争犯罪に対する公式謝罪・補償を求める決議案を提出。
2001. 4. 3	文部科学省、申請された中学歴史教科書8社8冊全ての検定合格を発表。
5. 8	韓国政府、8冊の35箇所の記述につき修正を要求。
5.16	中国政府、扶桑社版教科書の8箇所の記述につき修正を要求。
7. 9	日本政府、古代史に係る箇所の明白な誤りは認定するも、近現代史の箇所は明白な誤りとは言えないと回答。
7.12-13	韓国政府、防衛交流の延期、日本文化開放の追加措置中断、日韓教師・学生交流の全面再検討などの対抗措置を発表。
7.18	韓国国会は、「日本国の歴史教科書是正を求める決議」を採択。
8.13	小泉首相、靖国神社を参拝。中国は「強い不満と憤慨」、韓国は「深い遺憾の意」を表明。
10. 8	小泉首相、訪中。盧溝橋訪問。中国に対する「侵略」を認める。
2002. 4.21	小泉首相、靖国神社参拝。中国は「強い不満」、韓国は「強い遺憾の意」を表明。
2003. 1.14	小泉首相、靖国神社参拝。中国は「強く反対する」、韓国は、「深い遺憾の意」を表明。
2004. 1. 1	小泉首相、靖国神社を参拝。中国は「強い憤り」、韓国は「深い遺憾の意」を表明し、「国民感情が再び傷つくことに対し、憂慮とともに、怒りを感じざるを得ない」旨申し入れ、同時に代替施設の建設などに努力を求めた。
2005.10.17	小泉首相、靖国神社を参拝。

（出典：『日本史年表』第四版（歴史学研究会編、岩波書店、2001年）、朝日新聞他主要日刊紙）

表12　歴史問題を巡る推移

1972. 9.29	日中共同声明発表（「過去において日本が戦争を通じて中国国民に重大な損害を与えたことについての責任を痛感し、深く反省する。」）
78. 8.12	日中平和友好条約調印
8.15	福田首相、「内閣総理大臣」と記帳して靖国神社参拝。
79. 4.19	靖国神社にA級戦犯14名の78年秋合祀が判明。
81. 8.15	鈴木首相以下19閣僚、靖国神社に参拝。
82. 7.26	中国政府、歴史教科書の記述が日中共同声明の精神に違反と抗議。
8. 3	韓国政府、植民地支配の記述に抗議。訂正を求める覚書を手交。
8.26	官房長官、政府の責任で記述を是正するとの談話を発表。
11.24	文部大臣、アジア諸国との理解と協調(いわゆる「近隣諸国」条項)を社会科教科書の検定基準にすると告示。
84. 9. 6	全斗煥韓国大統領訪日。昭和天皇両国の間の「不幸な過去」は「遺憾」とのお言葉を表明。
85. 8.15	中曽根首相以下全閣僚(海外出張中の2人を除く)が靖国神社に公式参拝。(10.10- 中国要人、懸念表明。10.18 首相、秋の例大祭への参拝見送りを表明。)
86. 5.27	「日本を守る国民会議」編の高校日本史教科書が検定合格。
6. 7	中国、是正要請。韓国も批判。
7. 7	文部省の要請で執筆者が訂正。
8.14	官房長官「靖国神社への公式参拝は差し控えることとした」旨発表。
8.15	首相、外相ら靖国神社参拝を見送る。
9. 5	藤尾正行文部大臣が、「文藝春秋」10月号で、日韓併合は韓国にも責任などと発言していることが問題化、韓国などが抗議（9.8. 大臣罷免）。
9.16	中曽根首相、「太平洋戦争は間違った戦争」、中国に対して「侵略の事実あった」と発言。
88. 5.11	奥野誠亮国土庁長官、盧溝橋事件は偶発事件などと発言。中国、韓国が抗議(5.13. 長官辞任)。
90. 5.24	盧泰愚韓国大統領訪日。天皇は、「不幸な過去」に「痛惜の念」と表明。
5.29	政府、朝鮮人強制連行者の名簿調査等を決定(8.7. 7万9578人の名簿保存と調査概要を発表)。
10.14	人民日報は、石原慎太郎議員が、米誌「プレイボーイ」のインタビューで、南京事件は「中国人が作り上げたお話であり、うそだ」と発言したことに対し、これを批判する評論を掲載。
91. 5. 3	ASEAN歴訪中の海部首相、シンガポールで大戦の行為を「厳しく反省」すると公式の声明。
9.27	東南アジア歴訪中の天皇、大戦について「不幸な戦争」と言及。
12.6	元「従軍慰安婦」や軍属らの「太平洋戦争犠牲者遺族会」35人が、日本政府の謝罪と補償を求めて東京地裁に提訴。
92.1.16	宮沢首相訪韓。(1.17.「慰安婦」問題で謝罪)
1.21	韓国政府、真相究明と賠償を求める。
10.23	天皇訪中。過去の戦争について、「不幸な一時期」を「深く悲しみとする」とスピーチ。
93. 8. 4	河野洋平官房長官、「従軍慰安婦」問題の調査結果と、謝罪の談話を発表。
8.10	細川首相、記者会見において、太平洋戦争が「侵略戦争」であったと明言。(8.23. 所信表明演説では、「侵略行為」と表現。)
94. 5. 4	永野茂門法務大臣、南京大虐殺はでっちあげと発言（7日、大臣辞任）。
5. 9	羽田首相、所信表明演説で「侵略行為や植民地支配」への「反省」を表明。
8.12	桜井新環境庁長官、「侵略戦争をしようと思ったのではない」と発言し、韓国の抗議で辞任。
95. 7.18	「女性のためのアジア平和基金」発足
8.15	村山首相、戦後50年の内閣総理大臣談話を発表。「わが国は、遠くない過去の一時期、国策を誤り、戦争の道を歩んで国民を存亡の危機に陥れ、植民地支配と侵略によって、多くの国々、とりわけアジア諸国の人々に対して多大の損害と苦痛を与えました。私は、未来に過ち無からしめんとするが故に、疑うべくもないこの歴史の事実を謙虚に受け止

他方、中国においては、近年、愛国主義運動によるナショナリズムの高揚が見られる。その背景の一つに、被害者としての歴史認識を強調する教育や施策が存在する。中国の愛国主義はイデオロギーに代わって国家・国民を統合する役割を担っており、抗日戦争を柱とする歴史教育は、国民に共産党の正統性を示すための重要な国家政策でもある。日本の一部識者が批判する「反日教育」ではないが、こうした中国共産党の愛国主義運動が結果的に排外的ナショナリズムと反日感情を育てたことは事実であろう。

これに対し、韓国は、金大中大統領のリーダーシップの下で、日本文化の開放を進めたり、小渕総理との間で新たな日韓パートナーシップを構築するなどして、「過去の問題」に一区切りをつける対日外交を展開した。

日本の指導者と国民が歴史を忘れず、近隣諸国の感情に配慮していくことは当然であり、日本への不信感を生み、日本人の品格を貶《おとし》めるような言動は避けるべきであるが、他方で、中国が愛国主義の観点から日本の過去の悪い面ばかりを取り上げて宣伝・教育することは、東アジアの平和と繁栄を左右する日中関係を発展させていくうえで、決してプラスとはならない。〇四年八月のサッカー・アジア杯における激しい「反日」ブーイングと試合後の不穏な状況は、フェアであるべきスポーツの世界にまで持ち込まれた反日感情の広がりと集団心理的なナショナリズムの恐さを感じさせた[40]。〇五年四月には、歴史や領土の問題を巡って日中関係がぎくしゃくする中で、中国各地で反日デモが頻発し、日本大使館や総領事館の他、日系企業や日本人にも危害が加えられた。民衆の心情はコントロールできないとしても、法治国家として外国人の安全には適切な措置が取られるべきであった。反日デモと中国政府の対応は、対中ビジネスを展開する外国企業の不安感を醸成することとなった。デモ直後に行われた調査では、中国進出を計画していた日本企業の三分の一が計画を延期すると回答した[41]。また、別の調査では、「中国市場のリスク拡大を考慮し、他のアジア地域とのバランスを重視」すると回答した日本企業が三割以上に上った[42]。歴史教科書問題や安保理常任理事国入り問題が契機となったが、デモの背景には中国でのインターネットの広がりや愛国教育も存在する。破壊活動を伴う過激なデモや日本製品の不買運動などに見られる偏狭なナショナリズムの暴発は、国際社会のルールや秩序の担い手となるべき中国のイメージを損なうと共に、中国共産党がその正統性の根拠をナショナリズムに求めていることを改めて世界に示す結果となった。

しかし、ナショナリズムを政治の道具に使うことは、東アジアの安全保障にとって危険であるばかりか、それが市民の政治的エネルギーとして発散されるようなことになれば、中国政府にとっても制御の難しい、やっかいな事態を招くことになる恐れがある。日本人が中国人の感情にもっと配慮すべきはその通りであるが、他方で、中国の反日的動きによって日本人の嫌中感が増大し、一部の排他的・反中的な活動家や言論人が勢いづけば、日本の偏狭なナショナリズムも高まる。互いのナショナリズムが負の連鎖となって世論を支配するようなことになれば、日中双方にとって不幸なことである。九五年の村山談話は、「独善的なナショナリズムを排し」、平和の理念と民主主義とを推し広めていくことを表明している。両国は、日中関係の平和共存・長期安定・共同繁栄という観点に立って、偏狭なナショナリズムから脱却し、未来志向の関係を築き上げるべく特段の努力をする必要がある。

日本に求められているのは、改めて歴史と向き合い、その中で関係国との和解に向けた共同作業を始めることである。

戦後の日本は、平和憲法の下で、国連中心主義やアジア重視を掲げて、アジア、そして世界の平和と繁栄に貢献してきた。中国に対しても、七八年に開始された改革・開放を支援すべく巨額のODAを供与してきた。しかし、その実態を知る中国人は必ずしも多くない[43]。戦後半世紀を経て、日本が「失われた十年」の中で、閉塞感と不透明感の漂う経済・社会状況に陥る一方で、中国は経済的に目覚しい発展を遂げて、世界の経済大国として先進国首脳会議（サミット）への参加の可能性も報じられるようになった。こうした内外情勢の変化が歴史に対する意識にも影響を与え、戦争を知らない日本人が多数となる中で、日本はいつまで謝り続けなければならないのかとの疑問やいら立ちが強まっている。筆者も、そうした声や質問に直面してきた。しかし、政府が公にしてきた歴史認識を自虐史観であると批判し、「南京大虐殺はなかった」、あるいは「いわゆる従軍慰安婦はいなかった」と叫ぶことに、独善的な自己満足以上のどんな意味があるのであろうか。他のどの国よりも経済相互依存とグローバル化の中に身を置いて繁栄を確保しなければならない日本にとって、こうした姿勢は日本の国益を損なうことになるのみならず、日本の国際的な地位や信頼を傷つけることにもなる。世界で最もダイナミックに発展する東アジアにおいて、平和で繁栄する地域主義の花を開かせ、将来の地域共同体を構想するためには、日本が近隣のアジア諸国にも受け入れられる歴史認識を貫いていくことによって徐々に歴史を克服していくことが不可欠である。

シンガポールのリー・クアン・ユー元首相は、回顧録の中で次のように述べている。

「現在の日本人の態度は将来の行為を示唆するものである。もし過去を恥じる気持ちがあれば、将来同じ過ちを繰り返す可能性は少ない。（中略）アジアと日本は共に前進しなければならない。そのためにも、より大きな信頼と信用が必要とされている。」[44]

過去を直視し、その教訓を汲み取る姿勢が、日本に対する信頼につながり、日本が目指す日本と東アジアの将来像への共感と協力につながる。

歴史問題の核心は、歴史認識にある。例えば、閣僚の「不規則発言」が起きるたびに近隣諸国から「歴史の歪曲」との批判が繰り返されてきた。いくら謝罪や賠償を行ったとしても、歴史認識が揺れ動くようではアジアの信頼は得られない。こうした「外圧」による歴史問題の顕在化は、歴史の克服を遠ざけ、「戦争を知らない」世代を中心に歴史に対する拒否反応や排外的なナショナリズムを植え付けかねない。政治を担う人々が、村山談話に代表される基本的な歴史認識をしっかりと踏まえた言動に心がけるとともに、国民レベルでも、歴史を正確に学ぶ努力を続けていく必要がある。その意味で、歴史の克服は、まず加害者であった日本が自ら襟を正し、近隣諸国の疑念や不信を招くような言動を控えることが前提条件となる。そうした姿勢が徹底すれば、日本人留学生による寸劇事件や、日本人による中国での集団買春騒ぎなどは避けられたであろう。国を愛することと歴史を直視することは矛盾しない。日本の良い面も悪い面もしっかりと認識し、良い面は誇りを持ってさらに伸ばし、悪い面は謙虚に反省し正していくことで、日本の国を良くすることが真の愛国心であろう。

もちろん、歴史の克服は、ヨーロッパの例を見るまでもなく、加害国と被害国の双方の共同作業なくしては実現されない。そして、共同作業を成り立たせるためには、加害国の誠実な態度があって、初めて被害国の寛容な態度が期待されるのであって、その逆はあり得ない。北京の歴史博物館には、「前事不忘、後事之師」（過去を忘れず未来への戒めとする）という言葉が掲げられている。大きな被害を受けた人々の過去の忌まわしい記憶が消え去ることはない。中国青年報の対日意識調査によれば、日本の中国侵略の歴史をしっかりと記憶すべしと答えた中国人は九九・四％、直接関係のある年長者で日本の侵略者が民衆を殺傷するのを直接見たり、聞いたりした人がいるかとの問いに対して、いると答えた者は六〇・九％、日本の国旗を見て日本帝国主義の中国侵略を思い起こす中国人は九六・六％（時々思うと答えた者二〇・二％を含む）に達した[45]。歴史認識は、国民の持つ互いのイメージやパーセプションにも反映し、外交をも左右する。世論調査では、日中両国の国民感情は史上最低にまで落ち込んでいる[46]。

他方で、「記憶の総体は生き物であって、絶えず個々の成分の総量を変えている。現在に生きることが過去の重みを変える」[47]こともまた一つの真理である。近隣諸国において負の遺産という一方に傾いた秤の反対の側に和解の錘《おもり》を載せていくことによって日中・日韓関係の秤はバランスを回復する。過去の記憶は、現在あるいは将来の好ましい体験によって少しずつ癒されていくこともあれば、逆に現在あるいは将来の好ましくない体験によって一層深いものとなることもある。日本政府はもちろん、日本国民一人一人が、中国や韓国との交流や協力を通じて、反対側の秤に少しずつでも友好の錘を載せる努力を積み上げていくことによって、過去を克服することが可能となろう。二〇〇二年の日韓ワールド・カップの共催の成功と両国の若年層を中心とする友好ムードの広がりは、その可能性を示唆している。日本の文化に関心を持つ「哈日」（ハーリー族：「日本かぶれ」）がブームになっている上海や広州では日本が好き、あるいは比較的好きと答えた中国人が他の地域に比べて一〇％以上も高い[48]。日本のソフト・パワーとも言われる大衆文化は日本のイメージを変えつつある。

東アジアの平和と繁栄のために日中両国が手を携えて協力していくことは両国の多くの人達の思いである。そして、その思いを現実のものとして具体的協力に結実させていくためにも、日本は歴史の棘《とげ》を抜く努力を怠ってはならない。また、中国や韓国には、戦前の日本だけでなく、東アジアの平和と繁栄に貢献してきた戦後の日本にもっと目を向けてほしいと思う。経済の相互依存や幅広いヒトの交流がかつてなく高まっている今日、信頼と協力の輪を広げ、未来志向の関係を築くチャンスが到来している。国民一人一人が改めて過去を見つめ直し、東アジアの未来と日本の役割を展望する必要があろう。

(2)　ナショナリズムを超えた地域主義へ

冷戦後の東アジアにおいて懸念される動きは、国家間の不和や対立を激化させるナショナリズムの高揚である。過激なナショナリズムは、共同体意識を育み、共同体成立の精神的基盤を作る上で障害となる。「東アジア共同体」を推進する各国政府は、ナショナリズムの持つ危険性を十分認識する必要がある。

そもそも、ナショナリズム（nationalism）は、言語・歴史・文化を共有する集団としての民族（nation）

の観念によって古い身分制を打破し、自由と平等を実現したヨーロッパ近代国家において生まれた。そこには、自由と平等という価値の「普遍性」を有しながらも、同時に、その適用範囲が同じ民族に限られるという「排他性」や他の民族を差別し蔑視する「優越性」も存在していた。こうした矛盾が、人類普遍の価値を生み出しながら、同時に帝国主義をも生み出し、東アジアに対する侵略と搾取につながった。ヨーロッパからナショナリズムを学んだ近代日本は、「排他性」や「優越性」のみを顕在化させたウルトラ・ナショナリズム（超国家主義）によって近隣諸国を侵略し、植民地化した。他方、列強のナショナリズムの「排他性」と「優越性」に直面した東アジア諸国は、差別され従属を余儀なくされることによって自らの民族国家としてのアイデンティティを意識し、ナショナリズムを育てていった。植民地からの独立や侵略からの解放のための戦いは、そうしたナショナリズムによって鼓舞され、そして民族の記憶として伝えられた。イデオロギーが前面に押し出されていた冷戦が終結し、国際政治の主要な決定要因であったイデオロギーが力を失うと、ナショナリズムがそれに代わる国家統合の政治手段として再び重視されるようになった。

階級闘争によってブルジョア資本主義を打倒し、人民が権力を握った中国の共産主義は、文革によって傷つき、ソ連の崩壊によって大きな変化を遂げた。巨大な中国を統治する共産党は、イデオロギーではなく、経済利益とナショナリズムを統治原理に据え変えた。第一に、改革・開放は、経済を活性化し、持続的経済成長を通じて人民の生活を向上させてきたが、それは社会の秩序と安定を維持する上で有効であった。第二に、歴史教育や「中華民族の偉大な復興」といったスローガンによって鼓舞されたナショナリズムは、国家や民族の意識と団結を強めることにつながった。中国が歴史にこだわるのは、中国人の歴史を重視する国民性に加えて、共産党が依って立つ正統性の原点だからでもある。かつての日本の排他的で優越的なナショナリズムに対する中国の抗日ナショナリズムの想起は、民族の団結を促す効果を持つであろう。一九九九年十月一日、建国五十周年祝賀式典において、江沢民総書記は、「富強、民主、文明という社会主義近代化を成功させた中国が近い将来必ず世界東方に現れるだろう」と鼓舞した。人民日報によれば、式典は、「楽曲『祖国を歌う』が厳かに演奏される中、軍の部隊は意気込み高く広場を行進し」、「『国旗』『国慶一九四九―一九九九』『国章』をテーマとした三つの儀仗隊ブロックに続いて、一般市民が喜んでパレードに参加した」という国家を前面に出した国威発揚の場となった。

中国においてナショナリズム重視の姿勢がうかがわれる一方で、日本においても、社会の流動化と経済の停滞の中で、目覚しい経済発展を遂げ存在感を増大させる中国や、拉致や核開発にかかわる北朝鮮に対する不安や苛立ちがナショナリズムを高揚させている。

台頭するナショナリズムは、両国間の歴史や領土を巡る問題が表面化する度に、双方の国民感情を利己的で排外的な方向にあおり、しばしば政府間の冷静な問題解決の努力を困難とする。

東アジアにおける領土問題には、漁業資源や海底の鉱物・エネルギー資源がからんでおり、しばしばナショナリズムも帯びて、国家関係は激しく緊張する。近代化する東アジア諸国においては、国家への求心力を高めるナショナリズムの高揚には目をつぶりがちであるが、偏狭な国民感情の衝突は国家関係を損ない、地域の平和と安定を揺るがすことになることを忘れてはならない。

竹島[49]を巡っては、韓国から、また、尖閣諸島[50]を巡っては、中国や台湾から、それぞれ領有権

図３　南シナ海と領有権問題

群島名	領有権主張	実行支配
中沙	中国 台湾	中国
東沙	中国 台湾	台湾
西沙	中国 台湾 ベトナム	台湾
南沙	中国 台湾 ベトナム フィリピン マレーシア ブルネイ	中国(6) 台湾(1) ベトナム(約20) フィリピン(8) マレーシア(3)

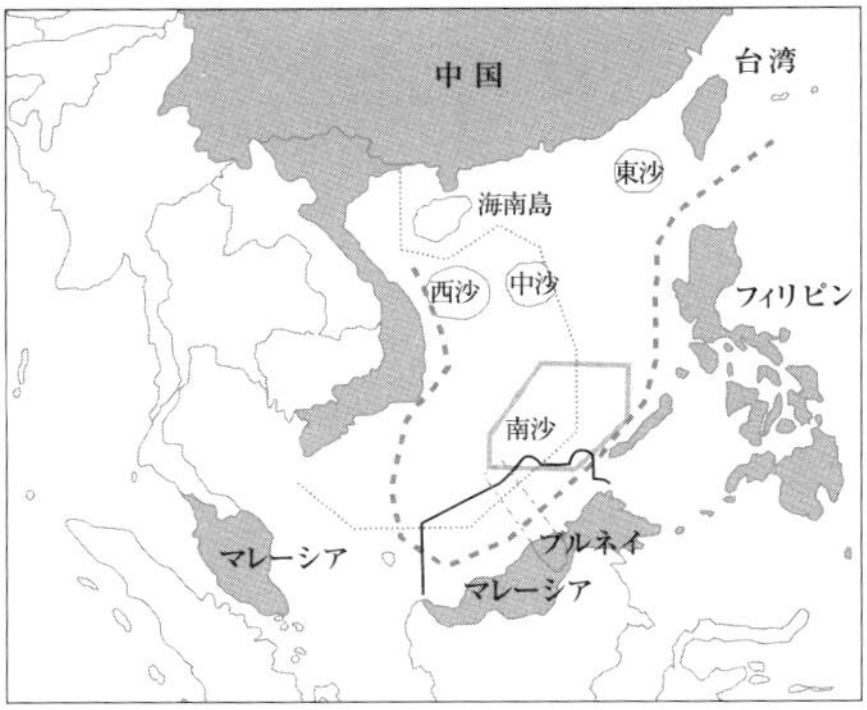

が主張されてきている。

また、南沙諸島を巡っては、中国、ベトナム、フィリピン、マレーシア、インドネシア、台湾、ブルネイが領有権を主張しており、武力衝突も起きた[51]（図3参照）。しかし、〇二年十一月の中国とＡＳＥＡＮの首脳会議において、すべての当事国が自制を続け、国際法に沿った平和的手段により南シナ海の紛争を解決することで合意し、「南シナ海における関係国の行動に関する宣言（Declaration on the Conduct of Parties in the South China Sea）」が発出された。これは、日本のシーレーンとしても重要な南シナ海の安定に向けた重要な一歩ではあるが、法的拘束力のない政治宣言では緊張や紛争の火種となる各国の個別の動きを抑制することは難しい。中国・ＡＳＥＡＮ間で懸案となっている「地域的行動規範（Regional Code of Conduct for the South China Sea）」の早期策定が望まれる[52]。こうした信頼醸成と予防外交の努力によって紛争を再発させず、現状が維持されていけば、将来「東アジア共同体」が実現した際には、南シナ海の係争地域を共同体の管理下に置き、開発の果実を関係国に分配することも不可能ではない。

領土問題は、国家主権にかかわり、政治的に極めて厄介な問題であって、その解決は容易ではない。関係国政府は互いにそれぞれの立場を一歩たりとも譲らぬ強い態度で臨むことが領土問題への正しい対処であると考えているようでもあり、また国内政治的に妥協や後退は許されないとの意識が強い。国民のナショナリズムをあおるマスコミの介在もあって、国民は「取るか取られるか」のゼロ・サム・ゲームの心理状態に追い込まれがちである。したがって、領土問題については、領土を巡る潜在的な対立や緊張を顕在化させない相互の抑制と予防、そして万一問題が表面化した場合には冷静な対応と沈静化のための理性的努力が求められるのである。

また、中長期的には、領土問題は、ナショナリズムの克服とも関係し、過剰な国家意識が共同体意識に取って代わられることによって初めて解決の道筋が見えてくるのかもしれない。その意味でも、共同体に期待される役割は小さくないと言える。「東アジア共同体」を、ナショナリズムの高揚を抑えつつ、同時にグローバル化の暴走に歯止めを掛けるシステムとして位置づけ、粘り強く協力の実績を積み上げていくことが一つのアプローチとなり得よう。近隣諸国との間で過去や領土といったナショナリズムの絡む問題を抱える日本が、「東アジア共同体」構想を新たな外交目標として追求すべき理由の一つがここにあると言える。

第4章

中国を脅威としないためには
――中華的共同体の超克

軍事的・経済的に大国化する中国をどう認識し、どう位置付けていくかは、「東アジア共同体」構想の根幹にかかわる問題である。中国が脅威と認識される限り、「東アジア共同体」は実現しない。東アジア諸国は脅威論に振り回されるのではなく、どういう中国になって欲しいのかという観点から中国に最大限の働きかけをする必要がある。他方、名実ともに大きな存在となった中国は、東アジア諸国、さらには、国際社会の声に耳を傾け、世界の平和と繁栄に貢献すべき立場に置かれていることを認識すべきである。東アジア諸国なかんずく、中国が、共同体建設のための主体的・建設的な役割を積極的に果たすことができるかどうかが「東アジア共同体」実現の鍵を握っている。

歴史の大部分において、西洋文明以上の繁栄を誇った中国は、東アジアにおいて「華夷秩序」と言う独特のシステムを作り上げた。中国が台頭する中で高まる「東アジア共同体」の議論において、そうした中華世界の再現を懸念する声もある。かつての中華システムの本質を明らかにし、今日の中国の台頭の要因とパワーの中身を考察することによって、中国の将来像を展望することが、「東アジア共同体」を構想する上で欠かせない。

1 「華夷秩序」という世界システム

東アジアは、一九世紀の人類の歴史の大部分においてヨーロッパよりはるかに先進的で繁栄した地域であった。その中心に中国文明が存在した。ポール・ケネディが主著『大国の興亡』で記した通り、中国は「前近代のすべての文明の中で最も進んでおり、優位を誇っていた」。日本屈指の東洋史家である貝塚茂樹によれば、中国は、「一八世紀の末には世界における最大の帝国に成長し」「その頃まで、東アジアでは最大最強の帝国であると同時に、最高の文化国家であった」。

歴史の長きにわたって、この巨大で先進的な中国文明を中心とする東アジアは、一つの完結した世界として存在してきた。そこには、西洋と東洋といった二つの世界は存在していない。これを広い意味での中華世界と呼ぶことができる。日本も、この世界の一部として、あるいはその周辺の国家として存在してきた。日本は独自の文化・文明を持つ中華世界とは別個の世界であると見ることもできるが、日本が中国文明の存在を意識し、その影響を受けてきたことは否定できない。

徳富蘇峰は、明治維新前の中国が「仰ぎ見る大国」であって、「推古朝の聖徳太子の時代から、この大国を意識し」、依存してきたとして、「そのままにしておけば、日本は精神的にも物質的にも中国の属国となる他なかった」と述べている。

この強大な中国を中心に、東アジアにおける秩序が形成された。秩序は確固たることもあれば、乱れることもあったが、一つの継続した基本的枠組みが存在した。中華帝国を中心とする「華夷秩序」と言われるものである。

「華夷秩序」は、中華帝国を中心とする階層性に基づく秩序であり、明から清の時代においては「海禁」政策（私的な貿易は禁止され、朝貢貿易だけが許される事実上の鎖国政策）による閉鎖的システムの下で、東アジアに平和と安定をもたらした。特に、そのシステムに埋め込まれていたいくつかの重要な要素、例えば、多様な文化の並存を認める調和と共存の世界観、道徳と「文治」を重視する儒教思想、「覇道」を排し「王道」を求める理念などは、東アジア秩序のソフト・ウエアとして重要な役割を果たした。

日中平和友好条約交渉において最大の争点となった「覇権条項」への中国側の固執は、当時の中国が置かれていた厳しい国際環境（中ソ対立の激化によるソ連の脅威の増大）を踏まえた冷徹な現実主義外交の現われであるが、そこには、また、覇道に反対し、王道を理想とする伝統的な中国思想の影を見て取ることもできる。

「華夷秩序」は、近代ヨーロッパ文明の「東漸」によって崩壊する一九世紀半ばまで続いた。一八四〇年～四二年のアヘン戦争以降、東アジアは、およそ一世紀にわたって、停滞と混乱の中で翻弄されたが、それ以前、東アジアは世界で最も安定し、繁栄する地域であった。そして、その中心に、中国文明があった。「中華民族の偉大な復興」の世紀となろうとしている二一世紀、かつて東アジア秩序を支えた中国文明の特徴を探ることで、「東アジア共同体」の鍵を握る中国の将来を展望することとしたい。

2 「閉鎖システム」中国文明の限界

中国文明の繁栄は、ヨーロッパに匹敵する国土（図4参照）と世界最大の人口を擁し、様々の技術や文化を生んだ統一国家のパワーによって生まれたものである。秦、漢、隋、唐、宋、元、明、清と王朝の盛衰はあったが、この圧倒的に大きな存在が一つの旗の下に安定した秩序を樹立した時には、世界に冠たる文化と繁栄が花開いた。かつてのローマ帝国や今日のEUよりも広大な版図を誇った歴代中国王朝は、まさに中華帝国として存在していたと言える。

例えば、八世紀、西ローマ帝国を復興したと言われたフランク王国のカール大帝の王宮があったアーヘンは、人口二～三千の小さな都市に過ぎず、東西文明の交差点として栄えた東ローマ帝国の首都コンスタンチノープルでも、人口約二十五万人、城壁内面積十二平方キロメートルの都市であったが、当時の唐王朝の首都長安は人口百二十～百三十万人、城壁内面積八十平方キロメートルの世界最大の都市であった。この時代に、日本が遣唐使を派遣して中国から多くの文物を取り入れたように、中国は東アジアの文化と文明の中心であったばかりか、世界で最も繁栄する文明であった。コロンブスは、『東方見聞録』に書かれた大都（現在の北京）の豊かさに魅了されて、大西洋を渡り、アメリカ大陸を発見した。

図４　中国（現在の中華人民共和国）とヨーロッパ
（2004年に25カ国に拡大したEU）の比較

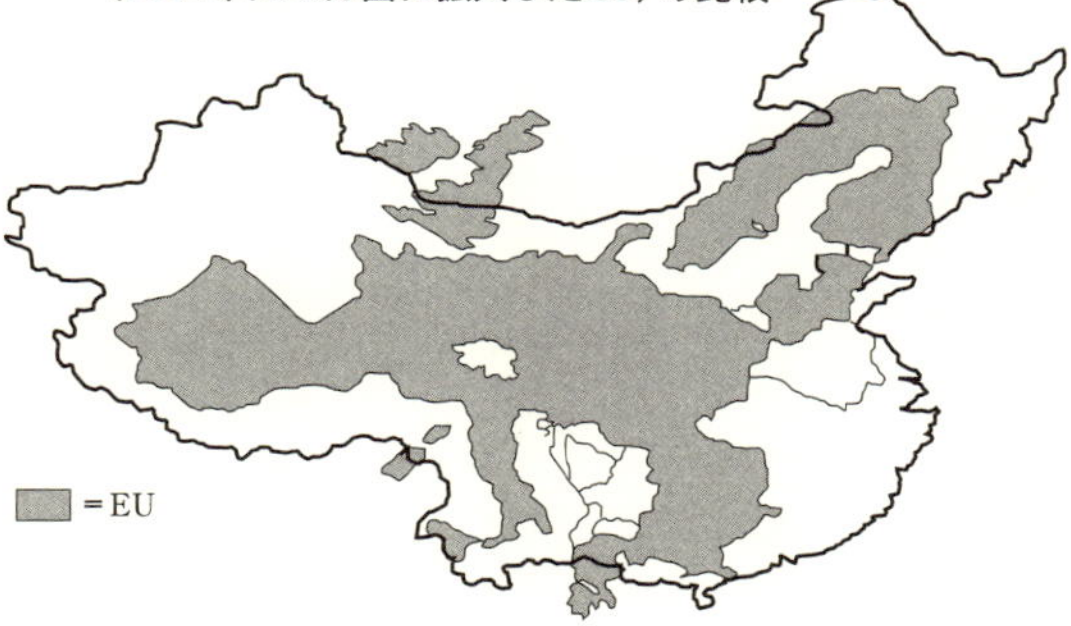

中国の国力の大きさを確認する一つの事例として、鄭和の遠征を挙げることができる。中華帝国という強大な文明の使者となった鄭和の足跡は、東南アジアからインド、中東、そしてアフリカにまで及んでおり、鄭和の部下はコロンブス以前にアメリカ新大陸にも到達していたとの新説まで発表されている[1]。鄭和の遠征が行われたのは、明王朝の最盛期を築いた永楽帝の治世においてである。積極的に朝貢貿易の拡大に努めた永楽帝は、鄭和を大艦隊の司令官に抜擢して、一四〇七年から一四三三年の間に計七回に及ぶ大航海を行わせ、各地で中国への朝貢を求めた。この時代にこれだけ短期間での大航海が可能となったのは、中国が高い造船や航海の技術を有し、巨額の予算を賄う国力を保持していたからに他ならない。中国科学技術史の大家ジョゼフ・ニーダムは、当時の中国の造船能力が世界一であったと指摘している。

イスラム教徒であり、宦官でもあった鄭和は、中国の伝統的な価値や秩序にとらわれない冒険家としての類いまれな能力を持っていた。その非凡な能力が中華帝国の国力と結びつき、ヨーロッパの大航海時代に先んじての歴史的航海を可能としたのである。艦隊の規模は、当時の世界に例を見ない壮大なもので、艦艇数六十二隻[2]からなり、その中核となった「宝船」は最大のもので長さ百五十メートル、幅六十メートルという巨大な船であった（排水量は三千トン以上という説がある）。乗組員は総勢約二万七千余人であり、それだけの人員が必要とする水や食糧を確保しながら、一年以上、時には三年にも及ぶ長期にわたって航海を続けることがどれほど大変なことかは想像に余りある。鄭和艦隊は、ジャワ、スマトラ、スリランカ、インドからペルシャ湾口のホルムズに至り、分遣隊はアフリカの東海岸にまで到達し、献上されたライオンやキリンを中国に持ち帰った（一行はこれを中国の伝説の動物「麒麟」として皇帝に献上しようと考えた）。ちなみに、その後約半世紀後に、アメリカ大陸を発見したコロンブスの艦隊は、三隻、九十名の乗組員からなり、旗艦サンタ・マリア号は全長二十六メートル、全幅八メートル、百八十五トンの帆船に過ぎなかったし、アフリカの喜望峰回りでインドに達したポルトガルのバスコ・ダ・ガマの艦隊は、四隻、乗組員百七十人からなり、旗艦サン・ガブリエル号はわずか百二十トンの帆船であった（諸説あり）ことを考えれば、当時の明王朝の富と力の絶大さがうかがわれる。

当時、日本は、室町幕府の絶頂期（将軍足利義満の時代）に当たっていたが、中国同様、国民の海外渡航や海上貿易を禁止する「海禁」政策を採っていた。東アジアは、中華世界における朝貢貿易しか認められない閉鎖的な貿易体制下にあったことを見落としてはならない。

また、中国文明は、火薬、羅針盤、活版印刷、製紙法などの重要な発明をもたらし、ヨーロッパ文明に大きな影響を与えた。例えば、識字文化について言えば、中国文明は世界で最も先進的であった。七世紀に木版印刷が発明され[3]、一一世紀には活字印刷も発明されていた。漢字の美にこだわったためか、東アジアでは活字印刷は盛んとならず木版印刷が中心であったが、技術力としてはヨーロッパよりずっと進んでいたと言え、そうした技術が、グーテンベルクの近代的活版印刷術の発明につながり、一五世紀末以降の印刷文化の発展を促し、ルネサンスや宗教改革を可能とした。

儒学論理に基づく政治・道徳思想も、ヨーロッパの啓蒙思想家に影響を与えた。例えば、ライプニッツは、四書五経の一つである易経からコンピューターの二進法を考案した。科挙制度の支柱であった朱子学を称賛したヴォルテールも、中国文明から多くの知恵を得た。

このように、中国で生まれたが、実用化はヨーロッパでなされた発明や思想が少なくない。ここに両文明の違いがある。文明が、社会、技術（テクノロジー）、文化（コンテンツ）によって産み出される豊かさを指標とするならば、中国文明は高度な技術を産み出しはしたが、それが社会という環境によって需要されることなく、またその普及を後押しする文化の広がりも持たなかった。

現代の世界史研究の第一人者と言われるJ・M・ロバーツは、こうした歴史的展開を生む原因となった中国文明の矛盾点を、次のように説明している。

「中国人は多くの分野で、ヨーロッパ人よりも数百年、時には千年以上も早く様々な技術を開発していたにもかかわらず、ヨーロッパ諸国の介入を阻止できるだけの科学的発展に至ることがなかった。（略）中国人が発明を実用化することに関心がなかった理由は、儒教を基盤とした官僚中心の社会体制にあり、（略）ヨーロッパのように社会的地位の高い人々と職人（技術者）達の間に知的交流が生まれることがなく、そのため各分野での技術の発展が文明全体を前進させる結果をもたらさなかった。偉大な伝統文化に対する自負心のため、中国人はなかなか自国の文化が内包する欠陥を認めることができなかった。おそらくそのせいで、彼らは外国人から何かを学ぶと言うことが非常に難しかったのであろう。」[4]

近代の西洋文明は、客観的・実験的科学主義によって政治や宗教のドグマを乗り越えようとした啓蒙思想から生まれた。それは旧秩序を破壊し、新しい世界の発見を目指す「動」の文明であった。これに対し、中国文明は秩序を維持する政治や道徳を重視した「静」の文明であったと言える。鄭和の遠征と言った例外的ケースを除いて、中国が海洋に目を向けて、外に開かれた動態社会として繁栄を追求することはなかった。その一因に、北方からの脅威があった。中国歴代王朝の歴史は、北方の異民族の侵入とそれへの防衛・討伐の歴史でもある。

異民族として中国を統治した元は、北方を心配することなく開放的な交易国家となったが、元を除く歴代王朝は防衛上常に北に目が向いていた。近代に入ると、ロシアの圧迫が顕著となり、中華人民共和国成立後も、六〇年代の中ソ論争の激化を経て北方のソ連が中国にとっての最大の脅威となった。

ソ連の崩壊によって、中国は、北の脅威から解放され、米国のような大陸国家でありながら、海洋国家として外に向かって発展し得る国となる条件を得たのである[5]。今日の中国は、かつての中華秩序のような閉鎖的システムではなく、開放政策の下で世界との相互依存関係を増大することにより繁栄を追求している。WTO加盟による全面的開放に向けての移行、外資主導の経済成長、輸入大国化などが、それを象徴している。

3 中華システムの本質——儒教思想と閉鎖的対外システム

このように、東アジアの歴史において、中国は最大最強の帝国として君臨し、その政治的・文化的求心力は、王朝の盛衰と共に強まったり、弱まったりしたが、中国文明は長く東アジア秩序の中心にあった。しかし、一九世紀半ば以降は、その中国文明も西洋文明に圧倒され、従属と半植民地化を余儀なくされた。ここでは、中華システムの二つの特徴を取り上げて、それが東アジアの安定と繁栄の基礎となったと同時に、近代において西洋文明に圧倒される要因ともなったことを指摘することとしたい。

第一に、儒教思想に基礎を置く「文」優位の政治体制であり、第二に、「華夷秩序」に基礎を置く閉鎖的対外システムである。

(1) 儒教思想の功罪と中国政治

中国最初の統一王朝である秦[6]以来数々の王朝が成立しては滅亡したが、そうした興亡の中にも「中国文明」として集約できる特有の思想、文化、政治制度などが継続して存在してきた。その原型は、鉄製農具や牛耕農法によって農業生産性が向上した春秋・戦国時代において、社会の流動化や都市の発展などを背景に登場した諸子百家と呼ばれる思想家集団によって生み出された。古代ギリシャにおいてプラトンやアリストテレスが「国家論」や「政治学」を説いた時代に、中国においては、孔子が仁の実践と礼による政治を説き、孟子が徳治主義による政治（力による「覇道」ではなく徳による「王道」の政治）を説いた。「孟子」によれば、王朝の交替も、姓（王朝の名）が易（かわ）り、天の命が革（あらた）まるという「易姓革命」によって正当化された。古代王朝の堯、舜、禹の禅譲はその理想的な形とされた。その後は、武力による王朝の交替が続いたが、易姓革命では、これを天帝による暴虐な君主の放逐であると解釈された。中国の皇帝は、はるか周王朝の時代から天帝の天命によって統治権を授けられた「天子」として君臨し、その権威は王朝の変遷によっても損なわれることはなかったのである。

そして、中国最後の王朝となった清の時代まで中国政治の思想的・制度的基盤となったのが、儒教思想である。儒教は治者の条件としての徳や仁を論理的・経験的に説くことで、多様な民族と広大な領土を擁する帝国を統治する一種の官僚学、行政学、国家学として位置付けられ、中国歴代王朝の安定に寄与した。そして、儒教を体現した制度としての「官僚制度」と「科挙」が中華帝国を支えるソフトとしての枠組みとなった。

月から見える唯一の建造物である万里の長城を築いたことでも明らかな通り、秦の始皇帝は、巨大帝国の天子として絶大な富と権力を手にした。こうした権力と富を維持・運営する制度として官僚制が生まれた。秦の次の統一王朝となった漢が滅んだ後、分裂し戦争に明け暮れた中国を統一した隋は高級官僚の資格試験である「科挙」を採用した[7]。天から委任を受けて天下の人民を統治する義務を負う天子は、広大な領土と膨大な人民を一人で統治することはできないため、人民の中から助手を求めて仕事の一部を分担させた。彼らが官吏である。その良し悪しは政治を左右するので、賢明な者を採用する必要があり、五八七年、随の文帝によって官吏登用試験としての科挙が始められたのである。[8] 科挙の受験者は、儒教の経典である四書五経約四十三万字[9]を諳《そら》んじる程の勉強をし、地方での郷試、中央政府の会試、天子自ら行う殿試などのいくつもの困難な試験に挑むことになる。例えば、郷試の場合には、食糧や布団を試験場に持ち込んでの一週間に及ぶ厳しいものであった。科挙は、その後清朝末まで千三百年余りにわたって中国の官僚制度を支え、王朝の変遷を超えた中国文明の継続性を生み出してきた。

試験によって、官吏を採用するようになったのは、イギリスで一八七〇年以後、アメリカでは一八八三年のことである。経済的出費は別として、誰もが試験を受けることができ、家柄も血筋も問わず能力があれば地位や権力を得ることができる科挙は、世界に類を見ない画期的な制度であった。そして、それは知的エリートからなる官僚制度を支える「出世民主主義」とも言える理念を体現していた。もちろん、論語や孟子の丸暗記や詩や文章の技巧や筆蹟が実際の政治にどれだけ役に立つのかという疑問や批判は古くからあった。特に、産業革命を経た西洋列強の圧倒的パワーに直面した一九世紀半ば以降は、近代的な知識や技術の吸収が急務となり、清末には洋務運動も見られた。しかし、科挙出身の守旧派政治家の反対もあって、そうした試みは挫折する。日本が明治維新によって学制を発布し、国民皆学を目指して学校教育を推進したのとは対照的であった。

他方、「文」を重んずる精神の上に成立した科挙は、中国において武を抑えた文治政治を花開かせた。平時において、儒教思想に基づく一種の国家学を習得した秀才が政治権力を手にすることができたという意味において、「武」によって書き換えられた中国の歴史は、「文」によって継続されたと言える。科挙によって選抜されたエリート官僚による「文」の優位と儒教思想に基づく「徳による政治」は、中国文明の「文明度」の高さを示すものでもあった。それを象徴するのが軍部大臣文官制であり、軍人を政治に参画させない方針は長く中国政治に一貫した特徴であった。これに対して、軍部大臣現役武官制を実施して軍部が政治に介入した戦前の日本は、「武」が「文」を圧倒して、軍国主義への道を転がり落ちて行って敗戦した。しかし、中国における「文」の優越は、軍事技術の発達を妨げ、一九世紀には中国の「武力」は西洋に著しく劣るようになり、それが列強の干渉と侵略を招く弱さを露呈することにもなってしまった。両国の歴史は、国家における文武の関係がどうあるべきかを示唆しているかのようである。

儒教には、ヨーロッパ・ルネサンスにおいて花開いた科学的な合理主義はなかった。帝国主義列強の進出が激しさを増す中で、魯迅をはじめとする中国の知識人達が、伝統的・保守的な儒教社会の停滞を打破し、近代的・進歩的社会への変革を唱えるようになると、儒教の地位は後退し始めた。社会主義中国になると、儒教は科学技術の進歩を促す思想的基盤を提供できなかったと批判され、文化大革命の時期には、批林批孔運動によって徹底的に弾圧された。イデオロギーが文明や伝統を圧倒した。

しかし、ソ連・東欧の社会主義政権が崩壊し、改革・開放の進展に伴う社会の多元化が進む中で、社会主義イデオロギーは統合の基盤としての影響力を失っていった。イデオロギーに代わって重視され提唱されるようになったのが、「精神文明」である。愛国主義やナショナリズムの高揚による「精神文明」の建設は、経済成長による「物質文明」の建設と並ぶ中国共産党の正統性の車の両輪である。その内容は、一九八六年の第十二期六中全会や九六年の第十四期六中全会で採択された決議をはじめ、重要な報告や講話の中で頻繁に強調されているが、二〇〇二年三月の朱鎔基総理の政府活動報告では次のように説明されている。

「法によって国を治めることと徳によって国を治めることとの結合を堅持する。（略）国を愛し、法律を守り、礼儀をわきまえ、誠実信義を旨とし、団結して仲良くし、勤倹と自己の向上に努め、仕事に打ち込み、献身的に働く、（略）とりわけ愛国主義教育に力を入れ、中華振興の民族精神を発揚する。」

ここでは、国家の統治方法として、「法治」と並んで徳による統治（「徳治」）の導入が叫ばれている。なぜ「徳治」なのか。欧米民主主義国は、「徳治」を信用せず、「絶対的権力は絶対的に腐敗する」との歴史家J・E・アクトンの定説に従って、権力の腐敗を防止するために民主主義制度にビルト・インされた三権分立によるチェック・アンド・バランスを採用してきた。これに対し、いわゆる欧米型の民主化を拒み、共産党一党支配によって国家を統治する中国では、共産党による権力の独占が、改革・開放の進展の中で、経済活動と政治権力の癒着を生み、汚職・腐敗が蔓延した。腐敗問題の深刻さは、中国の指導者が反腐敗闘争を「党と国家の存亡にかかわる重大な任務」と位置付けるほどである。しかし、中国の民主集中制という「法治」の下で腐敗のない政治を実現するためには、「徳の政治」に頼るしかないのかもしれない。朱鎔基総理の報告に見られる礼儀、信義、勤倹といった価値は儒教の教えそのものである。ここに伝統的な中国的価値観の復権を読み取ることも可能である。

第二に、こうした儒教の復権は、中国にとどまらない。戦後の「東アジアの奇跡」の背後にある要因の一つを、儒教的要素に求める見解は少なくない。特に、近代西欧文明の科学的合理主義が、人間性の観点からの反省と見直しの段階に入ると、儒教も人間中心の倫理的な合理主義として見直されるようになった。儒教を保守的、封建的思想と見なし、その役割を否定するのではなく、儒教が東アジア文明の理念的支柱として果たした役割を見直し、その今日的意味を問い直すことが重要になっている。

儒教を基礎とする朱子学は日本にも大きな影響を与え、江戸幕府の官学にまでなった。明治以降も、その思想は、西洋式文明化の中での「和魂洋才」の和魂の一部として大きな影響を与えてきた。また、中国以上に儒教の伝統を残す韓国や東南アジア経済において大きな存在感と影響力を持つ華僑社会が、儒教思想をその思想的・行動的基盤としていることはよく知られている。

経済はケインジアンやマネタリストなどの近代経済学の理論だけで説明し切れるわけではない。マックス・ウェーバーが近代資本主義とキリスト教のプロテスタンティズムの倫理の相関関係を鋭く指摘したごとく、東アジアの資本主義の発展を支えた倫理的気風として、儒教や仏教が説いた教育、勤勉、忍耐、知足（足りるを知る）などの教えがあったことがもっと注目されてよい。これらの倫理的価値は、日本をはじめとする「東アジアの奇跡」の要因として取り上げられて然るべきであろう。バブル崩壊によって、戦後の日本経済の成長を支えてきた日本型システムの見直しと、アメリカ型の市場主義万能の論理が支配的となったが、改めてこうした価値について考えてみる必要がある。

(2)「華夷秩序」の閉鎖性

東アジアの諸民族・諸国家は、中華文明と華夷秩序の下での一つの世界の中に組み込まれ、直接・間接の影響を受けてきた。そもそも「中国」や「中華」という名前そのものが世界の中心という意味を持っている。歴史的にも、東アジア世界は、中華帝国の皇帝を中心として周辺の異民族・国家に冊封《さくほう》（官号や爵位を与える君臣関係）や朝貢《ちょうこう》（貢物を捧げ賞賜を賜る関係）の関係を放射状に広げた中華世界として存在してきた（図5参照）。

図5　中心ー周辺構造から見た清朝

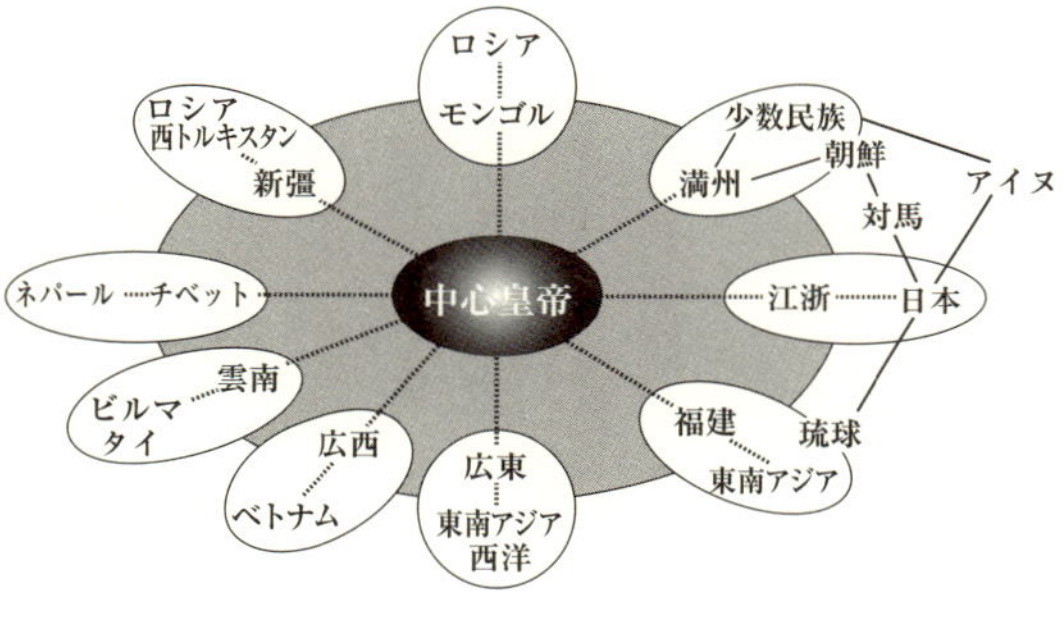

出典：『変容する近代東アジアの国際秩序』茂木敏夫著／山川出版社（1997年）

中国の皇帝は、周辺の諸民族や国家を「武（覇道）」によって軍事的に支配し、政治的に統治するのではなく、「文（王道）」によって道徳的に感化し、文化的・経済的に引き寄せることによって、東アジア特有の「華夷秩序」を形成してきた。周辺国は、中国皇帝を中華世界の天子と仰いで朝貢することによって、国家の王として認められ（冊封）、自治と安全を保障された。

また、明から清の時代には、「海禁」政策によって、私的な貿易は禁止され、朝貢貿易だけが許されていたため、朝貢国のみが中国経済の繁栄とその巨大な交易ネットワークの恩恵に浴することができた。朝貢によって、周辺の朝貢国は、莫大な経済的利益を得ることができた。これに文化、芸術、思想の摂取という非経済的メリットも加えれば、華夷秩序は少なからずの

図6　18世紀の東アジアの国際関係

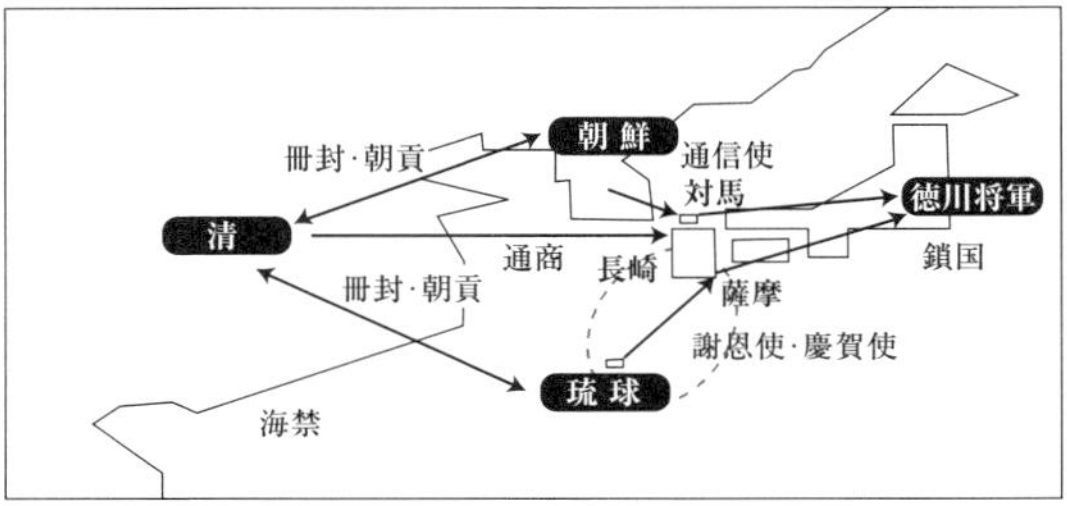

周辺諸国にとって名を捨てて実を取るシステムであったと言える[10]。中華帝国からしても、このシステムは、帝国の権威の維持・高揚につながったのみならず、周辺国との関係を安定した秩序の下に置くことで国境周辺の防衛コストを抑えるという効果もあった。他方、モンゴル帝国第五代の世祖フビライが建国した元のように、その広大な版図の下で世界的な交易のネットワークを築き、開放的なシステムが成立した時代もあった。また、一四～一六世紀には中国や朝鮮半島の沿海部において略奪や密貿易を繰り返した倭寇など民間の交易がなかったわけではない。しかし、華夷秩序は、明から清の時代にかけて五百年以上にわたって、東アジア秩序の基本的な枠組みとして機能したのである。

日本も、中華帝国のシステムに習った形で対外関係を処理していた。第一に、「海禁」に相当する鎖国体制であり、第二に、中華帝国の「大華夷秩序」に相当する日本版「小華夷秩序」である（図6参照）。

一六三〇年代に完成した鎖国体制下での対外関係は、朝鮮と琉球に対する「通信」と長崎でのオランダと中国との「通商」に限られた。琉球は、一五～一六世紀にかけて、明に朝貢しつつ東アジア一帯に交易ルートを広げて繁栄していたが、徳川幕府は、一六〇九年、薩摩の島津に命じて琉球に出兵させ、これを征服した。幕府は、清に朝貢していた琉球を「異国」として扱い、島津氏の所管としつつも、琉球王の改易は認めず、王国の形態を存続させた。琉球王は、一六三四年以降、王位継承毎に将軍への「謝恩使」を派遣し、琉球は日中双方の華夷秩序の下に置かれたのである。

朝鮮は中国の華夷秩序の下に入っていたが、日本に対しては、自らを一等上に置いて見ていた。他方、江戸幕府も朝鮮を小華夷秩序の下に位置付けていた。このため、朝鮮貿易に依存していた対馬の宗氏は、印鑑の偽造や国書の改竄といった手法によって、日朝関係を弥縫《びほう》しつつ朝鮮貿易を維持していたが、一六三五年にはこれが幕府に発覚し（柳川事件）、対馬の対朝鮮関係は幕府の直接の監督下に置かれるようになった。これ以降、江戸時代を通して計十二回の「朝鮮通信使」が日本を訪れた。

圧倒的な政治・経済・文化的存在であった中国は、日本にとって仰ぎ見る大国であった。だからこそ、強大な文明から様々な文物を摂取しながらも、これに負けまいと言う強烈な自意識をもって、自らも小さな華夷秩序を形成して対外関係を処理したのである。華夷秩序の下で、対外関係は国家に一元的に独占され、民間の自由で活力ある交流や貿易は閉ざされた。華夷秩序は、東アジアのダイナミズムの芽を摘み取ったが、他方で、東アジアの地域秩序を安定化する役割も果たした。例えば、日本は、このシステムの下で、一八七四年の台湾出兵や七五年の江華島事件まで、三世紀近くにわたって、周辺諸国との安定した関係を維持することができたのである。この秩序を崩壊させたのは、一九世紀半ばから、強大な軍事力を持って東アジアに進出してきた帝国主義列強であった。日本は、「開国」と「近代化」に転換することによって「華夷秩序」を克服し、欧米主導の国際システムの中に自国を位置付けけんとしたのである。これに対し、歴史の時空を超えて大華夷秩序の中心に位置

図7　20世紀初めの東アジアの国際関係

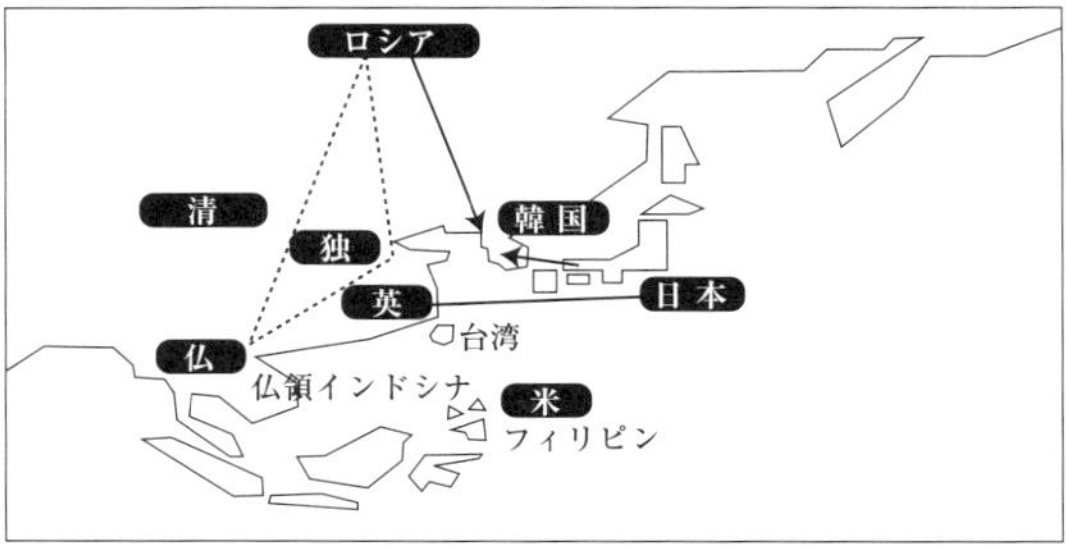

してきた中華帝国は、自らが外縁部に身を置くようなシステムを受け入れることができず、崩壊する華夷秩序の中で衰退せざるを得なかった。

一九世紀は、西洋の勃興と東洋の没落を画す時代となった。一九世紀半ば以降、中国文明を中心とする東アジアは、西洋文明に圧倒された。その中で、西洋型近代化を推し進めることによって華夷秩序を乗り越え「脱亜」した日本は、列強の仲間入りをし、自らを盟主とする「東亜新秩序」[11]や「大東亜共栄圏」[12]を掲げて戦争に突き進んだ。

この時代の東アジアの政治地図は、図7のようなものであり、東アジアは帝国主義列強の植民地や勢力圏に分割されてしまい、東アジア秩序は東アジア諸国以外の欧米列強と「脱亜」日本によって決定されることとなった。

しかし、二〇世紀末、「中華民族の偉大な復興」が始まったのである。そして、「中国脅威論」も広がりを見せた。中国の台頭と東アジアのパワー・バランスの変化が、二一世紀前半の国際秩序を俯瞰する上で最大の注目点となりつつある。

4 「中国脅威論」の虚と実

冷戦終結によって、米国、そして、西側諸国にとって最大の脅威であったソ連が崩壊すると、目覚ましい経済成長を遂げながら、国防費を増大し、核実験や台湾海峡でのミサイル演習を強行する中国への不安感や警戒感が高まった。

そして、日本や米国で中国脅威論が高まり、中国がこれに反論するという形で応酬が続いている。二〇〇二年七月には、「中国の軍事力」と題する米国防総省の報告書が、中国の国防予算は公表された額の三倍以上に上り、二〇二〇年には、実質で三～四倍に増えると予測するなど中国の軍事力に対して強い警戒の目を向けた。これに対し、中国外交部スポークスマンは、「根拠のない中国脅威論」と反発し、〇四年の同報告書に対しても「言外の意図が潜んでいる」と反論した[13]。

日本では、〇一年の防衛白書が、「中国と台湾の軍事力が単なる脅威から実質的な軍事競争の様相を呈している」と指摘したことに対し、中国の解放軍報は、「中国脅威論」を吹聴していると非難し、アジアの不安定要素の矛先を中国に向け、米と戦域ミサイル防衛システム（ＴＭＤ）で協力を強化し、同システムに台湾を組み入れる意図が読み取れると報じた[14]。また、〇四年十二月には、日本の新「防衛計画大綱」が「中国軍の近代化や海洋活動範囲の拡大には注目していく必要がある」と指摘したことに対し、中国外交部報道官は、「日本政府の文書では、いわゆる『中国脅威論』が公に喧伝されているが、いかなる事実的根拠もなく、極めて無責任なものだ。中国側は、これに強い不満を表明する」と反駁した[15]。

経済面においても、WTOに加盟して世界から投資を呼び込み世界の工場となって急成長する中国はASEAN諸国から市場や投資企業を奪うのではないかとの懸念が高まり、脅威論が広がった。これに対し、二〇〇〇年の第四回ASEAN＋3首脳会議では、中国の朱鎔基総理が、「中国はASEANにとって脅威ではなく、（WTO加盟による）中国経済のさらなる開放はASEANにもチャンスをもたらす」と述べるなど、脅威論の払拭に努めた。また、〇四年の米国の対中貿易赤字は対日赤字の倍以上となり[16]、米中貿易摩擦が米議会などで、かつての「日本叩き」を思わせる様相さえ帯びるようになった。日本でも、〇一年の「通商白書」が、中国を初めて「東アジアにおける主要な競争相手」と表現し議論を呼んだ[17]。人民日報のある論評は、「中国経済の産業構造、国有企業改革、銀行の不良債権リスク、環境といった問題点も忘れてはならない。客観的、全面的、好意的な態度で中国の発展と問題点を評価さえすれば、『中国脅威論』や『中国崩壊論』には何の根拠もないことが分かる」と反論した[18]。

こうした中国脅威論の背景には、台湾問題の他、中国の軍事大国化や経済大国化への警戒心に加え、中国の共産党一党支配という政治システムへの不信感やハンティントンの「文明の衝突」論的な見方も存在している。「冷戦が終わって勝利したのは日本」と評されるほどの経済力を付けたかに見えた日本が、バブル崩壊によって経済的に失速し、活力や自信を失くしていく中で醸成された社会的な焦りや不安も指摘できる。また、一部には、中国の行動（「to do」）のみならず、中国の存在（「to be」）自体を問題視する向きもある。このように、中国の存在感は、実態的にもイメージ的にもますます大きなものとなってきている。台頭する中国をどう認識するかは、東アジア秩序を構想する鍵を握ることになろう。

中国は、二つの顔を持つ国である。

一つは、強国としての顔。それは、世界最大の人口と米国と並ぶ国土を持ち、中華帝国の偉大な歴史を誇り、拒否権を持つ国連安保理常任理事国であるとの「政治大国」の顔に加えて、改革と開放によって世界から投資が流れ込む中で驚異的な経済成長を遂げ、世界の工場と市場に変貌した「経済大国」（GNP世界第六位で、二〇二〇年には日本を抜き、世界第二位になると予測される）としての顔、そして、有人ロケット発射に成功した核兵器保有国であり、軍事費を増大させ、軍の近代化を進める「軍事大国」としての顔である。これらの顔が中国脅威論の背景にある。

もう一つは、遅れた国としての顔。それは、国民一人当たりのGNPは未だ低く（日本の三〇分の一以下）、膨大な数の農村部の余剰労働者や都市部の失業問題を抱え、エネルギー問題や生態環境が悪化し、様々の経済的・社会的矛盾にも直面している「開発途上国」としての顔、そして、法の支配や政治の透明性に欠け、民主と人権が十分に保障されておらず、腐敗が蔓延し貧富の格差が広がる「開発独裁国家」としての中国の顔である。これらの顔が中国崩壊論の背景にある。

どちらの顔も中国の顔である。しかし、どちらかの顔に振り回されるたびに、日本における対中認識は、悲観論と楽観論が交錯し、崩壊論から脅威論まで目まぐるしく揺れてきた。そこには、中国を客観的・大局的に捉えてバランスよく分析し評価する姿勢を欠いた議論が少なくない。第１章で述べた通り、目覚ましい経済成長の背後には、長い歴史を持つ巨大な国家が経済・社会を一変させるほどの転換を成し遂げてきたことに伴う様々の矛盾や問題も存在する。脅威論や崩壊論を叫ぶだけの議論は何らの益もない。名実共に大国化する中国が国内の矛盾を解決し社会的に安定し、国際社会の平和と繁栄に貢献する建設的な一員となるよう慫慂していくことが重要であることは言うまでもない。そうした認識に立ちつつも、ここではあえて「脅威論」を取り上げて議論することとしたい。

中国は果たして脅威なのか。「中国脅威論」については、軍事的脅威と経済的脅威という二つの側面から考察することができる。

(1)軍事的脅威

歴史的に、中国にとっての安全保障環境は容易ならざるものがあった。長い国境によって多くの周辺諸国[19]に囲まれる中国（図8参照）は、同じ広大な大陸国家であっても、カナダとメキシコという二カ国のみと国境を接し、太平洋と大西洋という天然の要害に守られた米国に比べれば、国土の防衛により多くのコストを払わざるを得なかった。歴代王朝は、しばしば異民族の侵入によって動揺し、崩壊した。アヘン戦争以降は列強の侵略に苦しんだ。第二次大戦後も、北からのソ連の脅威、朝鮮半島やインドシナ半島での米国との対立や戦争、ベトナムとの戦争、西南部でのインドとの国境紛争、西北部での中央アジアのイスラム諸国と新疆のイスラム系民族との関係など、中国の安全保障環境は複雑で緊張をはらむものとなった。特に、米ソ両超大国の軍事的脅威は中国指導者にとって絶えざる戦争の危機を意味した。そして、「祖国の完全統一の大事業」[20]である台湾問題の早期解決が常に中国の指導者の念頭に置かれてきた。二〇〇二年の国防白書は、「現代化の推進と祖国

図8　中国の地政学的位置

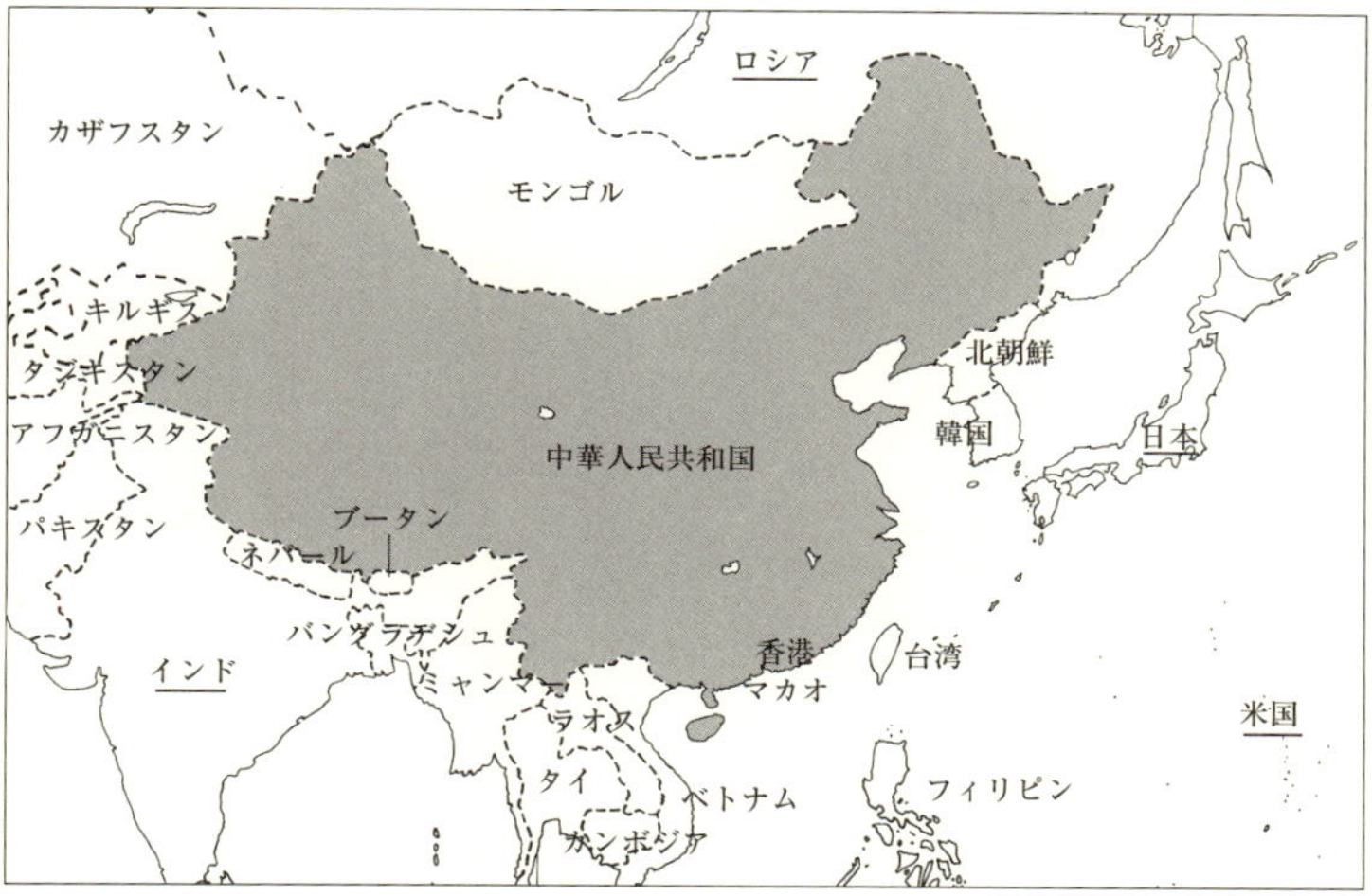

統一の完成」が新世紀の最大任務であると規定した。これらに、西洋列強や日本の侵略の歴史がトラウマとして覆い被さる。国防に並々ならぬ決意を示す背景には、こうした複雑な歴史的・地政学的要因が存在する。

建国以来、中国共産党にとって、毛沢東の「鉄砲から政権が生まれる」との原則は不変の真理であり、共産党の一党支配を支えるためにも党の指揮による強力な「党軍」の存在が不可欠であった。また、共産党の正統性やナショナリズムという観点からは、祖国を日本の軍国主義の侵略から解放し、ソ連や米国の帝国主義・覇権主義の脅威から防衛してきた人民解放軍は中華民族にとって栄光ある強い軍隊であり続ける必要があった。そして、列強の侵略の歴史を清算する祖国統一を成し遂げることは、人民「解放」軍の絶対的目標であり、そのためには李登輝総統や陳水扁総統の登場によって高まりを見せた台湾独立を阻止するだけの人民解放軍の近代化が至上命題とされた。「武」への執着は、かつての「文」優先の中華帝国の屈服の歴史を繰り返さないとの教訓が込められているようでもある。

問題は強い軍隊を作り上げるだけの財力と資源があるかどうかである。建国後経済的に立ち遅れ、米ソ両核大国の狭間に置かれた状況の中では、通常戦力の近代化は諦め、核戦力の開発による核抑止力の確保を優先する軍事戦略を採らざるを得なかった。七九年の中越戦争は通常戦力近代化の遅れを露呈する戦いとなった。最高実力者となった鄧小平は、軍の改革に乗り出し、経済建設優先路線の下で人民解放軍の百万人削減に手を付けた。当然ながら軍には不評であったが、鄧小平は経済発展によって国力が強まれば、近代兵器を持てるようになると述べて削減を断行した。軍に強い基盤を持つ鄧だからこそできた歴史的な軍のリストラ強化策であった。そして、その後の高い経済成長は鄧小平の言葉を現実のものにした。中国の国防費は、八九年以来毎年一〇％以上の伸びを示し、人民解放軍は精鋭化と近代化の道をたどることになったのである[21]。

ハイテク兵器や情報戦が勝敗を決する重要な要素となっている現代の戦争においては、総合的国力を支える経済力と科学技術力が益々重要となっている。そして、中国の経済力は軍の近代化を支えるまでに成長してきている。湾岸戦争で米国のハイテク兵器の圧倒的威力を見せ付けられた中国は、量から質への転換とハイテク条件下の局部戦争への転換を図ってきた。〇四年三月の全人代における政府予算案の報告においても、国防費増加は、「ハイテク条件下での防衛作戦能力を高めるため」[22]であると説明された。

テネット米CIA長官は、〇四年二月の米上院情報特別委員会において、「（中国の）加速し続ける軍備増強が引き続き最大の懸念材料」であると述べ[23]、〇五年六月には、ラムズフェルド米国防長官が、アジア安全保障会議において、中国の軍備増強がアジアにおける微妙な軍事バランスを脅かしていると指摘した[24]。二〇〇五年の日本の防衛白書も、「核・ミサイル戦力や海空軍力の近代化を推進し、海洋における活動範囲の拡大を図っている」と指摘し、「軍の近代化の目標が、中国の防衛に必要な範囲を超えるものでないのか慎重に検討すべきだ」との警戒感を示した[25]。

これらの指摘は、脅威の本質を示唆している。

脅威はしばしば「能力」と「意図」によって説明される。しかし、現実には、「意図」以上に「能力」が問題とされる。「意図」が国防（中国は専守防衛の立場を表明）にあるとしても、「能力」が周りから見て防衛以上に大きくなり地域の軍事バランスを崩しかねない状況になれば、脅威として受け止められるからである。まさに、能力は相対的なものであり、かつ変化するものであって、それが向けられる対象により、あるいは内外情勢の変化により、多様とならざるを得ない。脅威を与える国と受ける国との間で認識が異なるのみならず、脅威認識を共有しなければならない同盟国や友好国の間でも認識が常に一致するわけではない。例えば、イラク戦争前の欧米の亀裂の一因には、欧米のイラクに対する脅威認識に差があったことが指摘されている。〇五年の米国国防戦略（National Defense Strategy）は、「同盟国でさえも『脅威』に対する解釈・認識が異なり、コンセンサスを得ることが困難である」と指摘した。

「中国は軍事的脅威か」という問の答は、「東アジア共同体」の論議の方向を左右するだけに、軍事的脅威の中身についてさらに考えてみたい。

第一に、「能力」の相対性である。台湾海峡危機の折、香港には多くのチャイナ・ウオッチャーがいたが、ある米国武官は、東アジアにおける各国海軍の能力について、米第七艦隊が最強であり、そして、それに続く日本の海上自衛隊の能力も非常に高いが、中国海軍はまだそのずっと下のレベルにあるとの分析を筆者に語ったことがある。しかし、中国の海軍力に対する認識は、米国とASEAN諸国では異なる。世界でずば抜けた機動力とハイテク技術を備えた最新鋭空母機動部隊を中核とする米海軍から見れば、中国海軍は能力的に劣っており、米国の脅威とはならないが、ASEAN諸国や台湾にとっては、中国海軍は十分脅威となり得るのである。

第二に、「能力」は変化するものであり、特に、経済力の増大が軍事力の増大につながることは十分あり得ることである。かつて、日本の経済大国化が軍事大国化につながるのではないかとの不安がささやかれたこともあった。そうした不安が経済的に台頭する中国にも付きまとうようになってきたのである。

ソ連崩壊後、中国は、北方のソ連の脅威を最優先した軍事戦略を変更し、台湾の政治的変化への対応や開放政策推進のためのシーレーンの確保に重点を置き、軍事的優先地域を北から南へ、陸から海へと転換する中で、海軍の近代化を進めてきた。近年では、例えば、ロシアからキロ級潜水艦やソブレメンヌイ級ミサイル駆逐艦を購入したことが注目されたが、さらに八隻の長距離対鑑ミサイル搭載の新型キロ級潜水艦を発注したと報じられている[26]。

海軍力の増強によって、九〇年代以降中国海軍の海洋進出が顕著になっている。九五年のミスチーフ環礁の占拠[27]など南沙諸島へのプレゼンスの増強は、東南アジア諸国の不安を高めた。また、高い経済成長の持続に伴うエネルギーの逼迫、特に石油輸入の急増を背景に、中国は周辺海域の海底資源の調査・開発を活発化させており、東シナ海での中国海洋調査船の活動は日本の排他的経済水域にも及んでいる[28]。

一般に、工業化による経済成長は、軍事的能力の向上に有利であるが、中国が大きくなる経済力を軍事力に振り向ければ脅威論は高まる。また、ポール・ケネディが、『大国の興亡』において、軍事費の増大による資源の浪費が経済成長を鈍化させ、覇権国を衰退に向かわせると指摘したように、中国が環境問題を含む持続的経済成長や拡大する貧富の格差の是正を犠牲にするような過度な軍事力増強を進めれば、中国内部のリスクが高まることになる。米国経済は圧倒的な軍事的優位を維持するための巨額の軍事予算による財政赤字とドル安に苦しんできた。戦後一貫して日米安保体制の下において平和と安全を確保してきた日本と、「独立自主」外交と台湾統一を掲げる中国を単純に比較することには無理もあるが、経済大国への道を歩んだ日本が平和国家として防衛費を対GNP比一％程度に抑えつつ、その経済力をODAなど平和的に使うことによって中国を含む東アジアの繁栄に貢献してきたことは、地域の平和と繁栄に建設的役割を担うべき中国にとっても一つのモデルとなり得るであろう。

「能力」の変化との関係で、「意図」について言及すれば、意図がいかなるものであろうとも、それが「能力」によって証明されない限り、脅威論は払拭されないということである。真の意図がどこにあるかを判断することは往々にして困難であり、また意図はいつでも変わり得るものであり、脅威は意図以上に能力、しかもその変化によって醸成されるからである。意図がないことを周囲にいくら説明したとしても、その陰で能力を増強している限り、周囲の脅威認識は払拭されないであろう。

「中国脅威論」に対する中国側の反論のポイントは、第一に、中国は経済発展のための平和な国際環境を必要としており、第二に、専守防衛に徹し、核先制攻撃はしない、第三に、中国の軍事費は決して多くない（米国の十九分の一、日本の二分の一であり、対GDP比率も、世界平均の二・六％、先進国の三％に対し、中国は一・四九％）などであり、それ自体は中国の「意図」や「能力」を説明してはいるが、「能力」の変化は説明できていない。確かに、経済が成長するにつれて国家予算が増大し、その一部である国防予算が増大するのは自然であるとも言える。しかし、その伸びが周辺国に比べて大きく、かつ経済の伸び以上となれば、そして、国防費以外にも他の費目からの軍事支出、地方財政支出、軍企業などの関連支出が存在することを考えれば、注目を引かざるを得ないであろう。中国は今や膨大な外貨準備を持つ（〇五年六月には七千億ドルを突破）経済大国であり、そうした国防費の伸びを背景に、近代兵器の購入が積極化し、海洋進出や軍事演習も活発化すれば、周辺諸国の不安や警戒感が高まらざるを得ない。

中国の目覚しい経済的台頭が地域の軍事バランスを崩すほどの軍事的台頭につながるようなら、米国のアジアにおける前方展開や日米安保の役割とも衝突しかねない。この点で注目されるのが、中国の軍内部で議論されたと言われる「戦略的境界」という概念であり、これは、「領土、領海、領空に制約されず、総合的国力の変化に伴って変化し、相対的に不安定性と不確実性を持っている」とされる[29]。「能力」の変化によって変わり得る「戦略的境界」は、明治日本の首相山縣有朋が導入し日本の大陸進出につながった「利益線」の概念を想起させ、あるいはかつての中華思想に通じるものがある。中国が自らを東アジアの中心に位置づけ、あるいは、台湾統一や海底資源確保のために「戦略的境界」を拡張せんとするのか、それともこうした脅威論の高まりを解消すべく「能力」を抑制し、「意図」を透明化すべく努力するのかが、「東アジア共同体」の行方を左右するであろう。

軍事的脅威を減らすための最も効果的な方法は、当事者が進んで軍事力の削減を進めることである。冷戦末期の米ソの核軍縮交渉[30]がソ連に対する脅威認識を著しく減じたように、継続的な軍縮は信頼醸成を促す。また、「国防白書」の策定・公表[31]や安保対話・軍事交流は透明性を高める。中国は、こうした努力を積み重ねることによって、脅威論を払拭する必要があろう。軍縮や安全保障対話は、「大砲からバターへ」と資源配分を変え、互いに平和で安定した周辺環境を手に入れることができるという意味で、「ウイン・ウイン」関係の構築を可能とするものである。

そうした観点から、台湾問題や朝鮮半島問題も処理されることが望ましい。海峡両岸の軍事的緊張を高める結果となる双方の軍事力の増強ではなく、平和的話し合いによって互いの猜疑心や不安感を解消していく政策が選択されるべきである。その意味で、一日も早い両岸対話の再開が期待される。また、朝鮮半島の非核化は、北東アジアの安全保障環境を大きく改善し、東アジアの秩序をより透明で安定したものとするであろう。台湾についても、朝鮮半島についても、中国が果たす役割は大きい。六者会合において中国が見せた建設的努力が台湾問題も含めた東アジア全体の安全保障に広がることが望ましい。そして、究極的な目標として、東アジアの非核化を目指す長期的なビジョンが、「東アジア共同体」構想の柱の一つとなるべきであろう。

統合と拡大の進むヨーロッパでは、軍事力に頼る時代は終わったとの認識が広まり、平和共存のカント的世界が出現しつつあるが、東アジアにおいては、依然として軍事的な脅威や緊張が存在しており、軍事的抑止力に頼らざるを得ない安全保障環境が続いている。そうした制約の中で、安全保障を含む「東アジア共同体」を実現することは容易ではないと言えるが、逆に、EU発展の歴史に見るように、経済を中心とする東アジアの協力・統合を進める中で、相互依存と相互信頼を制度化し、軍事力のもたらす脅威を減じていくことによって、将来の安全保障の制度化への道をつけることは不可能ではない。

その意味で、経済統合が実現可能性のあるテーマとして追求されなければならないが、そのためにも、中国の「経済的脅威」について、論じておく必要がある。

(2) 経済的脅威

急速な経済成長が、かつて日本が批判されたような「集中豪雨」的な輸出を伴ったり、工場の海外移転などによる「経済の空洞化」を招くことによって、雇用や産業構造に対して大きな影響を与えることがあり、それは時に経済的な脅威として認識される。

古来、東アジア文明の中心としての歴史を有し、巨大な人口と領土を有する中国が、近代において、西洋列強の「東漸」に屈したのは、政治が混乱し、その国力を発揮する政策を推進できなかったからである。中国は、人口・資源に恵まれ、教育や医療の普及や水準においても他の途上国に比べて格段に高く、長い海岸線を有して経済的に活力のある諸国とつながっている。したがって、政治が安定し、政策が正しければ、経済が発展するだけの条件を十分備えている国である。

一九七八年以来、政治の安定を重視し、経済の改革と開放という現実的政策を推し進めてきた中国が、高い経済成長を持続し、世界経済の中心舞台に躍り出たとしても決して不思議なことではない。問題は、中国の経済的台頭の中身であるが、それは決して近隣窮乏化やゼロ・サム・ゲームを意味していない。

図9　日中間の競合・補完関係

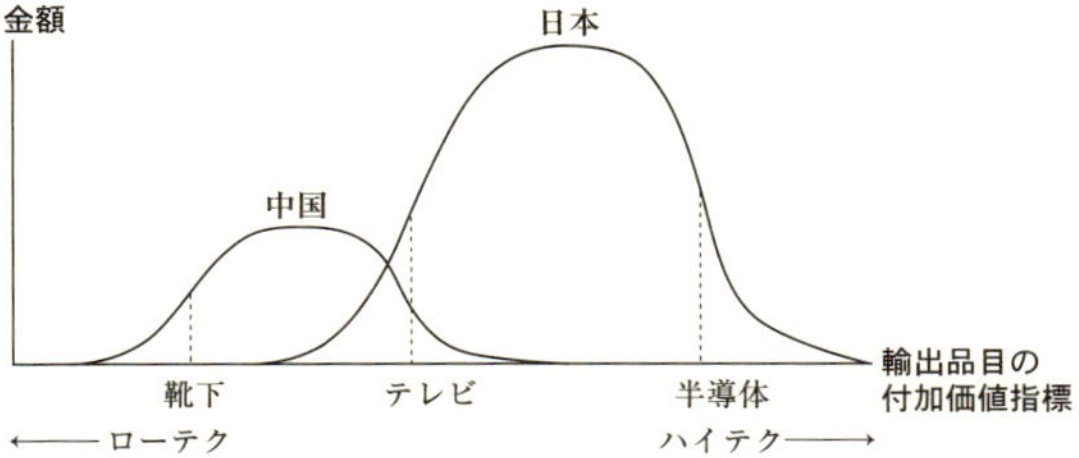

出所：関志雄『補完し合う日中関係–米国の製品輸入による検証』

第一に、中国経済を牽引する輸出産業の多くは、付加価値の低い労働集約型企業によって占められている。技術集約型企業が産業の中核を担う日本にとって中国は脅威ではなく、むしろ日本と中国の経済の相互補完性が指摘されなければならない。

図9は、製造業における日中間の競合・補完関係を製品の付加価値の高さによって表す相関図である[32]。

山の大きさは、日中それぞれの輸出規模を示し、その山が右に寄っているほど付加価値の高い製品のウエイトが高いことを示している。二つの山が重なっている部分が競合関係を表すが、この部分が小さければ競合関係より補完関係が大きいことを示すことになる。この表からは、日本と中国の経済関係は補完関係にあり、中国が労働集約型、日本が技術集約型（ハイテク）という比較優位に基づく分業が成立していることが分かる。もちろん、日本は技術の革新や

図10　スマイル・カーブ

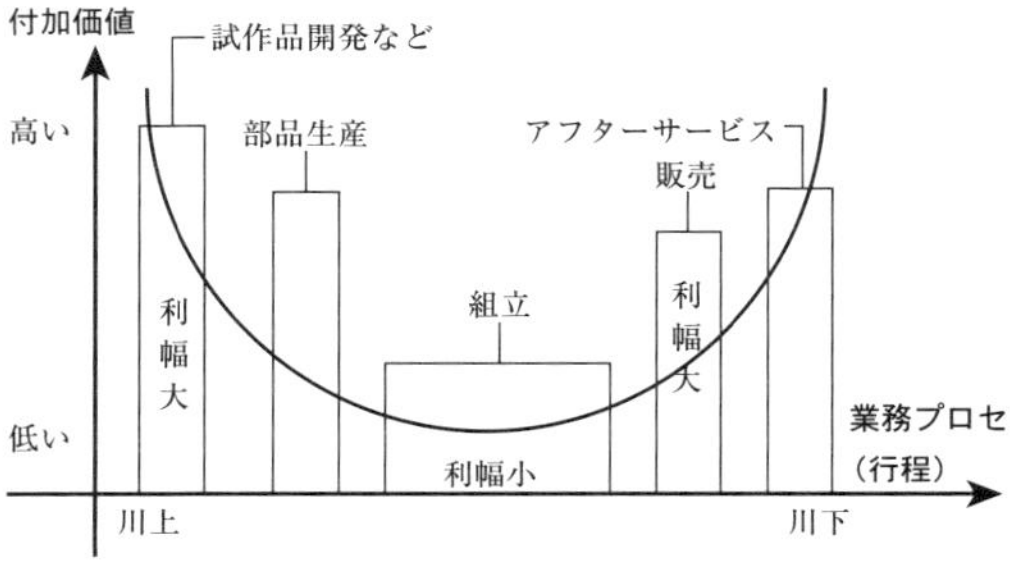

(2002年通商白書を参考)

価値の創造を通じて、日本の山を右へ右へと移動させる努力を怠ってはならない。

また、中国において生産される製品であっても、第一に、日本の進出企業や関連企業が生産している製品が少なくないこと、第二に、日本や第三国（例えば、ASEAN諸国）で生産された部品を使った組み立てが多いこと、第三に、研究・開発、海外市場開拓、ブランド戦略、アフターサービスなど、付加価値の高い知識・情報集約的業務に特化する日本企業が少なくないことを考慮すれば、実際の競合関係はさらに小さくなる。

第三の点を表しているのが、図10であり、「スマイル・カーブ」（人が笑っている時の口の形を表す）と呼ばれる。スマイル・カーブは、同じ製品であっても、その業務プロセス一つ一つは付加価値が異なることに着目している。そして、グローバル化に伴い、製造業の大企業の多くが比較優位と企業戦略に基づく企業内工程間分業を展開している。例えば、組み立て事業は労働コストの低い中国に譲り、日本は技術力や情報・サービス能力が必要とされる工程の川上と川下に特化するという棲み分けと分業が成立している。

実際、日中間の貿易は、拡大を続け、九九年以降毎年過去最高を記録し、今や中国（香港を含む）は、日本にとっての最大の貿易パートナーとなっている。

第二に、今日、中国は巨大な市場として世界の注目を集めており、中国の経済成長が続けば、将来中国市場の規模は米国を上回る世界最大の市場となる可能性もある。既に、中国市場は、低迷する日本経済にとっては、「脅威」ではなく、「特需」を創造する救世主となった観さえある。

第三に、中国の経済的台頭は、外資導入政策の下での海外からの直接投資によるところが大きく、その意味で、中国の経済的台頭は多くの多国籍企業によって支えられ、かつそうした日本企業を含む外国企業の利益につながっている。

今日、経済は国境を越えてグローバル化し、その潮流の中で多国籍化する企業の競争が激化しており、経済分野において、国家を脅威と認識することはもはや時代遅れであるとさえ言える。日本経済を牽引する日本企業にとっての競争相手は、中国という国家ではなく、中国企業あるいは中国に進出している多国籍企業なのである。中国は、むしろその巨大な「市場」を開放することによって、日本企業に大きなビジネス・チャンスを提供していると言える。経済的には、中国を「脅威」ではなく、「機会」と捉えるべきである。現に、米国における中国脅威論も、かつての「日本叩き」ほどの激しい非難や制裁に至っておらず、米国社会全体への広がりも見せていない。その最大の理由として米国で指摘されている点は、日本市場の閉鎖性と中国市場の開放性の差異である。例えば、ワシントン・ポストは、外国投資を閉め出し、自国企業を育てることに邁進した日本や韓国と異なり、中国はずっと開放された形で近代化しており、七八年の自由化以来、中国は日本が戦後半世紀にわたって受け入れた投資の十倍を受け入れており、中国を新たな日本と見なすことは危険であると指摘している[33]。他方で、中国においては株式保有や資金貸し出しを通じて中国政府が影響力を保持している大企業が少なくなく、企業の商業利益のみならず国益が投影された対外的動きには、安全保障上の脅威として受け止められるケースも出てきている。その一つのケースが、中国海洋石油公司の米国第九位の石油会社ユノカル（ＵＮＯＣＡＬ）の買収の動きである。〇五年六月に発表された中国企業の巨額（百八十五億ドル）買収の動きは、米国で大きな波紋を呼び、米議会は超党派の圧倒的多数の賛成で決議案を可決し、「米国のエネルギー資産が危殆《きたい》に瀕し、国家安全保障を危険にさらす（the deal could put U.S. energy assets at risk and endanger national security）」と警鐘を鳴らした。結局、中国海洋石油公司は、「前例のない政治的抵抗」と非難する声明を残して、買収を断念した。

経済成長を維持することを至上命題とする中国は、資源獲得競争において米国のライバルとなりつつあるが、他方で、中国の経済発展は、対外開放の下で世界経済に組み込まれる形で実現されてきたのであり、事実、高い経済成長による世界経済への貢献度は、米国に次いで世界第二位である[34]。中国経済は国際的な経済的相互依存のネットワークの中で雁字搦《がんじがら》めとなっているとも言える。中国の貿易依存度は、開放政策を開始した翌年には、七・二％に過ぎなかったが、〇四年には、三六・〇％にまで達している。ちなみに、貿易立国と言われる日本でも、〇四年の貿易依存度は、二二・一％であり、中国の貿易依存度がいかに高いかが分かる。世界市場、特に米国市場は、中国の経済成長（すなわち、中国の社会的・政治的安定）にとって不可欠の要素である（〇四年の中国の対米輸出は、中国の対世界輸出の三分の一以上を占める）。中国経済にたちどころに跳ね返り、中国社会の安定を揺るがすことにもなる国際的なルールや慣行を無視した行動をとることは、難しくなっているのである。

したがって、こうした中国の経済発展を脅威と見ることは一面的であると言わざるを得ない。そして、経済的にも大国となった中国は、以下に述べる通り、自国の発展が周辺に及ぼす影響について十分認識しているようであり、東アジア、そして国際社会全体の平和と繁栄に貢献する建設的な姿勢も示すようになってきている。特に、九七年のアジア通貨危機を契機に進展し始めた地域主義の流れの中で、中国が、東アジア地域の多国間枠組みの構築に積極的に関与し、指導力を発揮するようになってきていることは注目に値する。

5　中国の外交攻勢――「責任ある大国」の外交

民主化の波がソ連・東欧を席捲する中で天安門事件を経験した中国は、改革・開放政策の一層の推進によって持続的経済成長と国民生活の向上を実現することで社会主義と共産党の危機を乗り切ってきた。文革によって傷つき、ソ連崩壊によって死滅したイデオロギーに代わって共産党の正統性の根拠となったのが、ナショナリズムと経済成長である。経済成長は、「歴史の終わり」の時代に生きる共産党指導の中国にとっての最優先目標となったのである。中国共産党の正統性は、国民に明日が今日より豊かになるとの希望を与えることで維持されてきた。実際、改革・開放という政策の下での開発独裁型経済成長は三億人の中国人を貧困から脱却させた。これは八〇年代以降の中国共産党の成果であり、人類史における画期的な経済的成果である。他方、その驚異的な台頭の速さと将来像への不透明性が国際社会の不安をかき立てている。相互依存の高まる近隣諸国をはじめとする国際社会との良好な関係は経済成長の前提条件である。しかし、中国が一貫して追求してきた「経済建設に必要な平和な国際環境」は、「経済建設による中国の大国化」に対する周辺国の不安を惹起することによって不安定化する。平和と発展のジレンマである。

中国は、周辺国との平和共存・平等互恵によって自国の経済発展を図る政策、すなわち、「ウイン・ウイン」の全方位平和経済外交を展開することによってこのジレンマに対処しようとしている。

鄧小平亡き後の中国最大の実力者であった江沢民国家主席は、二〇〇二年十一月の第十六回党大会において発表した「政治報告」において、国際認識と対外政策の基本を次の五点に置いた。すなわち、①平和と発展を主要テーマとする、②「独立自主の平和外交」を堅持し、国際社会の多極化と共存を推進し、安定を守る、③「公正で合理的な国際政治経済の新秩序」の確立を求め、「永遠に覇権を唱えず、永遠に拡張を行わない」、④「国際関係の民主化と発展方式の多様化」を提唱する、⑤「いかなる形のテロにも反対」し、そのための国際協力を強化する、というものである。その上で、①先進諸国との「共通の利益の接点を広げ、不一致点を適切に解決」して、関係を発展させる、②近隣諸国を「仲間」と見なし、「地域間の協力を強化」する、③第三世界との連帯と協力を強化する、④多国間外交も積極化し、国連その他国際的・地域的組織での役割を発揮する、とのバイ・マルチ外交の重点方針を示した。この報告は、中国の外交を理解する上で極めて重要な報告である。全体的トーンは、平和と協力を前面に出した報告であり、中国脅威論を意識し、周辺国との外交の重視、並びに大国としての責任ある外交の展開を印象付ける狙いが込められていると言える。

中国は従来二国間協議によって問題を処理する東アジア外交を優先してきた。経済協力分野での日本、安全保障分野での米国がそれぞれ圧倒的な発言力を有する多国間協議には消極的であった。しかし、九七年のアジア通貨危機に際して、中国脅威論が高まるＡＳＥＡＮとの関係に配慮して人民元レートを維持したことが高く評価されて以来、多国間平和経済外交が積極化する。

九七年から始まったＡＳＥＡＮ＋３首脳会議は、そのための絶好の機会となった。九九年のＡＳＥＡＮ＋３首脳会議では、朱鎔基総理が「中国脅威論」を打ち消すべく弁舌を振るい、人民元レート維持の姿勢は高く評価された。また、ＡＳＥＡＮ＋３の蔵相代理・中央銀行副総裁会議を提案するなど、東アジアの繁栄に向けた具体的なイニシアティブを発揮して国際的イメージの向上に努めた。日本経済の再生が遅れる中で、ＷＴＯ加盟を果たした中国は、巨大化する市場の魅力を打ち出しながら、東アジアの地域主義を牽引する役割を果たすようになる。

経済の分野では、二〇〇〇年の中国・ＡＳＥＡＮ首脳会議において、自由貿易地域（Free Trade Area）に関する専門家会合を立ち上げることに合意し、〇一年の首脳会議で、十年以内にＡＳＥＡＮ・中国自由貿易地域を設立することに合意した。そして、〇二年には、ＡＳＥＡＮとの「包括的経済連携に関する枠組み合意」の署名に漕ぎ着けた[35]。これによって、二〇一〇年にはＡＳＥＡＮ原加盟国との間で、そして一五年にはＣＬＭＶ諸国との間でＦＴＡが形成され、十七億人の人口を擁する自由貿易地域が誕生することを印象づけた。

こうした経済外交の成果を裏付けるように、ＡＳＥＡＮ諸国の対中輸出は、九七年の通貨危機後急増しており[36]、中国市場はＡＳＥＡＮの危機からの回復と再成長を後押ししてきた。中国の平和経済外交は、日本がアジア外交の緊密なパートナーとして協力関係を発展させてきたＡＳＥＡＮにおいて実を結び始めた。

〇三年十一月、中国対外貿易経済合作部の易小准部長助理は、ＡＳＥＡＮ諸国の中国脅威論が縮小してきたと指摘した[37]。また、平和の分野では、南シナ海の領有権問題について、〇二年の中国・ＡＳＥＡＮ首脳会議において、「南シナ海における関係国の行動に関する宣言」に署名し、〇四年十月には、同行動宣言を実行するための作業部会の設置に同意した。同時に、日本に先立ち、「東南アジア友好協力条約」（ＴＡＣ）[38]にも署名した。〇四年七月のＡＲＦにおいては、中国は、国防担当の政府高官（国防副長官級）も加えた「ＡＲＦ安全保障政策会議」の設置を提案した。多国間協議に消極的であった中国人民解放軍当局を多国間対話メカニズムに参加させる提案を行い、中国の積極姿勢を印象付けた[39]。

中国とＡＳＥＡＮの関係は、「平和と繁栄のための戦略的パートナーシップに関する共同宣言」（〇三年十月調印）とそれを政治・安全保障、経済、科学技術などの分野で実行に移す「行動計画」（〇四年十一月採択）[40]によって急速に深化している。

また、九九年北朝鮮との関係から難しいであろうと思われた日中韓首脳会合の開催にも応じ、北東アジアの対話と協力に積極的な姿勢を示してきている。〇三年の日中韓首脳会合において合意された「三国間協力の促進に関する共同宣言」における中国の貢献も大きかった。

ＡＳＥＡＮ＋３や日中韓の枠組みは、中国にとって、対中脅威論に見られる中国の対外イメージを改善し、中国封じ込めと言った対中強硬論の高まりを未然に防止する上で、重要かつ新しいアジア外交のテーマであり、また、対外的摩擦をできる限り引き起こさないで経済発展を追求する上でも有用な地域的枠組みである。

他方、台湾海峡を巡る緊張がゆるむ兆しはない。中国指導部は、台湾の政治的地位に関して、譲歩の余地のない立場、すなわち、「台湾独立」は決して容認できず、武力行使も辞さないとの立場を堅持してきている。両岸対話再開の目処は立っておらず、統一に向けての平和的交渉が進展しない中で、米中双方は台湾海峡の軍事バランスが崩れることを警戒し、疑心暗鬼に陥っている。中国は軍の近代化と軍事演習を続け、米国は台湾への武器供与を続けるとの悪循環を断ち切ることができないでいる。

しかし、軍事バランスの客観的評価は難しく、台湾問題は「本質的に解決不可能な不確実性」(二〇〇〇年十二月の米国国防省の「台湾国内法の実施に関する報告」)を抱えている。出口の見えない状況の中で、〇一年の九・一一同時多発テロが、米国の安全保障戦略の質的転換を促し、米国の対中政策にも変化がうかがえた。中国は、米国にとっての「戦略的な競争相手」から「建設的な協力関係」を求める相手となった。

特に、北朝鮮問題を巡る中国の役割は大きい。北朝鮮を巡る六者会合においては、北朝鮮との歴史的パイプを有する中国が仲介努力と議長役を果たし、国際社会の平和と安定に建設的役割を果たす中国のイメージ作りに成功した。〇三年六月、アーミテージ国務副長官は、「中国は東アジア地域、とりわけ北朝鮮問題において、広い視野に立った有益な役割を果たしている」と述べて[41]、中国外交を賞賛した。ブッシュ政権誕生当初は対中強硬派と見られていたチェイニー副大統領も、〇四年四月の訪中の際、「米国は幾つかの重要な問題で中国を必要としている。中国を敵視するのは有益ではない」と述べている。

二一世紀に入って、中国を巡る国際環境は、政治的にも経済的にも中国にとって有利に発展しているようにみえる。政治的には、九・一一後のテロとの戦いによって民主化や人権を巡る対立は棚上げされ、北朝鮮の核問題に見られるような協力関係が基調となっている。また、経済的には、グローバル化の進展に伴う中国経済の国際的影響力の増大によって、中国の多極化経済外交が成果を収めている。拡大する中国の市場が、米国、EU、ASEAN、韓国などの輸出を急増させている。中国との経済関係の強化が各国の国益外交や企業戦略の中心に据えられている。中国がこうした流れを加速する方向で、「責任ある大国」として世界の平和と繁栄に建設的役割を果たすことになるのか。それとも、新しい大国としての台頭が脅威として受け止められ、東アジア秩序を不安定化することになるのか。中国の将来像は「東アジア共同体」の行方を大きく左右する。

6 中国の将来像

(1) 経済大国の将来性

中国は、二〇世紀の最後の二十年間に目標のGNP四倍増を実現したが、二〇〇一年から二〇年までの二十年間にGNPをさらに四倍増する目標を掲げている。新たな四倍増は可能であろうか？必要条件は年平均七・二％の成長であるが、この数字の達成は十分可能であるとみられる。中国の抱える問題は少なくないが、中国政府はそれらの問題を十分に認識し、対応してきている。改革を始めて四半世紀。改革だけの経験からすれば、日本の先輩であり、これまでの改革のインパクトも日本の比ではなかった。社会主義システムを市場経済化し、閉鎖的な経済を対外開放し、目覚ましい経済成長を実現してきた中国政府の実務能力には極めて高いものがあり、中国が「成長の中で問題を解決する」ことは不可能ではない。「中国脅威論」は国民の危機感をあおるだけで、建設的な議論とは言えないが、「中国崩壊論」も経済成長の過程で現れる諸問題をセンセーショナルに取り上げる極端な議論である。両者共に一面的な議論であると言わざるを得ない。中国経済の最もあり得るシナリオは、朝鮮半島や台湾海峡で不測の事態が起きない限り、中国の成長は続き、成長率は引き続き高い数字を達成するというものである。

中国が改革・開放に転じて以降の四半世紀、ＧＤＰの年平均成長率は九％以上の高い伸びを示してきた。他方、その伸びは、九〇年から九四年が九・七％、九五年から九九年が八・七％と鈍化し、世銀も二〇〇〇年から〇五年の成長率を七・二％と予測していた。しかし、中国の成長率は〇二年から上昇に転じ、〇三年の経済成長率は九・三％、〇四年も景気過熱を懸念する中国政府が金融引き締め策をとったにもかかわらず九・五％と目標の七％を上回り、過去八年で最も高い伸びとなった[42]。成長率は徐々に鈍化すると見られていただけに、この数字は中国経済の成長エネルギーの力強さを改めて世界に示すと共に、経済過熱への懸念も高めることになった。二〇〇六年から二〇一〇年までの成長率は、世銀の見通しで七・五％である。さらにその先を予測することは困難であるが、あえて、中国経済の長期的な成長の可能性を論じてみたい。

経済成長の要因については、経済学者の中に様々な見解があるが、ここでは主要な成長要因であるとされる四点、すなわち、人口増加、資本蓄積、技術革新、市場拡大を取り上げて、中国経済の可能性を展望する。

①人口増加

世界の人口の五人に一人が中国人という中国の巨大な人口圧力は、経済、社会、エネルギー、環境などあらゆる分野に及んでおり、中国政府は人口の量の抑制と質の向上（教育の強化）を重視することによって現代化建設に取り組んできた[43]。しかし、人口の増加は必ずしもマイナス面ばかりではない。特に、経済成長においては、プラス要因でさえある。すなわち、人口増加は労働力の増加による生産力の増大につながるとともに、消費者の増大による市場の拡大にもつながるのである。

中国の場合、「一人っ子政策」などの人口抑制策によって、人口増加率はアジアの平均を下回っており、八〇年代で一・五％、九〇年代で一・〇％と低いが、人口の絶対数が多いため、一％の増加率でも人口十三億人の中国では千三百万人に達する。人口増加率は低下傾向にあり、二〇〇〇年から〇一年にかけての増加数は八百八十四万人にとどまっている。と言っても、この数字は神奈川県（八百二十万人）以上の人口が一年に増加しているということであり、やはり驚嘆に値する。専門家やマスコミの中には、将来一人っ子政策の付けが回ってきて、少子高齢化や労働人口の減少によって経済成長は鈍化するとの指摘が少なくない。しかし、二〇二〇年頃までは生産年齢人口は増加し続けること、及び農村部に滞留する膨大な余剰労働力を考えれば、人口という要素は、今後相当長期にわたり中国の経済成長を促進するプラス要因であり続けるであろう。ちなみに、中国の人口動態予測については、ユネスコが、中国の人口は二〇三〇年になって減少に転じるまで増加し、生産年齢人口も、二〇二二年までは増加すると予測している[44]。

中国は人材の宝庫である。世界から投資が集まる中国沿海部には、その後背地である内陸の諸省に膨大な数の労働予備軍を抱えている。例えば、三国時代には蜀という国をなした四川省の人口は、一億人を超え、日本の人口に匹敵し[45]、年間四百万人以上の労働者を省外に送り出している。こうした内陸部の膨大な数の労働人口から生まれる出稼ぎ労働者は、「盲流」あるいは「民工潮」などと言われ、内陸部農村地帯から沿海部工業地帯に流れ込み、世界の工場としての輸出を支えてきた。若年労働者（中国では「天の半分を支えることができる（婦女能頂半邊天）」と称される女性が多い）は、一様に手先が器用で、視力が良く、低廉で勤勉な労働力であることが評価されてきた。全国に千校以上ある大学からは、毎年八十万人以上の卒業生が技術・管理人材として市場に供給されており、海外留学組みも続々と帰国しビジネスの世界に飛び込んでいる[46]。こうした中国の若年層は、バイタリティや向上心に溢れる質の高い労働力であり、グローバル化と市場競争の時代において、企業や社会を変革する原動力となっている。

中国の余剰労働力は、内陸農村部と民営化やリストラの進む国営企業において一億六千万人に達している。特に、農村部では、毎年八百五十七万人の新たな労働力が発生し、そのうち六百万人以上が農業以外に流出する労働力となるとみられる[47]。これらの労働力を吸収するため、中国政府は都市化、なかんずく、地方の小都市の発展に力を入れている。既に農村労働力の三分の一が農業以外の産業に従事しており、都市への出稼ぎと郷鎮企業[48]への就職によって余剰労働力が吸収される形となっている。出稼ぎ労働者は一億人に上り、最近は政府が戸籍制度改革など都市化を積極的に促進していることもあって、家族を連れて農村から都市に移住する動きが顕著となっている。中国では、中華人民共和国成立以来長きにわたって農民が人口の八割を占めていたが、改革・開放以来農村人口は減り続けており、今世紀初めには都市人口が四割近くまで高まった。それでも、この都市化の数字は英国の一八五〇年代、日本の一九五〇年代の数字でしかない。農村の労働力の都市への移動による経済成長余力は依然として高いと言える。中国政府は、二〇二〇年までに三億から五億の農村人口を都市部へ移動させることを奨励しており、都市人口は〇二年末の五億人から二〇年には八億人となるとの試算もある[49]。失業問題や都市部への人口流入を取り上げて中国社会の不安定化を指摘する声も少なくないが、こうしたおびただしい労働力の存在が引き続き中国経済の大きな強みであることも事実である。ただし、労働力優位の状況が続く限り、労働集約型産業から技術集約型産業への転換のインセンティブは働きにくく、産業の高度化という観点からはマイナス要因と言えよう。いずれにせよ、労働集約型産業の強さは、当分の間、中国経済の成長力を支える大きな要因となり続けるであろう。

②資本蓄積

東アジア経済の特徴の一つは、直接金融(株式投資)主体の米国経済と異なり、間接金融(銀行貯蓄)を中心としてきたことにあるが、その背景には東アジアの人々の貯蓄志向の強さが指摘される。そして、東アジア諸国の高い貯蓄率が、間接金融を通じた高い経済成長を支えてきた。中国の貯蓄率は、マレーシア(四七%:二〇〇一年)とシンガポール(四六%:二〇〇一年)より低いが、日本

（二八％：二〇〇〇年）以上の四〇％（二〇〇〇年）という高水準を保っている。国内貯蓄残高は、毎年十数％の伸びで増大しており、高い投資の伸びを支えている。問題は、銀行融資の六〇％が国有企業向けであり、その多くが不良債権化していることである。

しかし、中国は、経済成長に必要な資金の多くを、海外から調達してきており、外資は資本蓄積の重要なチャネルとなってきた。

第一に、先進諸国や国際機関のＯＤＡであり、特に日本のＯＤＡが果たした役割は大きい。七九年から〇三年までに中国に供与されたＯＤＡは、総額三兆三千三百三十五億円に上り、うち円借款が三兆四百七十二億円、無償資金協力が千四百十六億円、技術協力が千四百四十七億円である（一億以下は四捨五入）。ＯＤＡは沿海部を中心に経済インフラの整備に大きく貢献した。このことが中国の投資環境を大きく改善し、九〇年代以降の海外からの投資増大につながった。また、日本の政府資金が流れることによって、民間資金の流れを促す面もあった。

第二に、外国の直接投資の果たした決定的役割が指摘されなければならない。改革・開放政策以前の中国では、「自力更生」が経済発展のスローガンであった。五〇年代のソ連からの援助を例外として、海外からの投資は歓迎されなかった。七八年の対外開放政策の決定によって外国投資の積極的受け入れが始まり、中国の法制度や経済インフラの整備が進む中で、海外からの直接投資は経済特区から沿海部全域へと広がっていった。八三年には、九億千六百万ドルに過ぎなかった直接投資は、九〇年には三十四億八千七百万ドルに拡大し、九〇年代半ばに急速な伸びを見せた後高止まりしていたが、〇一年のＷＴＯ加盟後、再び急増した。〇二年には五百二十七億ドルもの投資が流れ込み、世界最大の直接投資受入国となり、〇四年には六百六億ドルに達した[50]。UNCTADは、その要因として、高い経済成長、安価な労働力、一層の経済開放の進展を挙げている。ストック・ベースの投資総額も四千四百八十億ドルに達し（〇二年）、香港（四千三百三十億ドル）を加えた大中国圏では、米国（一兆三千五百十億ドル）に次ぐ規模となっている。外国企業は、投資効率や競争力が高く、例えば、中国の輸出総額の半分以上[51]、中国の工業総生産額の二九％を占めるまでになっている。外国企業の比重が増大することによって、中国全体の生産効率は改善を続け、経済成長に大きく貢献してきている。

〇二年度に日本企業が中国に新会社を設立あるいは資本参加した現地法人は百七十七社に上り、三年連続で増加し、北米（四十九社）やヨーロッパ（七十五社）を抑えて最も多い進出企業数となった[52]。〇四年のあるアンケート調査でも、今後の国際ビジネス展開の上で最も力を入れる地域として中国と答えた企業が圧倒的に多かった[53]。他の地域における最大の撤退理由が製品需要の見誤りによる販売不振・収益悪化にあるのに対し、中国からの撤退理由としては、現地企業との競争激化や地域内関税自由化等の動きに対応した拠点統廃合が挙げられている。このことからも、ダイナミックな市場として発展する中国市場は、ビジネス・チャンスに恵まれているが、競争も激しくなっていることがうかがわれる。〇二年度末の日本企業の海外現地法人数は、中国においてのみ増加しており、製造業では世界で最も多くの日本企業が進出している国となった。特に、沿海部の発展は目覚しく、広東省を中心とする華南、上海を中心とする華東、北京・天津を中心とする華北、そして大連を中心とする東北部は、中国の成長をリードする中核地域として、日本のみならず世界から投資が流れ込んでいる。中でも上海とこれに隣接する江蘇省と浙江省からなる華東地域は、人口が日本を上回り（一億三千六百万人）、上海を中心に拡大する富裕層を抱え[54]、世界と中国の結節点たる地理的位置にあって海外からの資本が集中する地域である。九七年の香港返還の際、香港人は中国の対外経済の窓口が将来上海に取って代わられるのではないかと心配したが、これほど早く上海が発展することを予想した者はいなかった。二〇一〇年には万国博覧会も予定されている。上海は、中国で事業を展開する外国企業の活動の拠点として、また西部大開発の中核と位置付けられる四川省や長江流域の各省を後背地に抱え、海外からの資本を吸収する金融都市として、中国の開放政策の先頭に立って躍進を続けている。

このように、資本蓄積は、外資を中心に着実に進展しており、今後は国内貯蓄の投資効率の改善や外資受け入れ環境の一層の整備が課題となろう。

③技術革新

技術革新の基礎は人材にある。教育の普及と質の向上が技術革新を支える基盤である。科挙の国であった中国の教育熱は高く、受験競争、私立学校の新設ラッシュ、海外への留学熱など、今や日本にも負けない教育大国である。中国の目覚しい経済発展と経済活動の自由化（かつて「資本主義のしっぽ」と言われた私営企業家の共産党入党も可能となった[55]）によって、中国に帰国する留学生の数は増大しており、高度な知識や技術を身に着けた帰国留学生が中国経済の高度化・技術革新に貢献している。対外開放政策の始まった七八年から〇三年までに海外に留学した中国人は、七十万二百人に上るが、そのうち、十七万二千八百人が既に帰国し、その数は増え続けている[56]。

彼らが起こしたベンチャー企業は四千社に上るとの数字もあり、特にＩＴ分野での活躍は、北京の中関村をはじめ目を見張るものがある。

技術革新は、政府と企業の技術に対する姿勢によっても左右される。中国政府は、中華人民共和国成立以来、一貫して軍事科学分野の技術開発に力を入れてきており、有人ロケットの打ち上げ成功に象徴されるごとく、具体的成果も収めてきたが、経済の高度化や競争力の強化のためには、政府による技術開発を促すための環境造りや制度の整備と企業による長期的観点からの研究開発（Ｒ＆Ｄ）が不可欠である。九四年に中国が「工業所有権保護に関するパリ条約」に加盟して以来、外国企業及びその現地法人からの特許申請が急増したが、中国企業からの申請は少ない。

しかし、知的所有権の保護は、中国で生産・販売を拡大する日本企業にとってのみならず、中国企業の長期的な生産性の向上や中国への技術移転の促進にとっても重要である。中国では、市場経済化の進展につれて、海外のブランド製品のニセモノやコンテンツの海賊版が氾濫し、日本企業の被害も小さくない。中国国務院の発表によれば、〇二年の中国での模倣品や海賊版は三兆円に上った。〇三年のＪＥＴＲＯなどの調査では、日本進出企業の約半数が何らかのニセモノ被害にあっていることが判明した。デザインや商標が盗用され、本物に似せた「デッド・コピー」による被害が最も多い。中国政府は取り締まりを強化しているが、地方では地元利益優先的な保護主義が依然として根強く、効果は必ずしも上がっていない。その結果、知的所有権に関する訴訟が急増している。北京の裁判所が受理した知的所有権訴訟件数は、九三年から〇三年までに四千六百四十七件を数えた。著作権保護では、デンマークのレゴ社のブロックのニセモノを販売した中国企業に対する判決

（権利侵害の停止と損害賠償の支払い）が、ＷＴＯ加盟後の中国のルール遵守の姿勢を示すものとなった。また、日本企業が関係した訴訟としては、ヤマハ発動機商標権侵害行為に対する判決が有名である。天津の裁判所は、ヤマハ発動機が中国工商管理局に登録済みの「YAMAHA」などの商標を付したオートバイを販売した中国企業に対し、オートバイの生産・販売停止と四十万元の損害賠償支払いなどを命じた。ヤマハの勝訴は、商標権侵害に悩む外国企業にとって、訴訟という法的措置が対抗手段として一定の抑止効果を持ち始めたことを示した。しかし、その後のケースは必ずしも外国企業に好意的なものとはなっていない。例えば、〇三年十一月には、外国の自動車会社からの最初の訴訟として注目を浴びたトヨタ自動車のロゴ盗用訴訟に対し、北京の裁判所は、トヨタのロゴが中国においては「独特のブランド」として認識できないとして、訴えを退けた[57]。

人口大国中国の経済成長と雇用の関係を考える時、先進国の経済発展パターンである労働集約型産業から技術集約型産業への転換を図ることを当然視することには疑問がある。既に論じた都市と農村の所得格差、農村に存在する膨大な余剰労働力からして、中国は労働集約型産業を放棄すべきではなく、そう主張する経済学者も少なくない[58]。中国は安価で豊富な労働力を持つ利点を遺憾なく発揮し、製造業分野での世界の工場として発展してこそ、貧困問題や失業・就職の問題を解決できる。中国の膨大な労働力は中国経済の強みであるが、同時に中国社会の安定にとってはアキレス腱でもある。労働集約型産業を引き続き維持・拡大しつつ、技術集約型産業の発展にも努めることが中国の安定につながる戦略でもある。

④市場拡大

市場が拡大を続けることは、生産増による経済成長にとって不可欠である。中国の経済成長を左右する重要な市場は、第一に米国市場であり、第二に国内市場である。

第一に、中国の最大の輸出先である米国の市場については、既に述べた通り、米国の対中貿易赤字の拡大によって、米国では保護主義的な動きや人民元レート引き上げへの政治的圧力が高まった。経済の一般原則に従えば、人民元は強くなり、為替レートの変動によって中国の対米輸出は減少し、米国の貿易赤字は縮小する。

しかし、人民元レートは長期間一ドル＝八・二八元に固定されてきた。その結果、中国の対米輸出は衰えず、米国の対中赤字は減らないという中で、かつて日米間で起きた貿易摩擦が米中間で大きな問題となってきた。しかし、なぜ人民元レートの維持は可能なのか。そして、米国は巨額の対中貿易赤字を続けながら、どうやって中国からの輸入を賄う資金を手当てしているのか。そこには日米間において存在する「資金環流」のメカニズムと同じメカニズムが存在している。すなわち、中国は、対米輸出によって得た膨大な外貨（米ドル）を米国の財務省証券を購入することによって米国に環流させてきた。この中国からの資金の流入が米国の金利を低く維持し、米企業の投資活動を活発化させるとともに、米国民の旺盛な消費（中国からの輸入）を支え、インフレを抑制してきたのである。このメカニズムが維持される限り、米国市場は、中国にとっての重要な市場であり続け、米国にとってもドル還流によって景気が維持されるという不思議な関係が続くであろう。

しかし、二〇〇五年七月、ついに人民元は切り上げられ（一ドル＝八・一一元）、さらなる切り上げも噂される中で、米中間のこうした「もたれ合い」関係も一つの転機を迎えつつある。

第二に、米国の市場以上に大きな意味を持ち始めているのが、中国自身の市場である。それは、今や世界の「市場」として大きな注目を集めている。過去二十年以上にわたり高い経済成長を続けてきたことで、国内市場の規模は、既に多くの分野において、二〇世紀最大の市場であった米国を上回る大きさにまで成長している。膨大な潜在的消費者が日々顕在化しており、今後も量的拡大のみならず、質的深まりを見せて成長し続けることは間違いない。所得の向上につれてエンゲル係数は低下し、上海や北京では先進国並みの水準に達している[59]。消費は多様化し、高価な商品にまで広がりを見せている。

例えば、携帯電話の加入者は〇三年末に二億六千八百六十九万人に達した。〇三年だけで六千二百七十万人の新規加入者があり、毎月五百万人という市場が新たに出現したことになる。こうした現象はあらゆる商品・サービスに広がっている。自動車も、現地生産の拡大が続く中国での販売台数が〇三年だけで百十二万台増加し、三十六万台減の北米や二十一万台減の西欧の市場と比べ、世界の市場として成長する中国の勢いを見せつけた格好となった[60]。〇四年の販売台数は五百万台を突破した。WTO加盟後、自動車に対する輸入関税は毎年引き下げられてきており、増加する自動車製品の輸入の中で完成車の輸入も増大するであろう[61]。また、コンビニエンス・ストアやクレジット・カードなどの普及[62]も進んでおり、ブランド志向の高まりと併せ、都市部では先進国に近い消費社会に移行しつつある。

そもそも市場の規模は、経済成長にとって重要であるのみならず、企業の戦略においても重要である。二〇世紀初めに米国がモータリゼーション社会に入ると、フォードは組み立てラインを導入することによって自動車を大量かつ安価に生産して大成功したが、今日でも、市場規模は企業にとって最も重要な要素の一つである。例えば、マイクロ・ソフトのマイクロ・ソフト・ワードやインテルのコンピューター・チップは、当初の開発コストは大きいが、一度製品化されれば、後は何千・何万新たに生産しても追加費用はほとんどかからず、利益が太宗を占める。両製品の中国市場が毎年二〇％拡大し、米国市場が五％しか拡大しないとすれば、両社が中国市場を生産と市場の中心に据えることになっても不思議はない。

米国ゼネラル・モーターズ（GM）のスミス会長は、中国の自動車市場はあと四、五年で日本を抜き、二十五年後には米国も抜くと予測する[63]。当初中国への工場進出には慎重であったトヨタも、「進出するリスクより進出しないで失う利益の方が大きい」と考えて進出に踏み切った。トヨタのほか、日産、ホンダと言った日本の三大自動車メーカーは、中国の大手自動車会社である第一汽車や東風汽車と提携し、現地生産による対中進出を本格化した。日本の自動車産業の対中進出の加速は、部品や素材などの裾野産業の進出も促す。新日本製鉄は、高度な技術移転を伴う自動車用薄板の現地生産を上海宝山鋼鉄と合弁で開始した。WTO加盟などによって自動車市場の規模が急速に拡大することを見通した上での決断であろう。拡大する市場を持つ中国の経済成長は今後も高い伸びが可能であり、中国市場の拡大が、企業の新たな戦略と展開を迫っている。

以上考察した通り、労働力と消費者としての人口、資本と技術、そして市場のいずれも経済成長のプラス要因として位置付けることができ、中国のGNP四倍増目標の達成は十分可能である。日本経済が停滞し、中国経済が高い成長率を維持すれば、中国は十数年で日本と並ぶ、あるいは、それ以上の経済力を有する経済大国になるであろう[64]。特に、貿易の拡大には目を見張るものがある。日本が、世界貿易に占める割合を九三年の一〇％から〇三年には六％弱に低下させたのに対し、中国は一九八三年の一％から〇三年には日本に匹敵する六％弱に上昇させた。〇四年には、中国の貿易総額は一兆ドルを突破し、日本を抜いて米国とドイツに次ぎ世界第三位となった。中国は日本を抜いて東アジア最大の貿易大国となったのである。

(2) 中国の直面する諸問題と中国の将来像

しかし、中国経済の表《おもて》の数字や「メイド・イン・チャイナ」の氾濫だけに目を奪われて、その背後に隠れている様々の問題に注意を払わなければ、中国のみならず東アジア全体が大きな落とし穴に陥りかねない。

第一に、中国経済の成長から取り残され、構造的脆弱性の中で停滞する農業と国有企業の問題である。中国は改革・開放の開始以来、国有企業改革に取り組んできたが、不良債権問題は依然として深刻であり、リストラや一時帰休の問題は社会の安定にも影響を与えかねない。また、二〇〇四年三月の全人代において、朱鎔基総理が「重点中の重点」として強調した「三農問題（農民、農村、農業）」は、貧困や格差の問題ともからみ、放置できない重要課題である。そして、これらの問題と密接に関係する問題として、腐敗の問題がある。〇四年三月の全人代は、〇三年の国家公務員の職権がらみの不正事件が二万二千九百八十六件に達したことを明らかにした。国有企業改革の過程で企業の資産を「私物化」したり、横流ししたり（国有資産の流出）、賄賂を受け取ったりして摘発された国有企業関係者は一万四千八百四十一人に上った。また、地方の腐敗役人が農地収容や様々な名目での取り立てによって農民を虐げ、搾取している現状をルポした「中国農民調査」は大きな反響を呼んだ。国有企業改革、農業、そして腐敗の問題は、中国共産党の正統性にかかわる問題である。古来中国の王朝は、農民暴動や政治の腐敗によって滅んだ。その意味で、雇用の創出につながる経済成長の持続可能性や政治改革の行方が、中国の安定の鍵を握ると言えよう。

第二に、経済の加熱が電力などのエネルギーや原材料の不足と価格の高騰を招き、インフレ圧力が高まる傾向にある。かつて、日本や一部の東アジア諸国はバブル経済の崩壊を経験したが、そうした危険が中国経済にもつきまとっている。同じ九％成長でも成長の絶対額は十年で二倍、二十年で五倍となる。したがって、高い成長率を長期にわたって維持するためには、それを支えるエネルギーや交通・運輸インフラも加速度的に増強されなければならない。さもなければ、ボトルネックが生じ、経済成長は壁にぶつかる。また、資源・生産の効率を四〜五倍に引き上げなければ、環境の悪化によって持続的な経済成長は不可能となる。

投資の加熱と資源エネルギーの高消費による高成長パターンを続けてきた中国は、歴史上どの国も経験したことのない複雑で厳しい局面を迎えつつある。成長を落として軟着陸を図ることは可能であるが、下手をすればバブルの崩壊と社会不安を招く恐れもある。二〇二〇年にＧＮＰ四倍増を実現するためにも、ボトルネックの解消や地方の非効率な投資の抑制を図りながら、バランスの取れた高い成長を維持していく必要があり、中国指導部による経済の舵取りが注目される。

中国の持続的成長のためには資源・エネルギーの節約や環境への負荷の低減がますます重要となるが、日本は省エネ・省資源や環境保全で世界に誇る経験や技術を有している。その意味でも、日中間には、新しい協力の裾野が広がっており、それは両国のみならず、東アジア全体の利益につながるものでもある。

第三の問題は、沿海部と内陸部、都市部と農村部の間で広がる所得格差である。この二十数年間の中国社会の変化の最大の特徴は、「貧困の平等」から「豊かさの不平等」への変化である。貧しくとも皆同じ、あるいは、平等ではあるが皆貧困という古い中国は消えたが、生活の豊かさを享受する人々が増える一方で、貧困に喘ぐ人々もいるという新しい中国が登場した。

七八年に農村部から始まった経済改革によって、生産請負制が導入され農民の収入は飛躍的に上昇し、八〇年代半ばには平均収入が「温飽（衣食住最低限の生活水準）」に達し、その十年後には世界最大の食糧生産国となった。その後、改革の重点は都市部に移り、沿海部を中心に対外開放が進み、政府の厳しい移住制限措置が段階的に緩和されると、農村部や内陸の過剰な労働力が沿海都市部に「民工（出稼ぎ労働者）」として流れ込んだ（「盲流」）。過去十年で約九千八百万人の農民が郷鎮企業や都市に職を求めて移動した。彼（彼女）らの農村家族への仕送りは、〇三年には三千七百億元に達し、その年の中国政府の公共事業投資の三倍に上った[65]。この結果、中国の貧困人口[66]は三億人という歴史的規模で減少した。

他方で、所得格差が深刻化した。格差は、沿海と内陸という地域間、都市と農村間、都市の住民間という様々なレベルで見られる。

第一に、インフラの整備や人材の確保において優位にある沿海部には海外からの投資が集中し（対中投資の約八〇％を占める）、急速な経済成長によって人々の所得も大幅に上昇した。他方、内陸部の開発は遅れ、所得の上昇は緩慢で、地域間格差が拡大した（八〇年に東部と中部が一・五：一、東部と西部が一・九：一だったのが、〇二年にはそれぞれ二：一と二・六：一に広がった）[67]。また、「温飽」問題を解決できていない人口は、東部が五・九％、中部が三二・三％、西部が六一・八％と内陸に行くに従って多くなっている[68]。上海の「常住人口」[69]の一人当たりGDPは四千六百ドル、広州は五千六十六ドルであるのに対し、内陸部の貴州省は三百七十三ドル、甘粛省は五百四十一ドル、広西チワン族自治区は六百十五ドルでしかない[70]。

第二に、都市と農村の格差の広がりである。都市の一人当たり収入は農村に比べて、九七年に既に二・四七倍にまで開いていたが、〇三年には三・二四倍に広がった。八〇年代から九〇年代前半には、請け負い責任制という農村での改革が農業の生産増大と農民の所得向上に寄与したが、九〇年代後半以来、農産物生産が国内需要を十分満たすようになると、農産物価格の維持は困難となり、豊作の年には農産物価格が下落した。また、改革による農業生産性の向上が頭打ちとなり、農地の工業・商業への転用による耕地面積の減少もあって、農業生産は次第に低下傾向を示すようになった。農業生産の伸びは、八〇年代の年平均五・三％から、九〇年代は四・三％に低下し、特に、九六年から二〇〇〇年までは平均三・五％で、九九年は二・八％、二〇〇〇年は二・四％と激減した[71]。米国などと比べて機械化と大規模耕作が進まない中で、土地と労働力という生産要素に依存した生産性の伸びには限界がある以上、中国の農業が成長の壁にぶつかり、農民の収入が伸び悩むのは避け難い帰結であった。中国政府は、「三農問題」への取り組みを強化し、各種支援や減税など農民の実質所得増加のための施策、郷鎮企業への就業や都市部への出稼ぎの奨励などに努めてきた。しかし、格差の拡大に歯止めをかけるには至っておらず、都市と農村の格差は内陸部においても広がっている。都市住民の一人当たり可処分所得は、広州や上海で一万五千元、北京で一万四千元、天津で一万元を超え、内陸部でも、例えば、重慶は八千百元と高い水準にあるが、農民一人当たりの純収入は、広州、上海、北京、天津で半分程度、重慶に至っては四分の一強でしかない[72]。

第三に、都市における「中産階級」[73]と失業者や一時帰休者（操業停止中の国有企業従業員など）を中心とする新しい貧困層の間に格差が生まれ、広がっている。九〇年代後半に農村の貧困人口が急速に減少したのに対し、都市部での貧困人口は増大し、大きな社会問題となった。特に、国有企業改革によって二千五百万人とも言われる労働者が解雇され、その他企業のレイオフと合わせると、その数は四千万人以上に達した。特に、再就職できない中・高年の労働者の貧困化は深刻である。他方で、外資系企業や私営企業で高い給与を得ている中国人が急増しており、上海では、年収十万元以上の「中産階級」が百万人に達した[74]。北京の高所得者と低所得者の格差は、〇二年の四・五三：一から〇三年に四・七〇：一に悪化した。上海市は、格差解消のために全国に先駆けて都市最低生活保障制度を導入したが、こうした社会保障制度の整備が喫緊の課題となっている。

中国の格差は、国際的に高い方に属する。ＵＮＤＰが〇三年の「人間開発報告」で明らかにしたジニ係数[75]では、中国（四〇・三）には米国（四〇・八）とほぼ同じ不平等が存在していることになる。東アジアでは、マレーシア（四八・五）、タイ（四三・二）、フィリピン（四六・一）、シンガポール（四二・五）

といったASEAN諸国の水準に近く、日本（二四・九）や韓国（三二・六）より高い。また、所得の上位一〇％の収入または消費が下位一〇％のそれの何倍に当たるかという数字は一二・七であり、ほぼタイ（一三・四）と同じレベルである（米国は一六・六、日本は四・五）[76]。

しかし、経済成長が続き、絶対的な貧困人口が減少している間は、所得の伸びの格差から生まれる相対的な貧困は、報じられているほどには社会的に深刻な問題とはならないであろう。工業と農業の間での労働生産性の差から生じる所得格差は不可避であると言えるが、格差の問題は所得の持続的増加や累進課税制度の活用によって先鋭化させないことは十分可能だからである。

〇四年四月の国家統計局の発表によれば、都市サラリーマンの平均年収は〇一年の一万八百七十元、〇二年の一万二千四百二十二元、〇三年の一万四千四十元と着実に増加している。国務院発展研究センターのアンケート調査によれば、中国企業の約七割を占める月収八百元～二千五百元の労働者の七二・七％が現在の給与水準に満足しているとの結果も出ており、中国国民の太宗は高い経済成長の恩恵を受けていると言えるが、所得の持続的増加が、今後も格差への不満の広がりを抑えることになるのかが注目される。

中国の抱える問題は以上にとどまらないが、世界最大の途上国であり、社会主義国であった国が、体制を大きく転換しながら目覚しい経済成長を遂げてきたのであり、問題が多いのは当然である。しかし、中国専門家によって指摘された数々の問題は、高い経済成長と四半世紀に及ぶ改革の経験によって解決され、あるいは許容可能範囲に抑え込まれてきた。ある意味で、「改革によって成長を勝ち取り、成長の中で改革を継続し得る」中国は、低成長に追い込まれた中で改革を進めざるを得ない日本に比べて、改革のもたらす経済的・社会的インパクトに対する抵抗力が大きいとも言え、その分果断な改革が可能であるとも言える。

中国は、日本の十倍の人口と二十六倍の国土を擁する巨大な国家の政治的・社会的安定を維持しながら、ソ連崩壊の十年以上も前に、いち早く経済改革に着手し、しかも決して急がず、段階的に対外開放と市場経済化を進めてきた。

急激な改革と混乱の中で崩壊したソ連と異なり、プラグマティズムによる漸進的な改革を着実に実施してきた中国共産党のしたたかな国家運営は、ダイナミズムを生み出す柔軟性、そして、秩序を保持する堅実性をもって、中国の持続的成長を可能としてきた。地域格差でさえもが相互依存・相互補完という形で「ウィン・ウィン」の発展を促している面がある。香港と広東省や上海と長江流域の一体化にとどまらず、内陸部から沿海部への労働力移動による沿海部の富の増大と、内陸部への富の移転は大きなうねりとなって継続しており、中国は資金、技術、労働力、市場のネットワークで緊密に結ばれる一つの巨大な経済圏に変貌しつつある。

こうした中国の経済ダイナミズムは、日本、韓国、ＡＳＥＡＮ諸国にとっての最大の貿易パートナー、巨大市場の提供国であった米国に取って代わるかのような勢いである。日本のみならず、韓国、台湾など東アジア諸国にとって、今や中国は最大の貿易相手国であり、繁栄のパートナーとなっている。中国経済のスローダウンは、東アジア全体の経済にも影響を与えるまでになった。戦後の東アジアの繁栄を支えてきた米国の巨大な市場は、米国の指導力・影響力の源泉であった。米国が冷戦に勝利し、冷戦後の世界が米国の一極支配と言われてきた背景にも、米国の圧倒的な軍事力のみならず、こうした米国の経済力があった。しかし今日、巨大市場を引っ下げて東アジア経済の台風の目となった中国が、経済力を梃子《てこ》に国際的な影響力を強めつつある。

二〇二〇年には、GNP四倍増実現とその間の人民元切り上げによって、中国のGNPは日本を追い越し、三〇年には米国に迫る可能性がある。中国の台頭とともに明けた二一世紀、かつて長く東アジアの文明の中心に位置し、巨大な人口と国土を持つ中国は、超大国米国の地位を脅かし、東アジアのみならず、世界の政治・経済地図をも塗り替えることになるのであろうか。

7 台頭する中国と日本の位置取り戦略
――「開かれた地域主義」のリーダーに

ヨーロッパにおいては、拡大と深化を続けるEUが、「多様性の中の統一」（欧州憲法条約）を掲げ、世界の一極を形成し、米国とは異なる道を模索している。アジアでは、中国が経済大国として「復権」し、十億の人口を抱えるインドの経済的台頭も著しい。米国の覇権は歴史上かつてないほどの高みに達していると主張する識者もいるが、冷戦後の世界は一極から多極化の方向に動いている。

唯一の超大国として、東アジア及び世界において、圧倒的な影響力を誇ってきた米国は、中国が再び東アジア及び世界の秩序作りにおいて、指導的地位に立つことを認めることができるであろうか。自由や民主といった価値を広めることを自国の使命と信じ、そうした価値に基づく世界を作ることを外交政策の重要な柱としてきた米国にとって、異なるシステムや価値を持つ中国の台頭にどう向き合うのか。将来、「大国の興亡」が両国の間で展開されるとき、日本はどう動くべきであろうか。

日本は、中国の改革と開放が東アジアにとって、そして日本にとってもプラスであるとの認識に立って、四半世紀にわたり、その進展を全面的に支援してきた。この間に供与されたODAは三兆五千億円に達する。中国を国際社会に「組み入れる」（engage）という政策は功を奏し、今日、中国は国際社会の一員として建設的な役割を期待され、現にそうした役割を果たすまでになっている。しかし、目覚しい経済成長と国際社会での存在感の増大によって、周辺国の疑心や不安も高まっている。中国が周辺国の不安を解消し、「脅威論」を一掃して、平和で協調的な国家として認知されることが、東アジアの平和と繁栄にとって必要である。その意味で、「平和台頭論」に見られるような国家論やビジョンを巡る議論が、中国においてより自由で建設的になされることが重要となろう。

平和は発展の前提である。平和なくして自由な貿易や投資もない。世界最大の投資受入国であり、貿易依存度も高い中国が、国家の安定性と党の正統性の条件である経済成長を維持するためには、平和は絶対条件である。その意味で、北朝鮮の暴発による戦争や崩壊による混乱は回避する必要があり、中国はあらゆる手段を講じて朝鮮半島の安定化に努めざるを得ないであろう。これに対し、台湾は国家の統一という共産党の正統性にかかわり、ナショナリズムもからむ厄介な問題である。中国指導部にとっては、国家と社会の安定の最後の拠《よ》り所である軍の不満と台湾の独立志向を抑え、現状維持の下で経済的に台湾を取り込んでいくことが一つの戦略となろう。

日本は、戦後急速に復興し世界の経済大国となったが、その間、平和憲法の下、非核三原則や武器輸出三原則を堅持し、専守防衛に徹するとともに、東アジア諸国を経済的に支援し、地域の平和と繁栄に貢献してきた。日本が引き続きそうした道を歩み続けることができるかどうかは、台頭する中国がいかなる東アジア秩序の形成を目指すのかにも左右される。

経済が政治に奉仕するかつての華夷秩序を再現するような大中華経済圏なのか、それともグローバル化の下で政治の衣を脱ぎ捨てた自由な企業人の群れが経済的合理主義の下で形づくる開かれた自由貿易圏なのか。日本を先頭に、ＮＩＥｓ、一部ＡＳＥＡＮ諸国、中国がこれに続く雁行型経済発展は、外からのグローバル化と内からの中国台頭によって崩れ去った。日本がいつまでも先頭を走っていられる保証はない。しかし、日本の技術力は依然健在である。九五年に三千億円の赤字があった特許等使用料収支は、〇三年には一転して千五百億円の黒字となった。こうした日本の技術開発力は中国に大きく水をあけている。奥田日本経団連会長は、筆者に「日々技術革新に努めることがトヨタ、そして日本の生き残る道である」と語られたことがある。国土が小さく資源に恵まれない日本が頼れるのは人材のみである。日本人の知恵と活力によって、日本は科学技術立国としての強みを維持・強化し、東アジアでの新たな分業体制を目指して、経済ダイナミズムを持続させることによって、東アジア秩序の形成をリードしていく必要がある。

中国脅威論を叫んで、保護主義に走ったり、ＯＤＡを停止したりしても、既に世界を相手に相互依存のネットワークを築き上げて走り出している中国の発展を抑えることはできず、中国が再び世界の経済大国となることは避けられない。そうであれば、中国脅威論を叫ぶだけでは何の解決にもつながらない。大国化する中国とどう付き合うかという日本の戦略こそが問われなければならない。

その戦略とは、既に述べてきた通り、中国との間で「ウイン・ウイン」の相互補完的関係を築き上げることである。そして、そうした補完関係は、経済関係のみならず、幅広い分野において、追求されるべきである。また、日中関係の新たな広がりは、日中二国間関係（バイの関係）において捉えられるのではなく、より広い地域的枠組みの中で形成されることが望ましい。すなわち、日中韓首脳会合をはじめとする三国間協力の枠組み、北朝鮮問題を巡る六者会合、ＡＳＥＡＮ＋3と「東アジア・サミット」、ＡＲＦなどを強化しながら、対話と協力によって平和で繁栄する「東アジア共同体」の実現に向けて努力することが、日中双方にとっても、また東アジア全体にとっても、利益となる。

その際、忘れてはならないのは、かつて日本が追いかけた「アジア主義」である。日本は、東アジアにおいて巨大な文明国として存在した中国を常に意識しつつ、そこからの脱却と自立を求める意味でも、欧米型近代化や「脱亜」に邁進した。その結果、日本はアジアを圧迫し、アジアの人々から求められもしない「東亜の盟主」を目指して、欧米列強と衝突し、東アジア諸国を侵略した。そうした流れの中で掲げられた「アジア主義」は、「日本ナショナリズムの異なった表現形態」であり、「その本質が、台湾、朝鮮、満州国そして大東亜共栄圏の統治の現場において露呈した」[77]のであった。

また、台頭する中国が、かつての「中華民族の偉大な復興」というナショナリズムにとらわれすぎると、その平和的台頭は台頭のための戦術であり、方便であると受け止められ、台頭後の中国に対する周辺諸国の不安や警戒心は高まるであろう。華夷秩序による閉鎖的な経済圏の再現は、グローバル社会の中での繁栄にとって決してプラスとはならない。

既に述べてきた通り、東アジアの繁栄は世界に開かれたシステムの下で実現されるべきである。日本が追いかける「東アジア共同体」は、欧米への対抗として形成されるものではない。いわんや、日本や中国が「盟主」を求めるための便法であってはならない。グローバル化による普遍化の中に身を置きながら、東アジアのローカルな文化や伝統を包容する「開かれた地域主義」が志向されるべきである。

かつての東アジアの平和と繁栄は、中国文明の圧倒的影響力と華夷秩序という閉鎖的システムによって維持されたが、今日の日本と東アジアの平和と繁栄は欧米の技術や近代的システムを取り入れることによって実現した。東アジアの平和と繁栄は、引き続き世界に開かれたシステムの下で世界から技術や文化を吸収すると共に、多様性を基礎とする東アジアの文化や技術も世界に発信して、相互に刺激や価値を与え合い、そこから新しい文化や技術を生み出すことによって追求されるべきである。「文明の衝突」を回避し、多様な価値や文化を互いに尊重しつつ、自由で開かれた世界を目指すことが、二一世紀において人類が平和と繁栄を享受する道であると思われる。そうした世界を築き上げるためにも、日本は、普遍性と地域性を融合した「新たなアジア主義」によって「東アジア共同体」構想を練り上げていく必要があろう。

第5章 「東アジア共同体」実現への道筋——開かれた共同体を目指して

1 ヨーロッパの実験から学ぶ——深化と拡大の相克

一八一二年、冬将軍によって失敗に終わることとなるロシア遠征を前に、ナポレオンは、「全ヨーロッパを、一つの法典、一つの法廷、一つの通貨にしなくてはならない。ヨーロッパ諸国を併合して一つの国にし、パリをその首都とする」と語った。ナポレオンの野望は実現しなかったが、その後幾多の戦争、中でも全欧州を荒廃と殺戮の戦場に変えた二度の大戦を経て、欧州はナポレオンの描いた武力による統一ではなく、平和的な統合の道を歩んできた。

ヨーロッパ統合の構想は、数多の哲学者、歴史家、小説家によって思い描かれてきた。キリスト教の道徳的権威も国家間の勢力均衡も、戦争を防ぐことはできなかった。平和と統一がコインの裏表の関係にあるとの理念が知識人の中で歴史的に形成され、第二次大戦後には政治家の手によって実際に試みられるようになった。四六年にチャーチルが夢見た「欧州合衆国」は、その後のヨーロッパの政治家・外交官のたゆまぬ努力の積み重ねによって夢ではなくなりつつある。

今日のヨーロッパはユーロという単一通貨を創設し、欧州議会や司法裁判所を整え、欧州憲法を持とうとするまでに至った[1]。〇四年五月には、欧州連合（ＥＵ）に新たに東欧諸国など十カ国が加わり、冷戦期に鉄のカーテンで分断された東西欧州は、一つの屋根の下で共存共栄を求める統一ヨーロッパとなった。

このような深化と拡大を続けるＥＵの歴史は、東アジアにとって何を意味するのであろうか。「東アジア共同体」を構想する上で参考になるのであろうか。少なからずの学者や専門家が、ヨーロッパと東アジアは歴史的にも、地政学的にも全く異なる状況にあり、ヨーロッパの経験は参考にできないと言う。キリスト教を思想的紐帯とするヨーロッパのような共同体を、多様な東アジアにおいて構想することは現実的でないとの指摘はそれなりの説得力がある。しかし、実はヨーロッパも、人種、文化、言語、さらには、宗教上の相違が大きい多様な地域であることを見落としてはならない。例えば、拡大二十五カ国体制のＥＵで使用されている公式言語は二十に上る。首脳会議で常時五十九人の通訳を介した議論によって相互の理解を深め、認識を一致させることは容易なことではない。「東アジアはヨーロッパとは違う」と片づけてしまうのは簡単だが、「多様性」を口実に東アジアの平和と繁栄の枠組みづくりへの努力を怠ったり、そうした努力を冷ややかに見ることは一種の知的怠慢であろう。現在進行形のヨーロッパの実験の中に東アジアが学ぶべき点は少なくない。

東アジアの長期的で壮大な構想を描くためにも、ここで改めてヨーロッパの統合を取り上げて議論してみたい。

(1) ヨーロッパの「復権」

第二次世界大戦後、米国のマーシャル・プランによる支援もあって復興を遂げつつあった西ヨーロッパにおいては、ソ連の共産主義の脅威に対抗し、かつドイツの再軍国主義化を防止することが最も重要な政治課題であった。この二つの要請を満たす一つの解決策は、ドイツとその隣国を共通の機構を通じて統合することであった。

戦後、未だフランス人のドイツへの不信感が根強い中で、「欧州の父」と呼ばれたフランスの外交官ジャン・モネは、ドイツをヨーロッパ統合に取り込むことによって、ドイツの政治的・経済的復活に対するフランス国内の不安を取り除き、かつ経済的な動機付けを追加した構想によって独仏提携の第一歩を印すことに漕ぎ着けた。五二年の石炭産業や鉄鋼産業を共同管理する「欧州石炭鉄鋼共同体」(ECSC)の結成である。この構想には、一九世紀以降仏独間で戦争の火種となってきた基幹産業を二度と近隣諸国への戦争のために使用されることのないようにするとの政治的目的と、回復するドイツの工業力に直面する中でのフランス経済の復興という経済的利益が込められていた。他方、モネの構想を聴いた西ドイツのアデナウアー首相は、「私はこの時が来るのを二十五年間待ち続けていた。これは、私にとっても、フランスにとっても何より重要な意味を持つ。それは、まさに道徳にかかわる問題だからである」と答えた。近代ヨーロッパに付きまとった大ドイツへの地政学的な不安は、独仏の政治的リーダーシップの下での道徳的コミットメントによって克服されたとも言える。構想は、西ドイツ、ベルギー、イタリア、ルクセンブルク、オランダにも支持され、六カ国による「欧州の家」がスタートした。当時のフランスの外相ロベール・シューマンの宣言は、ヨーロッパ統合に向けての戦略計画を次の通り明らかにしている。

「統一ヨーロッパは、一挙にして成るものではなく、また単一の枠組みにおいて達成されるものでもない。それは現実の連帯を生み出すことから始まる具体的な措置の積み重ねにより建設される。……最初にとるべき行動は、フランスとドイツにかかわるものでなければならず、……［そして］ひとつの限定的であるが決定的な部分に力を注ぐものでなければならない。」[2]

それは、ヨーロッパの建設のためにかつての敵国と手を携えて、広範な分野ではなく、石炭・鉄鋼という限られた分野において統合を進めるという漸進的アプローチである。

憎しみと悔恨に引きずられがちな国民の手を取って歴史を克服し、平和の中に共存を求めるよう導いてきたヨーロッパの指導者、なかんずく、独仏の政治指導者の強い意志と行動は特筆に値する。そして、政治のリーダーシップを支え、深化と拡大の牽引役となったのが、経済的相互依存に基づく繁栄の共有と政治的和解を受け入れた「社会の受容性」であった。経済統合によってヨーロッパ諸国が繁栄を享受できれば、繁栄を犠牲にする戦争の芽は摘み取られるという、政治的信念と半世紀にわたる実績が今日のＥＵを作り上げた。また、陸続きの独仏間では、中学生や高校生を含む様々な人的交流が国境を越えて促進された。ＥＵ加盟国間では、公式・非公式の会議の別なく、実務家、専門家、研究者がしばしばＥＵの課題について活発に議論を交わす風土が育まれてきた。そうした日常レベルの交流や自由で闊達な議論が、独仏の和解と「多様性の中の統合」を可能とする土壌を作り上げたと言える。

こうした統合への歩みが示す通り、ＥＵの思想的基盤は「和解」にある。戦争を二度と繰り返さないという崇高な誓いは、二度の大戦の悲惨な教訓と経済的相互依存によって得られる実利に基づいている。そして、こうした教訓と実利は東アジアにも存在する。しかし、残念ながら、東アジア、なかんずく日本と中韓両国の和解プロセスは、歴史認識を巡ってしばしば暗礁に乗り上げてきた。この点は、既に取り上げた通りである。

ドイツの再大国化を恐れ、自国の国際的地位の低下を憂えたジャン・モネが、将来のヨーロッパ構想として仏独を核とする連邦を描き、そして、ヨーロッパへの復帰が実現するドイツがこれに応じたのは自然な帰結であった。モネのイニシアティブは五七年のローマ条約に結実し、翌五八年には、現在のＥＵの母体となる欧州経済共同体（ＥＥＣ）が誕生した。六七年には欧州共同体（ＥＣ）となって、六八年までにすべての関税が廃止された。七三年には、「光栄ある孤立」の伝統を持つ英国もＥＣに加盟した。七九年に設立された欧州通貨制度（ＥＭＳ）は、加盟国通貨の交換レートの変動幅を一定の範囲に止めることを通じて、域内のインフレ率の低下や急激な為替変動の防止に寄与した。八〇年代には、貿易障壁を全面的に撤廃することを通じて、単一市場の形成が進められた。九三年には、経済通貨同盟の設立や外交・安全保障の共通政策の実施を目的とする欧州連合（ＥＵ）が発足し、加盟国は十五カ国となった。これによって、域内の人、物、サービス、資本の移動が自由化され、完全な単一市場が誕生した。九九年には、単一通貨としてユーロが使用され始め、

表13

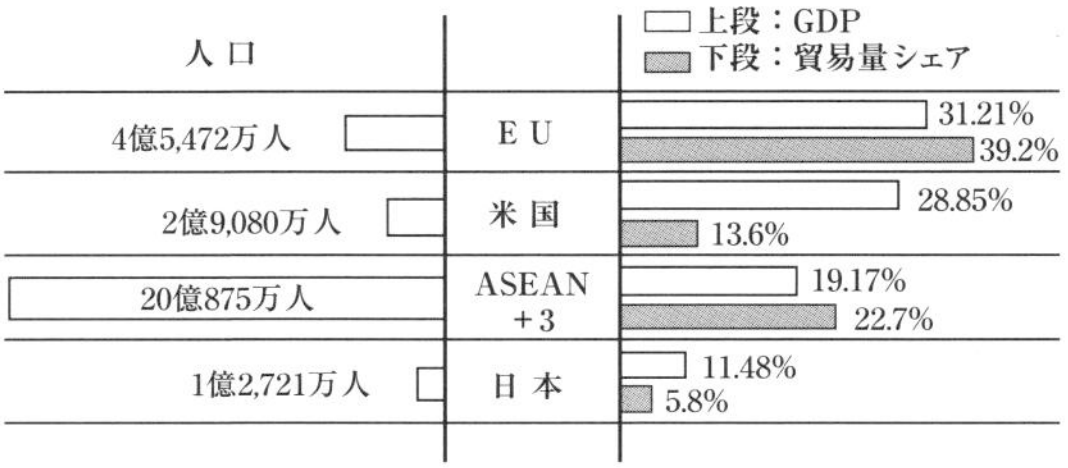

人口		上段：GDP 下段：貿易量シェア
4億5,472万人	EU	31.21% 39.2%
2億9,080万人	米国	28.85% 13.6%
20億875万人	ASEAN＋3	19.17% 22.7%
1億2,721万人	日本	11.48% 5.8%

人口、貿易量は2003年実績。GDPは2004年実績。
対世界貿易シェアは域内貿易を含み、ASEAN＋3の貿易量には香港を含む。EUの人口·GDPはEU25カ国の2003年の人口を含めた数で表示したが、貿易量はEU15カ国の2003年実績。
（出典：世界銀行、IMF、欧州委員会の統計に基づき作成）

英国、スウェーデン、デンマークを除く通貨統合が実現した。導入後、ユーロ相場は下がり続け、二〇〇〇年十月には一ユーロ＝〇・八二ドルの最安値を付けたが、〇二年に紙幣と硬貨が出回るようになってから上昇に転じ、一ユーロ＝一ドルを突破して、強い通貨ユーロの躍進が続いている。

　ユーロ導入後五年目の〇三年には、国際資本市場での起債額シェアでドルを抜いてトップに躍り出た。世界の外貨準備では、経済力に加えて軍事力や政治力が大きく作用するため、基軸通貨のドルには遠く及ばないが、それでもユーロの比率は導入後三年で約五〇％上昇した。今後のＥＵの深化と拡大次第では、ユーロが「第二の基軸通貨」になる可能性もある。ドルとユーロの狭間で円の存在感は薄れつつある。東アジアでの円の国際化が叫ばれるゆえんである。

　〇四年の五回目の拡大によって、加盟国二十五カ国、人口四億五千万人、国内総生産（ＧＤＰ）十一兆ドルに達する大経済圏となった拡大ＥＵの規模を米国や日本、そして「東アジア共同体」の基礎となるであろう「ＡＳＥＡＮ＋３」と比較すれば、表13の通りである。ＥＵは、ＧＤＰで世界の三割強、貿易量で四割弱を占め、米国をしのぐ大経済圏となった。

そして、ＡＳＥＡＮ＋３も、人口で世界の約三分の一、ＧＤＰで世界の五分の一を占め、貿易量も米国を凌ぐ規模の経済圏となっている。東アジアは、ＥＵ及び超大国米国に並ぶ世界の三極の一つにまで成長し、統合に向けての胎動を始めたのである。

(2)　深化と拡大の相克

ＥＵ統合のプロセスは、深化と拡大によって進められてきた。深化は、共同体の権限と国家の主権の間での綱引きによって、紆余曲折を経てきた。当初のＥＣＳＣの成功に象徴されるように、経済的かつ分野限定的な統合において開始された統合は、次第に政治や安全保障の分野にまで広がりつつあるが、それは国家間の協力によって進められる範疇を越えることはなかった。通商政策や競争政策においては完全に統合された排他的な「共同体権限」が存在するのに対して、その他の多くの政策は共同体と加盟国双方による「混合権限」によって実施されてきた。特に、重大な国益にかかわる問題、例えば、安全保障・防衛問題については、イラク問題に見られる通り、共同体の意思と行動に収斂することは容易ではなかった。

〇四年六月に合意された「欧州憲法条約」（未発効[3]）は、法人格を付与されたＥＵを対外的に代表する「常任議長」[4]と共通外交・安保政策を担う外相を新設した。ＥＵ常任議長とＥＵ外相は、ＥＵの政治的統合を内外に印象付けて、ＥＵの国際的発言力の増大につながるであろう。特に、ＥＵ外相は、欧州委員会と欧州理事会の外交政策に関する権限を併せ持つことになり、連帯条項（テロ、自然災害、人災に対するＥＵと加盟国の共同行動）とともに、統合の深化を促すことが期待される。このように、深化は加盟国が国家主権をEUに委譲するというプロセスを通じてなされるが、当然これに抵抗する動きもあり、今後、加盟国の国内法に優先するEU法や共通政策の策定によって、国家主権を制限する形での深化がどのように進むかが注目される。

深化に対し、拡大は順調に進んできた（図11参照）。旧共産主義諸国のEU加盟は、一九九三年の「コペンハーゲン基準」に照らして決定された。この基準は、ヨーロッパに属すること（地理的要件）、民主主義や人権擁護などの制度を有すること（理念的要件）、市場経済（経済的要件）、国内法に代わるEU法の集大成（アキ・コミュノテール）の受容（法律的要件）からなる。全く異なる体制の下にあった中・東欧諸国は、十年の歳月をかけてこれらの条件をクリアしたことになる。ヨーロッパ復興開発銀行（EBRD）の「移行レポート二〇〇三」によれば、これら諸国の貿易額の対GNP比率は九五年の三五％から〇二年の五〇％に達し（旧EU十五カ国の平均は六五％）、輸出に占めるEUの割合も九五年の五三％から〇二年の六三％に上昇する（旧EU十五カ国の平均とほぼ同じ）など統合は実態的にも進展していた。

〇七年には、ルーマニア、ブルガリアの加盟が実現する見込みである。そして、トルコの加盟問題にどう決着を付けるかが、EUの将来を占う上での最大のテーマとなっている。トルコ加盟問題の最大のポイントは、ドイツ以上の人口を擁するトルコの国民の九九％がイスラム教徒であるということに尽きる。歴史的には、西ローマが滅んだ後も、コンスタンチノープル（現在のトルコの首都イスタンブール）を首都とする東ローマは、一五世紀までキリスト教世界の中心文明としての地位にあった。そして、今日のトルコはEU加盟を目指し、宗教と政治を分離する世俗的改革を進め

図11　EU加盟国

EU加盟国（15カ国）
フランス、ドイツ、イタリア、オランダ、ベルギー、ルクセンブルク、英国、アイルランド、デンマーク、ギリシャ、スペイン、ポルトガル、オーストリア、スウェーデン、フィンランド

（注）EU加盟国のうちユーロ不参加国：
英国、デンマーク、スウェーデン

2004加盟国（10カ国）
エストニア、ポーランド、スロベニア、チェコ、ハンガリー、キプロス、ラトビア、リトアニア、スロバキア、マルタ

2007加盟国（2カ国）
ブルガリア、ルーマニア

EU加盟候補国　トルコ

てきた。しかし、ＥＵの共通の価値観はキリスト教であるべきだとのローマ法王の発言に見られるように、キリスト教文化圏としてのＥＵ観は欧州に根強く存在している。〇二年十一月、欧州憲法草案をまとめたディスカール・デスタン元大統領は、「トルコ加盟はＥＵの終焉を意味する」と語った。

トルコの加盟問題は、ヨーロッパのアイデンティティを問い直すことにもなった。キリスト教世界とイスラム教世界を分断した中世ヨーロッパの地理的概念に基づくイデオロギーを克服し、和解と安全保障、民主主義と法の支配、市場経済、人権の尊重といったＥＵの価値や理念を基礎とする新しい政治的統合を実現できるかが問われている。〇四年十月、ＥＵ委員会は、トルコのＥＵ加盟の是非について、報告書を発表し「民主化や人権状況が改善し、交渉開始に必要な基準を満たしている」として加盟交渉の開始を勧告した[5]。

ＥＵの実験は、トルコ加盟問題で新たな段階に入ったと言え、ＥＵは大きな岐路に立っている。仮にトルコの加盟が認められれば、キリスト教とイスラム教の融和、「二つの一神教の歴史的和解」を象徴する画期的な出来事として、ヨーロッパ、そして世界の歴史を塗り替えることになろう。アラブ世界には、そうした視点からトルコ加盟問題の成り行きを見詰めている人達が少なくない。「文明の対立」的視点を超克できるのか。ＥＵ報告書が、トルコの加盟実現までには十～十五年はかかるとの見通しを示したように、トルコ加盟問題の結論が出るまでにはなお相当の時間を要するであろうが、この問題の持つ意味の大きさを理解すれば、それも止むを得ないであろう。

しかし、ＥＵのこうした拡大は、深化を犠牲にすることによって成り立っているとも言える。Ｅ

U拡大は、EU内の格差を拡大し、巨大化するEUのガバナンスを複雑で難しいものにしている。深化を閉ざす、あるいは少なくとも一時棚上げする旧東欧諸国の加盟やトルコの将来の加盟という拡大の方が、深化を恐れる人々にとっては、より受け入れ易い選択であるとの指摘さえある。また、そもそも、深化に対しては、国家主権優先の立場からの反対が常に存在してきた。EU拡大の歴史的意義が強調される一方で、拡大によって統合の深化プロセスは終わりを告げたとの悲観的評価も少なくない。事実、統合を推進してきたフランスやオランダで欧州憲法条約の批准が拒否されたことによって、統合プロセスは停滞を余儀なくされている。

旧東欧諸国からの移民の流入に対する警戒感の高まりが、拡大EUの抱える問題の深刻さを物語っている。中東欧の新加盟国に投資が流れ、そこから安い労働力が流れ込んでくる。欧州憲法条約の批准を拒否したフランス国民はリストラや失業の増大に悩む。ドイツとオーストリアなどは、自国の高い失業率を理由に七年間は労働者の移動に制限を課すことを明らかにした。しかし、移民の多くは若年の技術労働者であり、長期的に予想される移民の数は旧EU十五カ国の人口の〇・六％程度であるとの研究報告もあり、実態のない脅威を強調して国益擁護に動いているとの指摘もなされている。

ニューズ・ウィーク誌（〇四年五月三日号）は、旧東欧諸国の加盟を認めたEU拡大を「ヨーロッパの終わりの始まり」と評し、「西側としてのヨーロッパ」の終焉、「ヨーロッパにおけるアメリカ」の終焉、「緊密化する連合」の終焉であると予測した。EUは、旧東欧諸国を抱え込むことによってEUの理念を揺るがし、深化を損ないかねないリスクを背負い込んだと言える。他方で、拡大の利益も小さくない。その一つが平和である。十数年前までミサイルを向け合っていた東西ヨーロッパが統合されたことで、ヨーロッパの人々は歴史上初めて機構化と制度化による恒久平和の基盤を手に入れたのである。

(3) EUの意義と課題

EUの深化と拡大は、欧州の安全を制度化し、民主主義を浸透させ、市場と改革によって競争力を高めることにつながった。「欧州の復権」は現実のものとなったのである。

その意義は、第一に、二度の大戦を経験した独仏の和解であり、そして冷戦によって東西に分断された欧州の一体化である。それは、欧州の構図を不信と対立から協力と共存へ大転換したという歴史的成果としてのみならず、主権国家並存の世界秩序を地域共同体の発展によって変革しつつあるという現在進行形の壮大な実験の中で認識される必要がある。

第二に、「大欧州」の国際社会での発言力・影響力の増大である。二十五カ国がEUの旗の下で結束して行動すれば、超大国米国にとっても手強い相手となる。特に、経済問題については、一枚岩での行動が可能である。他方、外交・安全保障については、大西洋同盟を重視する英国と米国からの自立を模索するフランスとの間での立場の差異を埋めない限り、共通政策の実施は容易ではなく、欧州憲法条約が発効したとしても、EU外相は加盟国の「拒否権」によって十分に役割を発揮できない恐れがある。冷戦後、ソ連という脅威が消え、東西ドイツが統一され、旧東欧諸国がEUの傘下に入るという流れの中で、ヨーロッパは、米国の軍事力からの自立と独自の政治・経済路線への歩みを加速しているようにみえる。イラク戦争を巡っては、大西洋主義とヨーロッパ主義とのバランスに悩むEU内の苦悩が顕在化し、欧米の亀裂が心配された。また、環境重視といった理念や国連の役割重視という国際政治手法においても、EUと米国との間の対立が目立ってきている。環境や食の安全の分野では、既にEU内の共通政策作りが進められており、国際標準（グローバル・スタンダード）競争においてEUの発言力は一段と強化されている。例えば、WTOにおける交渉権限はEUに一本化されており、地球温暖化交渉でもEUが前面に出ている。米国と一線を画す政策は、国際政治・経済において一層の重みを持つことになろう。アメリカのネオコンの代表的理論家であるロバート・ケーガンは、米欧の亀裂の背景に圧倒的な軍事力の格差があることを強調して、「ヨーロッパは個別にも統合ヨーロッパとしても、単独で軍事力を行使する力がないので、自分たちにできない行動をとることに反対するのはごく自然だ。ヨーロッパにとっては、多国間主義と国際法を大切にするよう主張すれば、現実的な利益を確保できる上、ほとんどコストがかからない」と述べている[6]。EUは、自由、民主、人権などの価値を共有する米国との良好な関係を維持しつつも、引き続き米国の単独行動主義への傾斜にブレーキをかける動きを示すであろうと思われる。そして、欧州二十五カ国を束ねる顔となるEU常任議長やEU外相が誕生すれば、そうした役割を発揮する局面が増えてくるかもしれない。

他方、EUの抱える課題も少なくない。

第一に、加盟国間の格差である。〇四年に加盟した国と従来の加盟国との間の経済格差は、それまでの拡大において見られなかった広がりを見せている。例えば、購買力平価で計算した一人当たりGDPで比較すれば、ポーランド、ハンガリー、ラトビア、リトアニアはフランスの三分の一でしかない。この格差をどう埋めるか。過去の実績から見れば、EUの補助金は指摘されるほどには大きな役割を果たしてきたわけではなく、新規加盟国が人や資本の移動の自由を効果的に活用できるかどうかが鍵であると言える。他方、従来の加盟国からは、国境線がザルとなることによって「移民が仕事を奪い、福祉を食い物にする」という不安と反発があり、アイルランドを除き移民流入の規制措置が取られたように、国境と格差が消滅するにはまだ時間がかかりそうである。

第二に、EUのガバナンスである。EUは、英仏独という三つの大国とイタリア、スペイン、ポーランドという準大国、そしてそれ以外の十九の小国からなり、大国・準大国六カ国の人口が、EU全体の七五%を占める。特に、英仏独という大国の三角関係はEU域内政治の大きな鍵を握る。しかし、英国は、兄弟国である米国との大西洋同盟を重視しつつ欧州大陸とは一線を画そうとする意識が強く、二〇一〇年まではユーロ・ゾーンや旅券不要地域にも加わらないと見られており、ECSC発足以来今日までEUを協力して支えてきた仏独両国との関係は微妙である。また、これまでのEUの成功の原因として、小国にも名実ともに発言権を認め、大国との有機的なパートナーシップが確保されてきたことが挙げられるが、加盟国が十五から一挙に二十五に増えたことでEU内部の意見調整はこれまで以上に困難となることが予想される。現に、欧州憲法条約草案を巡って深刻な意見対立があった。

第三は、政治や防衛・安全保障分野での「深化」プロセスの加速である。冷戦終結後、最大の脅威であったソ連が崩壊し、「鉄のカーテン」も消滅した。ヨーロッパの平和は、もはや米国に依存しなくてもヨーロッパで維持できるはずであった。しかし、EUは、九〇年代ボスニアやコソボなどで起きた民族紛争に効果的に対応できず、九九年のユーゴ空爆でも、米主導のNATOが中心的役割を果たした。ヨーロッパで起きた紛争をヨーロッパで解決できない事態は、EUにとって大きな屈辱であった。旧ユーゴでの失敗は、EUにとって大きな教訓となり、ヨーロッパ内の紛争に機動的かつ効果的に対応できる体制が整えられる必要性が認識された。六万人の「緊急派遣軍」がそうした要請に応えるべくして生まれた。さらに、〇四年には、EU独自の「戦闘部隊」が創設され、域外における紛争処理や人道支援に取り組み始めた。欧州憲法条約では、EUが共通の外交・安全保障政策を策定し、新設のEU外相が実施の指揮を執ることになる。しかし、国家の主権と最も深く関わる外交・安全保障分野での統合については英国などから強い抵抗があり[7]、加盟国がEU決定を無条件で受け入れて実施するという当初の案は実現せず、全会一致方式が維持されることになった。他方で、欧州憲法条約は最終的にはEUの安全保障政策にとってNATOが無用となることを明確にしたとの指摘もある[8]。

EUの実験は続くが、最終的な到達点は一つの国家としての「ヨーロッパ連邦」なのであろうか。EUは、国家連合 (confederation) から連邦国家 (federation) への過程に位置してきたと言えるが、連邦国家に向けての歩みは平坦ではなかった。むしろ、その歩みを押しとどめ、あるいは引き戻そうとする政治的力学が働いた。その背景には、第一に、未曾有の犠牲を出した第二次世界大戦を体験した政治家達が、平和を共通の理念として指導力を発揮した時代が過ぎ去ったこと、第二に、共産主義とソ連という共通の敵を失ったことによって、ヨーロッパの政治的・安全保障的求心力が大きく減じたこと、第三に、近年ヨーロッパに広がる国民の政治的不信感と無党派層の増大が、主権の制限という形で進む統合の深化に対する各国政府指導者のリーダーシップを困難としていること、などが挙げられる。少なからずの国において、九一年のマーストリヒト首脳会議で合意された条約が統合の深化として許容できる最高レベルであると考えられ、それ以上の統合には消極的であった。連邦という言葉はマーストリヒト条約の前文には盛り込まれたが、〇四年の欧州憲法条約には一言も盛り込まれなかったことがそれを物語っている。統合の動きの背後で、国家主権を巡るせめぎ合いが繰り広げられている。統合推進派の独仏と消極的な英国の綱引きは、特にEUの意思決定方法において顕著であり、欧州憲法条約において外交・安全保障や租税・社会政策における「拒否権」が認められたことは、連邦への道が未だ険しいことを示唆するものであった。英国のブレア首相が、欧州憲法条約は「連邦制の超国家」をはっきりと否定したものであると言えば、フランスのジスカール・デスタン元大統領は、二十五カ国あるいはそれ以上の国家を抱える「連邦」は機能せず、実現は不可能であると述べたが、ヨーロッパ統合は、高度に統合された「連邦」ではなく、主権国家間で平和を担保し繁栄を共有するための「国家連合」にとどまるのかもしれない[9]。

(4) EUモデルとASEANモデル

共同体論議の争点の一つにガバナンスがある。「東アジア共同体」はいかなるガバナンスを採用すべきであろうか。EUモデルとASEANモデルが参考となり得る。

人口八千万人を超えるドイツから四十万人のマルタまで、規模の異なる諸国家からなるEUの意思決定には、人と国家の双方の平等を満たすための二重多数決方式が採用されている[10]。東アジアは、十三億の人口を抱える中国から三十数万人のブルネイまで国家の規模が一層多様であり、ＥＵ方式は参考とはし得ても、そのまま「東アジア共同体」の意思決定方式として採用することには問題があろう[11]。また、ＥＵは、「多層ガバナンス」と呼ばれる方式の下で、問題の規模や方式などによって共同体や国家のみならず、地域コミュニティや個人（市民）も参加する形で政策決定を行っている。いわゆる「補完性原則」[12]によって、ＥＵ（主として欧州委員会）、国家、地域という多層レベルにおけるガバナンスを柔軟かつ効果的に展開していこうとする点で、超国家的なガバナンスの一形態であると言え、現在も模索と進化の途上にある。

これに対し、ＡＳＥＡＮモデルは、内政不干渉原則とコンセンサス方式による政策決定という国家主権を最大限尊重する古典的なモデルである。

そもそもＡＳＥＡＮは、冷戦時代における共産主義の浸透への警戒と対抗から生まれた。対共産主義という共通の目標（共通の敵）によって結成された「連合（association[13]）」は、冷戦終結によって共通の敵を失うと、その結束をどう保つかが大きな課題となり、自然消滅ないし瓦解しかねない恐れさえあった。しかし、ＡＳＥＡＮは、東西冷戦の戦場となったインドシナ諸国の加盟によって、東南アジア全域をその傘の下に置いたＡＳＥＡＮ10として（図12参照）、その対外交渉力を高め、その存在意義を内外にアピールすることに成功してきた。

他方、九七年のアジア通貨危機は、ＡＳＥＡＮにとって大きな転機となった。開発独裁の終焉とグローバル化する市場での競争の時代の始まり、そして、民主化への動きとこれに抗する動きが交

図12　ASEANの拡大

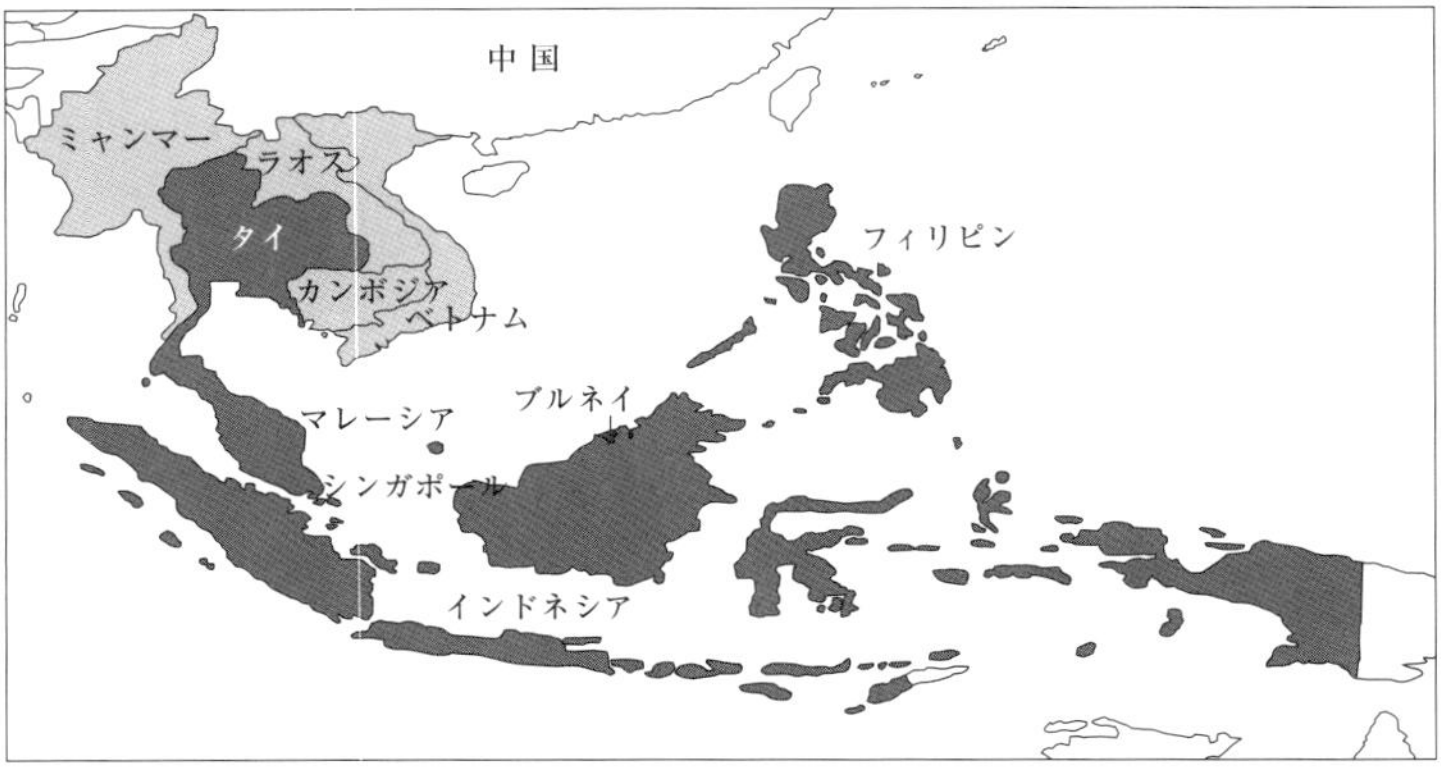

67年8月8日発足時
インドネシア
マレーシア
フィリピン
シンガポール
タイ

84年1月8日加盟
ブルネイ

95年7月28日加盟
ベトナム
97年7月23日加盟
ラオス
ミャンマー
99年4月30日加盟
カンボジア

錯した。ＡＳＥＡＮ人口の半分を占めるインドネシアの混乱が、ＡＳＥＡＮの指導力を低下させたことは否めない。インドネシアのスハルト大統領やマレーシアのマハティール首相といった強力な権威主義的政治に代わって、タイのタクシン首相のような大衆的基盤やシンガポールのリー・シェン・ロン首相のような、第二世代の実務経験を持った新しいスタイルの政治家が登場した。政治的リーダーシップの低下が指摘される中で、〇三年十月、ＡＳＥＡＮは「ＡＳＥＡＮ協和宣言」を打ち出し、一層の統合を目指す姿勢を示した。しかし、その具体化は難航している。インドネシアが作成した草案は、自由選挙の定期実施、民主主義の共有、ＰＫＯ部隊を傘下に持つ平和維持センターの設立、人権憲章の制定などを巡ってＡＳＥＡＮ内の立場の違いを浮かび上がらせる結果となり、〇四年六月の外相会議で大幅な修正が加えられた。「安全保障共同体」の具体化に向けての「行動計画」が策定され、同十一月のＡＳＥＡＮ首脳会議で採択されたことは評価されるべきであるが、二〇二〇年までに共同体の確立を目指すという総論において一致したＡＳＥＡＮ諸国の認識は、将来の統合の具体像を描く中で、不協和音を奏でるようになっている。ＡＳＥＡＮ統合の深化は、経済の格差の問題のみならず、政治体制の差異や民主化レベルの格差という大きな壁にぶつかって立ち往生していると言える。「共通の利益分野」（一九六七年のバンコク宣言）での協力の推進から、価値観や政治システムといった主権そのものにかかわる分野での統合に踏み込む中で、コンセンサス方式や「内政不干渉の原則」といったＡＳＥＡＮの緩やかな統合の基本原則が問い直されている。

ＡＳＥＡＮは、内政不干渉の原則の下で加盟各国の政治や人権の問題に寛容な姿勢で臨んできた「古いＡＳＥＡＮ」から卒業できるのか。政治・安全保障という主権に絡む微妙で難しい領域において、内政不干渉原則との折り合いをどうつけて、「多様性の中の統合」を目指すのか。「新しいＡＳＥＡＮ」に向けての胎動は、「東アジア共同体」構想に一つのモデルを提供し得るだけに、その進展が注目される。

政治体制の異なる東アジア諸国が、本音で政治や安全保障を議論することには依然として抵抗や戸惑いがあり、アジア外交に携わった筆者もその微妙な意味合いを肌で感じたが、経済分野では市場経済という共通の土俵の上で自由な議論ができる環境が生まれている。経済を突破口として、徐々に政治や安全保障についても信頼醸成や最低限のルール作りが可能となってきている。

しかし、ＥＵ統合の歴史を振り返れば、英国の加盟問題を初めとする紆余曲折の中で、いかに多くの外交交渉や国内政治努力が積み重ねられてきたかに圧倒される。「東アジア共同体」は、ようやく歴史の扉を叩くところまできた。今日ヨーロッパが到達したEU統合のレベルにたどり着くまでには、まだまだ長い道のりを要し、その間東アジア諸国が力を合わせて扉を開けようとする強い意思とたゆまぬ努力が必要とされることは間違いがない。「東アジア共同体」の議論が「議論のための議論」に終わらぬためには、政治の知恵とリーダーシップが必要とされる。EU統合の歴史は、「東アジア共同体」についての安直な構想や浮ついた議論を戒めているが、同時に、半世紀前には夢であったカント的世界がヨーロッパに誕生しつつあることは、人類にとって平和で繁栄する共同体の建設が決して不可能ではないことも示唆している。

「東アジア共同体」の実現は可能なのか。可能とすれば、いかなる道筋で実現を図るのか。一過性の議論ではなく、多くの知恵と政治的意思によって挑戦する覚悟が問われている。

2 「共同体」実現への道筋

(1) 多様な東アジアにおいて「共同体」の実現は可能か

「東アジア共同体」を議論する場合の「共同体」とは何を意味するのであろうか。

その定義いかんによって、実現可能性についての議論は、様々な結論を導き出すであろう。一般的に、「地域共同体」とは、特定の地理的空間において、安全保障、経済、文化などの分野の協力を制度化した秩序として想定されている。安全保障の分野においては、平和と安定を維持する秩序が制度化される地域、そして、経済分野においては、一つの政策・ルールの下で自由に貿易・通貨・金融・投資・開発などの活動が行われ、ヒトの移動・就業も国境の壁を超えて自由になされる地域、さらには、文化的にも、自由で濃密な交流を通じて深められたアイデンティティが存在する地域。そうした地域が、「地域共同体」の最終的な姿であろう。そして、その目標に向かって人類がこれまでの歴史において成し遂げたのが、今日のＥＵである。近年の「東アジア共同体」の議論は、ＥＵを中心とする欧米の経験を基礎として展開されてきた。その中で、「東アジア共同体」構想に悲観的あるいは否定的な意見は、東アジアが、ＥＵと比較して極めて多様である点を理由に挙げてきた。確かに、東アジアは、政治体制と経済発展段階の違いに加え、共同体のアイデンティティの基礎ともなる宗教、文化、言語などの多様性も存在する。しかし、こうした議論には注意が必要である。

第一に、既に触れた通り、ヨーロッパも多様であり[14]、欧州憲法条約が謳っている通り、まさに「多様性の中の統合」であることが指摘される。

第二に、東アジアには、多様性の一方で、共通性や共通の目的を見い出すことも可能である。「東アジア共同体」構想は、多様性にとらわれるのではなく、共通性に目を向け、共通の目的を見い出すことから始めるべきである。これは、後述する機能主義的アプローチにつながる姿勢である。

第三に、多様性をどう受け止めるかであり、対立を生み出す差異として否定的に捉えれば、共同体実現にとっては障害となるが、多様性を受容する寛容さを共有し、文化や伝統を交流することによってダイナミズムの源泉となる新たな発見や刺激を得ることができれば、それは共同体実現を促すインセンティブとなる。

第四に、そうした点以上に重要なのは、政治的意思である。できるかできないかといった評論家的な議論ではなく、実現しなければならないという指導者の強い信念こそが問われなければならない。ヨーロッパ共通市場の父と言われるジーン・モネは、「ヨーロッパは存在しなかった。それは作り上げなければならない」との言葉を残しているが、共同体構想は、「can」ではなく、「should」で議論されるべきなのである。

以上の諸点を踏まえて、多様性と政治的意思について筆者の考えを敷衍《ふえん》する。

第一に、共同体は、国民の同一性の基軸としての「文化」の存在を伴う国民国家からなる以上、共同体の成立は、多様性の存在を前提とした上で、多様性を克服した結果であると理解しなければならない。ヨーロッパにしろ、東アジアにしろ、複数の国民国家が並存してきた地域である以上、共に多様性を抱えるヨーロッパと東アジアを多様性によって区別する議論は、国民国家を支える文化や価値観や社会規範を無視した議論か、ヨーロッパの実態を誤解した議論である。だからこそ、欧州憲法条約は、明確に「多様性の中の統合」を謳っているのである。その意味で、「多様性」の議論は、しょせん、程度についての議論でしかなく、本質的な議論とはなり得ないのである。

文化や宗教の「多様性」は、しばしば政治的に利用されて、国民に偏見や差別、そして敵愾心《てきがいしん》を植えつけてきた。ヨーロッパは、キリスト教という同じ宗教を有しており、それが共通の文化的土壌を育み、共同体の形成が可能になったとの指摘が少なくない。しかし、ヨーロッパでは、キリストという一つの神の名の下で、プロテスタントとカソリックが対立と抗争を続け、おびただしい血が流された。こうした歴史を踏まえ、ヨーロッパは、宗教と政治を切り離す世俗主義を採用してきた。

米国で台頭するキリスト教原理主義の政治的・社会的影響力に強い違和感を抱くヨーロッパ人の姿勢にもそうした宗教的寛容性がうかがえる。欧州憲法条約の前文においても、「キリスト教的遺産」ではなく「宗教的遺産」という言葉が使われ、宗教的多様性を尊重する精神が反映されている。つまり、ヨーロッパにおいて共同体構想を前に進めたのは、文化的・宗教的共通性ではなく、政治的意思なのである。

R・フランクは、次のように述べている。

「ヨーロッパの文化的統一はなるほど存在する。しかし、この統一は共通の感情を生み出すとしても、大きな多様性を包み隠している。近くて異なる宗教や信念の名において、ヨーロッパでどれほどの戦争が行われたことか。文化は統一の契機であると同程度に分裂の契機であり、分裂の契機であると同程度に統一の契機である。すべてはそれがどのように政治的に利用されるかにかかっている。（略）文化的な多様性が自動的に破壊の過程を生み出さないのと同様に、文化的収斂は自動的に統一の過程に決して到達することはない。（略）「ヨーロッパ意識」を出現させるには、二〇世紀の大きな破局が必要であった。ヨーロッパ統一の政治的必要というこの感情こそ、ヨーロッパ運動の軌道とヨーロッパ建設の中で基本的役割を演じたものであった。」[15]

そうだとすれば、第二に、政治的意思の必要性こそが論じられなくてはならない。国民国家の建設の後から国民文化がついてきたように、共同体建設の強い政治的意思とそれを示す象徴的行為が、国境を越えて人々の記憶となって受容される時、国民国家を超えた第二の「想像の共同体」が姿を現すのである。

政治的意思は、政治的必要性によって作られる。ヨーロッパで統合への強い政治的意思を生んだ共同体の必要性とは何であろうか。この問いかけに答えることは、「東アジア共同体」を推進する政治的必要性を考えるヒントとなる。そして、それは、裏返して言えば、いかなる「東アジア共同体」構想を描くのかに対する答えを用意することでもある。今日の共同体論議に欠けているのは、いかなる「共同体」概念に立って議論しているのかが明確でないことである。ここでは、文化的・宗教的な均一性を有し、政治的にも、経済的にも、制度や発展段階を同じくする国家の集まりを前提とする共同体を想定してはいないし、そもそも、想定すること自体、現実的でなく、生産的でもない。多様な国家が共同体を作る必要性を強く共有し合うことが、出発点となるのであり、それによって東アジアの目指すべき共同体像も自ずと明らかとなり、目指すべき道筋も見えてくるのである。

ヨーロッパ共同体の構想は、二度の大戦と「西欧の没落」から生まれた。人類史上最も多くの犠牲を払った二度の戦争を経験したヨーロッパ人は、勢力均衡に基づく平和の持続も、普遍的な国際組織による平和の維持も困難であることを痛感し、戦争を繰り返さないための方策として共同体の創設が必要であるとの認識に至った。また、第一次世界大戦後、政治的・経済的に世界の中心的地位から一地域の地位に「没落」し、第二次大戦後はソ連の登場によってその地位はさらに相対化され、イデオロギー的にも軍事的にも大きな脅威に直面したヨーロッパ人の弱体化への危機感が、共同体創設の動きを後押しした。こうした認識や危機感は、今日の欧州統合の最初の提唱者であるクーデンホーフ・カレルギーによる「汎ヨーロッパ運動」[16]や英国のウィンストン・チャーチル首相の強い政治的意思となって示されることになった。チャーチルは、一方で、有名な「鉄のカーテン」演説を行って、欧州の東西対立の現状に警告を発するとともに、スイスのチューリッヒ大学での演説においては、「ヨーロッパ合衆国」の創設を提唱し、その実現のためには独仏の和解が必要であることを説いた。共同体の提唱は、平和のための構想として、戦争の悲劇を繰り返したくないとのヨーロッパの人々の思いに通じ、共通の脅威認識の広がりもあって、各国のナショナリズムを超えた幅広い共感を呼び起こした。

他方、日本を除く東アジアにおいては、列強の植民地支配や侵略から解放されて未だ半世紀余り、国家の独立や主権に対する意識が根強く残されている。そして、ナショナリズムは、戦争を引き起こした元凶ではなく、列強への抵抗と独立の原動力であったと肯定的に受け止められている。したがって、東アジアにおいて国家を超えた共同体、すなわち国家主権を一部なりとも手放すような統合は容易ではない。

そんな中で、二つの積極的動きがある。

一つは、東南アジア地域における共同体を目指して実績を積み上げてきたASEANの動きである。既に述べた通り、東南アジア諸国は、「内政不干渉」原則によって国家主権には触れないで、「ゆるやかな統合」に動き、今日まで東アジアの地域主義をリードしてきた。

東南アジアにおいては、まず、政治体制において、ミャンマーのような軍事独裁、ベトナムやラオスのような社会主義、タイやフィリピンのような民主主義というふうに実に多様である。また、経済発展段階においては、例えば、一人当たり国民所得は、シンガポール（二万六百九十ドル）とカンボジア（二百八十ドル）の間で七十四倍の開きがある[17]（表14参照）。

表14　ASEAN＋3の一人当たりGDP

国	ドル
日本	34,040
シンガポール	20,690
ブルネイ	12,245
韓国	9,930
マレーシア	3,540
タイ	2,000
フィリピン	1,030
中国	950
インドネシア	710
ベトナム	430
ラオス	310
カンボジア	300
ミャンマー	151

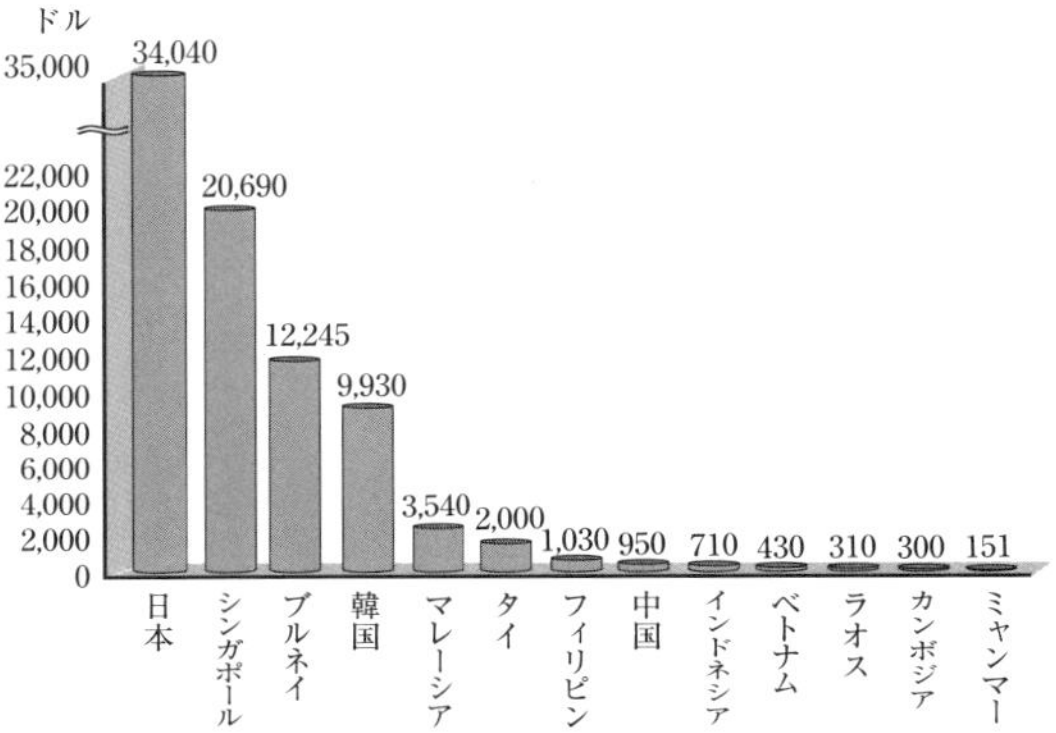

（注）ミャンマー及びブルネイのGDPは2001年の数字に基づく。
（出典：世界銀行「World Development Indicators Database」）

　さらに、世界最大のイスラム国家であるインドネシアから、仏教国タイ、キリスト教国フィリピンまで世界の三大宗教が集まっている。言語も多様であり、年間三百回を超える会議を開催するASEANの共通語は英語であるが、インドシナ諸国を中心に通訳の必要な高官が少なくない。このようにASEANはまさに多様性の中での統合を進めてきたのであり、「東アジア共同体」を構想する上での一つの現実的モデルを提供している。ASEANの統合努力について、その限界や問題点を指摘することは容易だが、冷戦の最前線として熱戦の舞台でもあった東南アジアを平和で発展する地域に変えたことは高く評価されてよい。そして、三十年以上にわたり、統合へのモメンタムを失わなかった政治的意思の共有は、「東アジア共同体」を構想する者を勇気付けてくれさえする。

　ASEANは多様性を抱えつつも、二〇二〇年の「ASEAN共同体」実現を目指して「ASEAN化」に取り組んでいる。その実現の鍵となるのは、制度と意識である。第一に、一層の統合に向けた制度作りである。加盟各国が厳格な意味での主権への固執を放棄できるかどうかがその鍵となろう。第二に、コンセンサス・ベースの会議外交を基本として緩やかな統合と共生を育ててきた「ASEAN方式」による政府レベルでの成功を市民レベルにまで広げる努力である。制度作りを進める過程で、加盟各国の国民が統合によるメリットを肌で感じながら統合プロセスに参加していくことで、国民意識に加えて、新たな「ASEAN市民意識」を醸成することが可能となる。

もう一つは、東アジアにおける地域協力の必要性に対する認識の高まりである。東アジアは、ヨーロッパに比べて主権国家・国民国家としての歴史が短く、過剰な主権への拘泥やナショナリズムの台頭が時として各国間の対立を生み、感情的なしこりを残してきた。また、冷戦中は、政治的・イデオロギー的対立が地域的な協力の進展を阻害した。

しかし、九〇年代以降の急速なグローバル化と情報化の進展によって国家を超えた地域的広がりを持つ種々の問題が深刻化する中で、東アジア各国においても主権意識やナショナリズムを克服しなければならない時代に入ってきている。アジア通貨危機、SARSや鳥インフルエンザなどの感染症、海賊問題、環境やエネルギー問題、国際テロリズム、大量破壊兵器の拡散などは、低くなった国家の垣根を超えて国民に対する直接の脅威となってきた。新たな脅威が深刻化する中で国家の役割の強化といった回帰現象も見られるが、一国だけの力で国境を越える問題に対処することは不可能であり、国家間の連携と協力が必要とされている。こうした非伝統的安全保障分野における地域協力は、経済分野に加えて、東アジアの統合を促す力となる。

東アジア地域の国々は、国家という鎧にのみ頼って国民の安全と繁栄を確保することはできず、望むと望まざるとにかかわらず、国境を越えた連携に進まざるを得ない時代に生きている。特に、九七年のアジア通貨危機と〇一年の九・一一同時多発テロ以降の東南アジアでのテロ事件は、地域協力への自覚を強める「触媒」となった。東アジアは、歴史上かつてないほど、相互に依存し、相互に影響し合っており、経済のみならず、幅広い分野で地域協力を進めることが不可欠となっている。

(2) 「東アジア共同体」構想

このように、共同体は可能なのかを議論する段階は過去のものとなった。どんな共同体をどう実現していくかが問われている。そして、それは学者の世界における研究に止まらず、政治の世界における重要な政策課題として浮上している。ここでは、そうした問いかけに対する答えとして、以下の四点を指摘しておきたい。いずれも、「東アジア共同体」構想を考える上での重要な論点であり、今後東アジア・サミットにおいても議論が行われていくであろうと思われる。

第一に、「東アジア共同体」へのプロセスである。

ヨーロッパ統合という先例にかんがみ、そして、東アジアの経済相互依存の高まりという実態に照らしても、まずは経済分野での統合を目指すべきである。その上で、経済分野に加えて、非伝統的安全保障分野についても連携を進めることが、各国共通の利益に資するものであり、現実的アプローチであると言える。

第二に、「東アジア共同体」の定義や範囲という問題である。

この問題は、第一の問題とも深くかかわってくる。例えば、既に指摘した通り、安全保障を扱うとすれば、米国との関係を無視することはできない。

アジア太平洋地域の対話と協力の枠組みとしては、米国、インド、ロシアなども参加する安全保障の協議体であるARF、ASEAN十カ国と日中韓三カ国のみが参加する東アジアの対話と協力を進めるASEAN＋3、アジア太平洋地域全体の経済協力を扱うAPECが主要な地域的枠組みとして存在する。図13で、これらの地域的な対話と協力の枠組みを図示してみた。アジア太平洋の平和と繁栄にとって、これらの枠組みはいずれも重要であり、重層的な地域的枠組みとしてその強化を図っていく必要があることは言うまでもない。

図13　東アジアにおける多国間枠組み

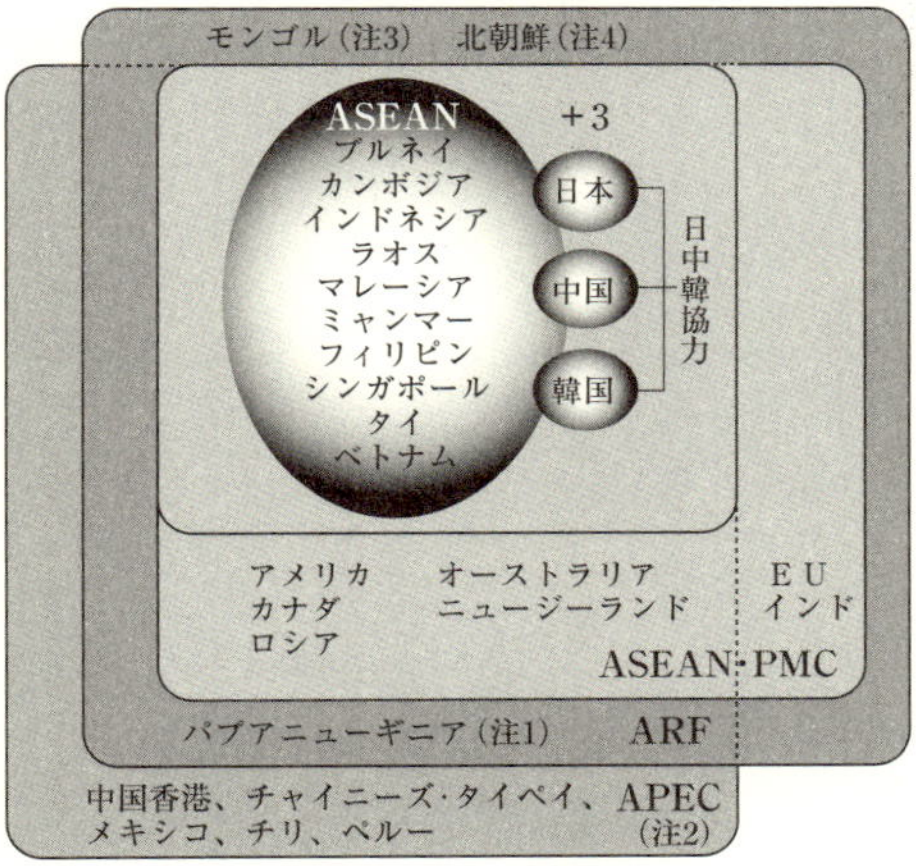

ASEAN：Association of Southeast Asian Nations
（東南アジア諸国連合）
ASEAN・PMC：ASEAN Post-Ministerial Conferences
（ASEAN拡大外相会議）
ARF：ASEAN Regional Forum（ASEAN地域フォーラム）
APEC：Asia-Pacific Economic Cooperation
（アジア太平洋経済協力）

（注1）パプアニューギニアは、オブザーバーとして、ASEAN外相会議（AMM）に出席。
（注2）ASEANのうち、カンボジア、ラオス、ミャンマーはAPECのメンバーではない。98年のメンバー拡大の際に、10年間の拡大凍結が決まり、2007年までは現在のメンバー構成で固定化されることになっている。
（注3）モンゴルは、98年の第五回閣僚会合で参加が承認された。
（注4）北朝鮮は、2000年7月のARFに初参加。

しかし、今日東アジアの地域主義の現われとして中心的地位を確立し求心力を強めるのは、ASEAN＋3（日中韓）である（表15参照）。

これまでの「東アジア共同体」についての

表15　ASEAN＋3の基礎データ

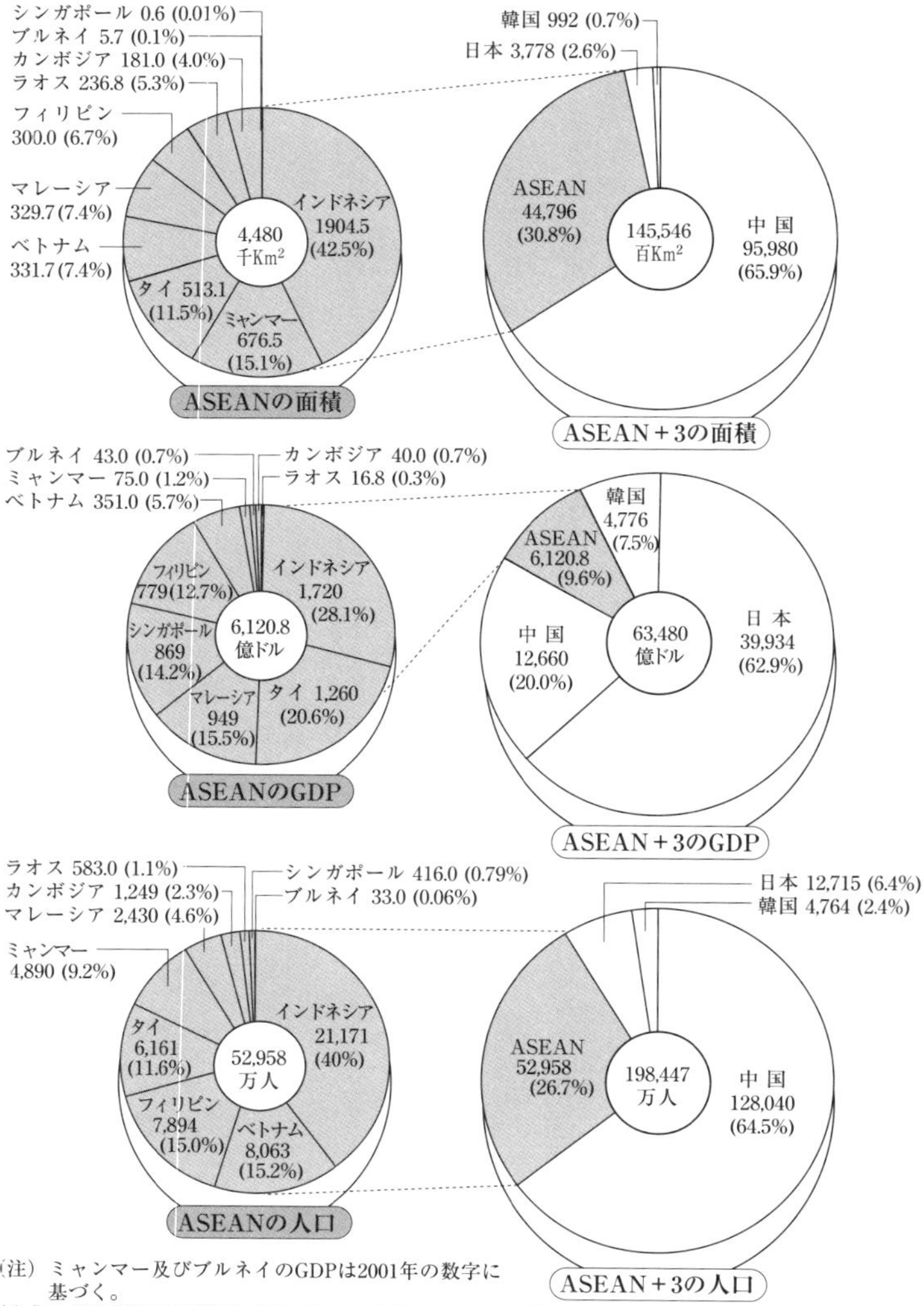

(注) ミャンマー及びブルネイのGDPは2001年の数字に基づく。
(出典：世界銀行2002年「World Development Indicators Database」)

議論は、ＡＳＥＡＮ＋３を中心に進められてきた。ＡＳＥＡＮ＋３は、通貨危機を経験した東アジア諸国が地域協力を進める上で急速にその重要性を高め、東アジアの地域主義を具現する場として大きな注目を集めるようになっている。ＡＳＥＡＮ＋３は、東アジア諸国が域内の問題を域内のメンバーの協力によって解決するという「自助努力」の精神と、そうした協力を通じて醸成される共同体意識を実践する場としてふさわしく、「東アジア共同体」を目指すためには、まずはＡＳＥＡＮ＋３の枠組みを強化・発展させていくことが一番の近道であり、現実的な道でもある。ここでは、筆者が担当課長として関わったＡＳＥＡＮ＋３首脳会議の進展ぶりについて簡潔に振り返っておきたい（なお、詳細は、巻末の資料を参照）。

ＡＳＥＡＮ＋３首脳会議は、ＡＳＥＡＮ創設三十周年を記念し、ＡＳＥＡＮが日本、中国、韓国の首脳をＡＳＥＡＮ首脳会議に招待した一九九七年に始まった。アジア通貨危機に見舞われた九七年の第一回会議の議論は危機への対応に集中した。翌九八年、通貨危機への地域協力の必要性が認識される中で、日中韓三カ国首脳が招待に応じる形で、第二回目のＡＳＥＡＮ＋３首脳会議が開催され、定例化が合意された。九九年の第三回首脳会議においては、初めての共同声明として「東アジアにおける協力に関する共同声明」が採択された。また、日本の提案でＡＳＥＡＮ＋３外相会議の開催も合意された。通貨危機以降、日本は、「新宮澤構想」や「小渕プラン」を次々に発表して通貨危機に見舞われた諸国への支援を実施し、日本の存在感を際立たせた。また、中国も人民元レートを維持することを表明して、ＡＳＥＡＮ側の評価を得た。二〇〇〇年の第四回ＡＳＥＡＮ＋３首脳会議では、チェンマイ・イニシアティブなど地域協力についての具体的議論が深まった。また、

「中国脅威論」を払拭しようとの中国の発言が注目された。〇一年の第五回会議においては、「東アジア・サミット」について突っ込んだ話し合いが行われた。東アジア・ビジョン・グループ（EAVG）から提出された報告書においては、「東アジア共同体」に向けて開放性を保ちつつ段階的に取り組み、究極的に地域統合を目指すことが提案された。〇二年の第六回会議では、「東アジア・サミット」や「東アジア自由貿易構想」について活発な議論が行われ、ASEAN諸国からはASEANが埋没してしまうのではないかとの危惧も表明された。〇三年の第七回会議においては、「東アジア・サミット」につき具体的な議論が行われ、その実現に向けての気運の高まりを感じさせた。協力の中身も、経済のみならず、テロや国境を超えた問題を含む幅広い安全保障問題に広がってきたことが注目された。そして、〇四年の第八回会議では、「東アジア・サミット」の開催が決まった。

このように、「共同体」論議を先取りする形で、ASEAN＋3首脳会議の場において、「東アジア・サミット」の議論がなされてきた。「ASEAN＋3首脳会議」か「東アジア・サミット」かという問題は、ASEAN＋3が、九七年に始まり翌九八年に定例化されて以来、そこに集まる政治家や外交官への最大の問いかけであった。「東アジア・サミット」を個々の参加国が対等の立場で参加するものとする構想については、ASEANの中で、当初から異論があった。ASEANは、日中韓の前に主導的地位を失い、埋没してしまうのではないかとの不安や恐れ、そして、インドシナ開発への日中韓の関心や支援が低下しかねないとの危惧などである。他方で、EUやNAFTAなど世界的に地域統合が進む中で、いつまでもASEANの域外イニシアティブとしてASEAN

が主催する形の「ＡＳＥＡＮ＋３」でいいのかとの疑問や焦りの声も聞かれた。最終的に、東アジア・サミットは、ＡＳＥＡＮ＋３首脳会議に合わせて、ＡＳＥＡＮ諸国が主催し、議長となる形で開催されることになった。〇五年一二月の両会議においては、東アジア共同体形成において、東アジア・サミットが「重要な役割」を果たし、ＡＳＥＡＮ＋３が「主要な手段」となることをそれぞれ決定した。

しかし、「東アジア・サミット」という名称を掲げることは、メンバーシップという政治的に微妙な問題を惹起する。すなわち、ＡＳＥＡＮ＋３は、その名前自体がメンバーシップを規定する自明の集まりであるが、「東アジア・サミット」や「東アジア共同体」となった途端に、東アジアの範囲が議論となり、ＡＳＥＡＮ＋３のメンバーとの間のズレも顕在化する。

筆者も実務において経験したが、メンバーシップの問題は、歴史的・政治的に微妙な問題である。ＡＳＥＡＮ＋３が中核となることは確かであるが、問題は、他にどの国・地域が含まれるのか、含まれないのかである。様々な分野における地域協力のパートナーとしてＡＳＥＡＮとの特別首脳会議を開催した豪州やニュージーランド、ＡＳＥＡＮとの定期首脳会議を開催するインドの取り扱いをどうするか。その存在と関与によって地域の平和と繁栄に大きな役割を果たしてきた米国との関係をどうするか[18]。「東アジア共同体」は基本的に域内・域外に開かれたものであるべきとの立場に立てば、これらの国が参加意欲や関心を示している限り、排除すべきではない。また、将来的には、ＡＲＦに参加している北朝鮮やＡＰＥＣに参加している台湾などの取り扱いをどうするか、という政治的に微妙な問題も出てくる。参加国の範囲は、共同体の本質にかかわる重要かつ難しい問題である。〇五年十二月の第一回東アジア・サミットはＡＳＥＡＮ＋３にインド、豪州、ニュージーランドを加えて発足した[19]。

グローバル化が進展し、地域間の貿易や通貨の取引がかつてなく高まる中で、米国もシンガポールに続いてタイとのＦＴＡ締結に動く。経済連携のネットワークは世界的規模で張り巡らされつつある。かつてマハティール首相が提唱し、米国が強く反対した「ＥＡＥＣ」構想によるブロック経済圏への懸念は、もはや過去のものであるとも言えるが、日本としては域外国を差別する排他的ブロックとなることのないよう、引き続きイニシアティブを発揮すべきであろう。日本は、一貫して、「開かれた地域主義」を掲げてきた。一九九三年のＡＰＥＣ第五回閣僚会議においては、羽田外相が発表したＡＰＥＣを通じた地域協力の五原則の一つとして「開かれた地域協力」の理念を追求することが盛り込まれた[20]。また、二〇〇〇年のＡＳＥＡＮ＋３首脳会議においては、森総理が発表した「繁栄する開かれた東アジア地域の協力強化のための三原則」の一つとして「ＡＳＥＡＮ＋３をグローバルなシステムを補完し、強化する、開かれた地域協力の枠組みとして発展させる」ことを盛り込んだ[21]。かつて日本が提示した「五原則」に盛り込まれた「開かれた地域協力」の理念は、「東アジアの中の日本」であり、「世界の中の日本」でもある日本が引き続き追求すべき理念である。今後の議論においては、「開放性」「透明性」「包含性」「グローバルなシステムと規範の遵守」といった共同体形成の基本原則が明確にされるべきである。例えば、経済面での統合は貿易や投資の国際的システムを補完し強化する形で進展するよう知恵を絞る必要がある。

第三に、これまで東アジアの地域的枠組み作りやその運営に主導的役割を果たしてきたＡＳＥＡ

Nのイニシアティブを引き続き尊重することである。カンボジアの加盟により東南アジア全域を傘下に収めたASEANは、二〇一〇年までのASEAN自由貿易地域の創設や「第二ASEAN協和宣言」の下での安全保障・経済・社会文化という三つの共同体の設立に向けての域内の統合に努力するとともに、域外協力のイニシアティブも積極的に取ってきており、ASEAN+1、ASEAN+3、PMC、ARFなど地域の主要なフォーラムを主催してきた。ASEANは、まさに「東アジア共同体」に向けた地域統合の触媒としての役割を果たしてきていると言える。多様な諸国からなるASEANの統合プロセスは、多様な東アジアの共同体作りにも活かすことができよう。また、日中韓が北東アジアにおける協力を加速しながら、先行するASEANの域内協力と相互に連携させていくことによって、全体としての東アジアの協力を制度化していくことも可能となろう。

第四に、東アジアにおける共同体論議の高まりは、この地域における様々な機能的協力の進展があって出てきたものである。機能的協力は、貿易・投資（例えば、FTA/EPA)、IT（例えば、アジアITイニシアティブ）、金融（例えば、チェンマイ・イニシアティブ、アジア債券市場の育成）、国境を越える問題（例えば、テロ、不正薬物や人身の取引、海賊、不拡散）、開発支援（例えば、ASEAN統合イニシアティブ、メコン地域開発、人材育成)、エネルギー（例えば、エネルギー安全保障）、環境保全（例えば、エイズ対策、黄沙や酸性雨への取り組み）、食糧（例えば、食糧安全保障）、保健（例えば、SARSなどの感染症）、知的財産（例えば、海賊版の取り締まり）などの幅広い分野で進展している。そして、このような機能的協力のネットワークの広がりが、相互依存関係の制度化を一層促進している。一部の専門家は、こうしたネットワークの広がりを「網かけ過程」と呼んでいる。網掛け過程の進展は、域内の相互の接触、交流、対話、協力といった活動を通じて共同体意識を育むことにつながり、共同体形成において不可欠なプロセスである。機能的協力を積み上げていくことによって、将来地域的規模の制度的取り決めが導入され、「東アジア共同体」の枠組みに発展することが期待される。

東アジアにおける機能的協力の特徴は、「開放性」と「柔軟性」である。例えば、FTAの動きは域内諸国の間に止まらず、インドや豪・ニュージーランド、または、米国にも及び、地域の枠を超えた広がりを持って展開している。また、人身取引及び密入国の撲滅に関する協力を具体化する「バリ・プロセス」は、自由意思に基づく非拘束的な性格を有しており、参加三十八カ国は、その能力と意図に応じて様々な形で貢献することが可能となっている。

九八年のASEAN＋3首脳会議の金大中大統領の提案によって設置された民レベルの「東アジア・ビジョン・グループ」（EAVG）での作業を受けて、二〇〇〇年のASEAN＋3首脳会議において設置された官レベルでの「東アジア・スタディ・グループ」（EASG）は、〇二年のASEAN＋3首脳会議に報告書を提出し、優先的に実施すべき二十六の措置のうち、短期的に実施可能な十七の措置と中・長期的に実施可能または今後さらなる検討を要する九の措置を提言した。十七の短期的措置は、機能的協力を謳ったものであり、九の長期的措置には、「東アジア自由貿易地域」、「東アジア投資地域」、「東アジア首脳会議」、地域的資金調達制度、地域的金融・為替システムなどの制度的取り決めが盛り込まれている。EASGで明らかにされた「東アジア共同体」への道筋は、まず機能的協力を着実に積み上げていき、その上で、制度的取り決めを導入していくというアプローチである。各国の外務省責任者が参加したEASGの提言は、その時点での各国が共有し得る基本的な認識であるが、それが実際に制度化にまで進むか否かは、今後の政治的議論の進展にかかっている。

(3) 経済的統合

第2章において論じた通り、経済の実態においては、東アジアの統合は相互依存の高まりによって相当進んでいると言える。こうした実態面での統合という基礎に立って、制度的な統合を目指すことは、非現実的な構想ではない。実際、種々の構想や動きが活発化している。その中で、最も関心を集めているのが、FTA/EPAであり、日本は、シンガポールとのEPAを皮切りに、東アジアでのFTA戦略を積極的に展開している[22]。

現在の東アジアには、既に述べた通り、経済と政治・安全保障との間でのねじれ・非対称の関係が存在する。しかし、東アジアにおいて支配的となった経済におけるダイナミズムと開放性は、政治や安全保障に好ましい影響を与え得る。歴史を振り返るまでもなく、経済の繁栄と政治の安定は相互に密接に関係し合っている。中国指導部は、この定理を認識しているからこそ鄧小平の「遺言」を守って改革・開放による経済成長の実現を最優先してきたのである。すなわち、ソ連共産党が、「政治」改革を優先して失敗したのに対して、中国共産党は、「経済」改革を優先して、人民の物的要求を満たすことで政治の安定を維持してきた。ベトナム共産党もこれに習いドイモイ（経済改革）によってソ連の援助なきグローバル化時代の中で生き残りを図ってきた。中国にとっても、ベトナムにとっても、政権維持のためには、経済発展の前提となる平和な国際環境が不可欠である。中国の「平和的台頭」論もこうした認識に立って主張されている。開放経済のダイナミズムによって、平和で安全な国際環境の必要性に対する認識が高められてきたと言える。北朝鮮の鎖国経済の困難と対外強硬姿勢は、これとは逆の論理が支配するケースである。

もちろん、今日の中国の経済発展が社会の利害や価値の多元化を生み出し、一党支配の政治システムによる現実の資源配分と権力の正統性の維持において、増大する困難と挑戦に直面しつつあることも見逃されてはならない。韓国、台湾、タイ、インドネシアなどが民主化を経験したことが東アジアの将来を暗示しているとも言える。したがって、中長期的には、中国やベトナムの経済発展が続くことによって政治の多元化への圧力が高まり、政治が不安定化する可能性は排除できない。しかし、政治イデオロギーが経済ダイナミズムを圧倒した文化大革命のような政治闘争が、地域の平和や安全にとっての撹乱要因となったことも想起されなければならない。現代中国の抱える経済と政治の緊張関係は、徐々にではあるが、確実に政治の多元化・具体化・繊細化を促しており、経済停滞や貧困の中での政治の一元化・抽象化・自己目的化による不安定性・排他性は克服されつつある。むしろ、驚異的な伸びと持続力をもって成長してきた中国経済が失速すれば、社会の不満は政治への不満と変わり、政治への不満は体制への疑問にもつながる。そうなれば、漸進的な政治の民主化は、急進的な政治の変革に取って代わられるであろう。それが東アジアの平和と安定に衝撃的なインパクトを与えることは間違いない。

繰り返すが、中国やベトナムのみならず、東アジア全体の経済的成功の実現や成功への期待の高まりは、東アジアの平和と安定にとってプラスである。ここでは改めて経済の繁栄と国際社会の平和・安定との関係について触れた上で、そうした認識をもって東アジアの経済協力関係を強化する意義を確認し、強調しておきたい。

国際的な貿易・投資の増大や国内の経済活動の活性化によってもたらされる繁栄は、第一に、国内の個人に一定の充足感とさらなる将来への期待感をもたらし、国家への信頼と社会の安定をもたらす。失うものを持ち、将来への希望や目標を持つ人々は、平和で安定した内外情勢を求め、そのための行動を支持する。逆に、失うものがなく、教育や職業へのアクセスを絶たれ、将来への希望を持てない社会は、現状への不満や過激的思想を生み、紛争やテロが頻発する。途上国の民主化がしばしば挫折する背景には、こうした経済困難からの脱却が進まないという状況が存在していることが少なくない。民主化は、経済的な基盤があってこそ進展すると言え、制度だけを導入しても、うまくいくとは限らない。その意味で、日本のＯＤＡが果たしてきた役割は小さくない。

日本のＯＤＡは、インフラ整備などを通じて経済発展の基盤作りに貢献し、投資環境の改善によって日本企業を含めた海外からの直接投資を促すとともに、教育支援や技術協力によって個人に自立する能力を与え、将来への希望を育んできた。日本は、一貫したアジア重視政策の下で、ＯＤＡの太宗をアジアに振り向け、特に、東アジアの経済成長においては、既に論じた通り、大きな役割を果たした。東アジアが貧困を減少させながら経済成長を実現してきた背景には、日本のＯＤＡが寄与したことがもっと評価されてよい。これはＯＤＡの平和への間接的効果である。そして、要請主義（政治的条件を付加しない）の下でのＯＤＡは、日本と東アジア、なかんずく、東南アジア諸国との二国間関係を増進し、日本の平和的発展を支える直接的効果を持った。

第二に、二一世紀の東アジアの繁栄は引き続き開かれた経済体制の下で実現され、そうした国境を超えた経済活動に伴う人や情報の流れは、社会をより開かれたものとし、国家間の相互理解を促し、国内政治の透明化や民主化を促す傾向がある。この点は、既に述べた通りである。

第三に、東アジアにおける相互依存関係の高まりは、「他人の不幸（損失）は自分の幸福（利益）」という古いゼロ・サム的思考の転換を迫っている。アジア通貨危機を契機に一国の経済繁栄が地域の共存共栄の基礎の上に築かれていることへの認識が共有されてきている。こうした相互依存を認識せずに自国の偏狭な利益を追求する排他的行動や他国の経済困難を「対岸の火事」視する「一国繁栄主義」は、グローバル化の中での協調行動や相互協力に基づく地域主義（regionalism）に取って代わられつつある。

「東アジア共同体」を構想するに当たっては、経済が政治や安全保障に与える影響や役割に注目し、経済分野における地域主義と政治・安全保障分野における地域主義の実態や役割の違いを十分念頭に置きながら、まずは実態面で進む経済分野での統合を制度化していくことが現実的であり、合理的なアプローチであると言える。

経済分野における地域主義は、グローバル化の一方で、ＥＵやＮＡＦＴＡに見られる通り、世界的に顕著になっていたが、東アジアでは、二〇世紀末に至るまで具体的な動きは見られなかった。しかし、実態上は、冷戦後の市場経済化の流れが東アジア地域でも支配的となり、中国やインドシナ諸国も巻き込んで国境を越えた経済活動が活発化する中で、経済的ネットワークが張り巡らされていった。そうした変化を認識する契機となったのが、アジア通貨危機であり、相互依存の高まる東アジア各国の政府が経済分野での協力・連携の必要を強く意識するようになって以降、ＡＳＥＡＮ＋３を中心に地域主義の議論が盛り上がったのである。期待されたＩＭＦの処方箋がかえって危機を悪化させたとの批判が広がる中で、地域のことは地域で協力し合って解決しようとの機運が高まった。「新宮澤構想」や「チェンマイ・イニシアティブ」の成功は、地域の協力強化の機運をさらに高めた。

このように、ＡＳＥＡＮ＋３における経済分野での協力の進展は、歴史的・世界的な流れに沿ったものであり、かつ東アジアの客観的状況から見ても、その進展を加速し得る余地はまだまだ大きいと言える。ＡＭＦ構想は実を結ばなかったが、日本としては、改めてこの構想を練り直し、ＩＭＦとの関係に留意しながら米国の理解も得てその実現に努力すべきであろう。

東アジアでの経済分野における統合は、域内貿易の高まり[23]や日本企業を触媒とする分業体制の進展など実態面での裏付けをもって着実に進展しており、経済共同体に向けての条件が次第に熟していくことが期待される。

(4)　政治と安全保障の統合

既に述べた通り、経済の分野に比べて、政治と安全保障の分野における統合を進めることは容易ではない。政治の分野では、人権や民主化などの価値や政治システムの問題から歴史やナショナリズムの問題まで、乗り越えるべき課題は大きく複雑である。また、安全保障の分野においては、台湾海峡や朝鮮半島における緊張が続き、中長期的には急速に国力を増大させている中国と唯一の超大国米国との戦略的関係が東アジアの安定にどう影響するかなど、不安定で不確実な要因を抱え、将来展望を描くことが難しい。政治・安全保障は、「東アジア共同体」構想のアキレス腱であるとも言える。

特に、北東アジアにおいては、核を保有する中国、核の開発に突き進む北朝鮮、米国の核の傘の下にある日本や韓国など、各国の安全保障政策が多様であり、引き続き透明性と信頼醸成を伴う安全保障対話をしっかりと進める段階にある。NATOといった地域的集団安全保障の枠組みを持たず、米国との「ハブとスポーク」の同盟関係が地域の安定の基盤となってきた東アジアにおいては、冷戦後も、安全保障についての対話や協力において、米国を抜きにして考えられない状況が続いている。米国の存在と関与が必要とされるゆえんであり、日米安全保障条約の意義も東アジアの安定に果たす役割を重視する形で再認識された。

したがって、安全保障については、米国など主要な域外国も含めた形で対話と協力を強化していくことを基本とすべきであり、そうした観点から、ARFや北朝鮮問題に関する六者会合の役割が重視される必要がある。

他方で、近年、安全保障を取り巻く環境は質的に変化しており、脅威認識の変化や新たな視点からの安全保障論議が高まっている。特に、九・一一同時多発テロ以降のテロに対する戦いや「人間の安全保障」に代表される様々な脅威に対する多国間協力が重視されるようになっている。ASEAN+3における協力も、こうした広い意味での安全保障、あるいは非伝統的な安全保障の分野において積極的に協力を強化していくことにより、平和と安全の分野においても協力の実績を積み重ねていくべきであろう。

政治・安全保障分野における複雑で困難な現状をもって、「東アジア共同体」構想を悲観視するべきではない。経済分野での「ウィン・ウィン」関係を推し進めていくことで、中長期的には、平和と安全の分野における協力にも良い影響を与えることが期待される。EUにしろ、ASEANにしろ、経済的統合から政治・安全保障への統合を目指す斬新的なアプローチによって共同体作りを進めてきた。グローバル化する経済に比べて、政治・安全保障は、各国の主権に密接にかかわってくるだけに、EUやASEANでなされてきた議論にも現れている通り、統合のプロセスは、加盟各国の主権の壁を乗り越えられず、経済分野ほどの進展は見せてこなかった。しかし、経済面での統合が進むことによって、問題の平和的解決や非伝統的安全保障分野における協力が促されてきているのも事実である。

そして、「東アジア共同体」の実現という未来志向の共同作業に各国政府が汗を流すことを通じて、政府間の信頼関係が培われ、共同体意識が芽生えてくることが期待される。重要なことは、政府のみならず、経済界、マスコミ、学会など幅広い層の参加を得て、共同体作りのプロセスが進められることである。これは透明性の観点のみならず、共同体意識の浸透・共有という意味において、必要かつ重要なプロセスである。そして、そのためには、「なぜ共同体が必要なのか」という問いに対する説得力ある説明が求められる。既に指摘した通り、その答えは、第一に、恒久平和への道であるということ、第二に、国家を超えた問題への対応を可能とすること、第三に、互いに国境を高くしておくよりも低くした方が経済的利益が大きいということであり、共同体はグローバル化時代において「ウィン・ウィン」の関係を制度化し発展させる方策なのである。

(5) 共同体意識の醸成

「東アジア共同体」への夢が現実となっていく上で、経済的メリット（実利）が大きな役割を果たすことは間違いない。共同体によって得られる利益が損失より大きい限り、共同体実現へのモチベーションは高く、具体的構想が支持され、実現に向けて動き出す可能性は高い。この点は、経済活動の主体である企業の利益のみならず、個人の便益も含めて考える必要があり、モノ、カネ、情報のみならず、人の自由な移動が重要となってくる。少子高齢化社会に突入した日本が、介護の分野においてより安価で十分なサービスをそれを必要とする、すべての老人が受け入れられるようにすることがおそらく圧倒的多数の日本人の願いであろうし、二一世紀の日本の最大の政治課題の一つもである。そして、そのためにタイやフィリピンの介護士を活用することができれば、日本人にとっての利益となるばかりか、東アジア全体の利益ともなる。狭義のＦＴＡを超えたＥＰＡが重視されるゆえんである。

共同体の成立によってそこに属する国家も人々も共同体なしには得られない利益を得ることができる。こうした実利の積み重ねとその認識の広がりが共同体意識を育むのである。実利によって国家が互いに国境の壁を低くし、経済分野でのヒトやモノの流れが自由化され、自由貿易圏などの制度作りが進み、経済的なルールや政策が共通化されれば、いわゆる経済共同体が誕生することになろう。しかし、包括的な「東アジア共同体」実現のためには、実利のみならず、共通の価値や共同体意識を育むことが不可欠である。

東アジアという多様で巨大な地域において、いかに共同体意識を醸成することができるのだろうか。

第一に、機能的協力の推進である。機能的協力のネットワークの拡大により促進される「網かけ過程」は、東アジア地域における人々の間の親近感や一体感を醸成するであろう。

第二に、東アジア地域に存在する経済格差を是正し、できる限り多くの人々が統合の進む東アジアの経済成長の恩恵を享受できるよう協力を強化することである。例えば、ASEAN統合イニシアティブ（IAI）[24]やメコン地域開発プログラムは重要な役割を果たすであろう。

第三に、最も本質的な要素であるが、同時に最も困難なテーマとして、共同体意識を育む共通の価値や文化の問題がある。

ここでは、「共通の価値」について、二つに分けて考えてみたい。一つは、「日本の奇跡」や「東アジアの奇跡」の議論の中で取り上げられた東アジア成長モデルの要因としての「東アジアの価値」である。もう一つは、統合が最も進展しているヨーロッパの共同体であるEUが理念として共有する民主主義や人権の尊重といった普遍的価値である。

「東アジアの価値」という概念は、東アジアの多様性から生まれる曖昧さを有し、また普遍的な価値観を遠ざけたり、他の地域の文化への対抗心や排他的感情につながる危険性がないわけではない。近年流行する「ソフト・パワー」についての議論においても、こうした危険性が見落とされているきらいがあり、注意が必要である。したがって、価値や文化の定義づけや政策形成においては、慎重な検討が必要であるが、他方で、東アジアに特徴的な価値の共有によって理念的共感や精神的一体感が生まれ、共同体意識の醸成につながることにも目が向けられるべきである。

戦後の日本の復興から、「東アジアの奇跡」、そして中国の「復権」に至る東アジアの目覚ましい経済成長の軌跡を子細にながめる時、そこには欧米の経済学者の理論や歴史家が指摘した旺盛なダイナミズムが存在することを感じざるを得ない。そして、ダイナミズムの背景に、欧米とは異なる文化や価値観が存在することが指摘され、それが日本モデル、あるいは東アジア・モデルとして注目を浴びた。これらのモデルは、九七年のアジア通貨危機を契機に、米国をモデルとするグローバル化や市場原理主義に取って代わられた観もあるが、今日、「東アジア共同体」論議の高まりの中で、再び東アジアの価値や文化に注目が集まっている。

「東アジアの奇跡」を世界が賞賛した時も、そしてアジア通貨危機が東アジアへの評価を逆転させた際も、欧米では東アジアの価値や文化が盛んに研究され、議論された。西洋文明による明治の近代化や清王朝の近代化（洋務運動・変法自強運動）、そして戦後の日本の復興や中国の改革・開放路線が、西洋（欧米）の科学技術（制度も含む）の摂取を意味するとすれば、文化や価値は欧米とは異なる日本あるいは中国独自のものが別個に存続し、東アジアの経済発展に影響を与えてきたのだろうか。しかし、科学技術や制度の根底にも価値観や思想が横たわっており、両者を分けて議論することは適当ではない。東アジアは、近代化を遂げる中で欧米の価値や文化も摂取してきたのであり、欧米とは全く異質の価値や文化が別個に存在してきたわけではない。

しかし、それにもかかわらず、ローカルな文化や価値が、人々の行動パターンとそれを生み出す社会的制度に大きな影響を与えていることは間違いない。「市場原理主義」者達は、東アジアの資本主義がこうした文化や価値の影響を受けて機能していることを無視しがちであった。こうした「市場原理主義」に代表される欧米の自由主義モデルの押し付けに反対して、東アジア社会において共有される文化や価値の役割に光を当てて、多様性の尊重を説く研究者はわが国にも少なくない[25]。人と人の長期的信頼関係に基づくネットワーク、そうした信頼関係を支える家族的経営と同族間の「紳士協定」(「市場原理主義」者は、これを「仲間内資本主義」と呼んで批判した)、そうした風土の中で築き上げられた企業と伝統、そして、その伝統とITなどの技術革新を結合する「合理主義」などが、「東アジア・モデル」に深く組み込まれたDNAとして存在してきたと言える。このDNAは、「モノ作り」の世界において顕著であり、東アジアの高い貯蓄率、勤勉性、教育重視、高い協調性を生む集団主義、政府や権威を尊ぶ気風などとともに、「東アジアの奇跡」を支えた要因と考えてよいであろう。

「東アジア共同体」が話題に上りだした二〇世紀末、ASEAN＋3首脳会議において初めて採択・発表された共同声明には、次のような一文が盛り込まれた。

「各国首脳は、東アジアの文化の強みと美徳に焦点を当てるとともに、この地域がその多様性から力を引き出している面もあるとの認識の上に立って、アジアの視点を外の世界に発信すること、及び、人的交流を強める努力を強化し、文化に対する理解、親善、及び平和を促進することにおいて、地域協力を強化することで意見の一致を見た。」

こうした「文化」や「美徳」に光を当てるとともに、多様な東アジア社会に民主主義や人権といった国際社会の普遍的価値や原則を共有する開かれた共同体を目指すことが、実利によって進む統合を新たな段階に導く理念となろう。ヨーロッパは、人権や民主主義といった価値を共有する共同体を作り上げた。東アジアがいかなる価値を共有することになるかは、実利の先にほの見える東アジア秩序の基盤を左右する。

西洋文明に圧倒された屈辱の近代を共有することから生まれた「アジア意識」の遺産は、今も時として顔を出す。東アジアは、そのものとして一つであったのではなく、岡倉天心が『東洋の目覚め』において述べたように、「西洋への抵抗において」一つであったのかも知れない。歴史的に、「アジア主義」と称する思想にも、そうした相対化されたアジア的属性が埋め込まれていた。マハティール首相のＥＡＥＣ構想が実現しなかった背景の一つにも、そうした「アジア主義」が垣間見れる。しかし、「復権」する東アジアは、地域性と普遍性を両立させた「開かれたアジア主義」を持ち得る時代を迎えている。「開かれた地域主義」としての新しいアジア主義を形成していくことが、東アジアの価値や文化の共有につながる。そして、そうした東アジアの価値や文化が欧米にも提起され得る普遍性を持ち得るとき、グローバル化する世界と共存する「東アジア共同体」が誕生するであろう。

その意味で、民主主義や人権が東アジアにおいても重要であることに変わりはない。

戦後、日本に続き、韓国、台湾、フィリピン、タイ、マレーシア、インドネシアなどで民主化が進み、紛争から平和な国造りに移行したカンボジアや東ティモールでも普通選挙が実施されるようになった。ヨーロッパの歴史と文化の中で形成された民主主義は、東アジアにおいても普遍的価値と位置付けられるだけの強靱性と浸透性を持つことを証明してきたのである。しかし、同時に、欧米型の民主主義は、世界のそれぞれの地域において、それぞれの歴史や文化の中で受容される形で普遍化していくことも忘れてはならない。したがって、そのスピードや受容の仕方が、その国や民族の置かれた特殊な事情によって多様なものとなることはやむを得ないであろう。その意味で、「東アジア共同体」への道のりは息の長い共同作業となることを覚悟すべきである。

東アジアの発展の原動力となった「開放性」と「柔軟性」は、固有の文明への盲信を戒め、他の文明の利点を積極的に取り入れることにある。日本の復興から中国の開放まで東アジアの近代化と「復権」がその正しさを証明している。こうした「開放性」と「柔軟性」こそが東アジアの強みであり、それらを支えているのが、「多様性」の共存の中で培われた「寛容」な「文化」であり、「美徳」である。多様な文化や価値を尊重する東アジア・システムこそ、「東アジア共同体」の基礎となるべきであろう。

3　日本の取り組むべき課題──日中提携と「第三の開国」

日本はしばしば英国と比較される。「光栄ある孤立」や「脱亜入欧」という歴史的体験を持つ両国が、地域共同体においていかなる位置取りをし、いかなる役割を果たすのかは両国の平和や繁栄のみならず、地域の秩序作りに大きな影響を与える。そして、日英両国は、アジアと欧州における米国の最重要パートナーとして、地域主義にどうかかわっていくのかという共通の課題に直面してきた。

共同体作りにおいて先行するヨーロッパにおいて、英国は米国との大西洋同盟を重視し、独仏が中心となって進めてきたヨーロッパ統合のプロセスから一定の距離を保つ立場を貫いてきた。しかし、日本は、こうした英国の軌跡を後追いする必要はない。日本は、日米同盟と共に、アジア重視を外交の柱に据えて、特に東南アジア諸国との緊密なパートナーシップを育ててきた。そうした日本のアジア外交はＡＳＥＡＮ諸国の評価するところであり、米国の利益ともなる。

ＡＳＥＡＮ諸国は、「東アジア共同体」の構築に向けて、日中両国が主導権争いをすることは歓迎しないが、日本が積極的役割を果たすことには大きな期待を持っている。日本が共同体作りのプロセスから距離を置けば、台頭する中国が主導する秩序作りにもつながりかねない。いかなる「東アジア共同体」を目指すのかは、日本の平和と繁栄という国益に直結する問題でもある。実態面で経済的な相互依存と統合が進む東アジアにおいて、普遍的な価値やルールを基礎とする日本のスタンダードが共同体のスタンダードとして制度化されるよう、政府・民間が一丸となって行動する必要がある。それは、日本の安全や企業の利益を高めるのみならず、グローバル化と地域統合の間の摩擦や矛盾を防止し、東アジアが国際社会の中で建設的な役割を果たす地域として発展することをも意味する。

以上のような諸点にかんがみれば、日本は積極的に共同体論議に参画し、イニシアティブを発揮すべきであり、そのためには日本として、いくつかの課題に全力を挙げて取り組む必要がある、その中で最も重要なのが、第一に日中提携であり、第二に日本の長期的な東アジア戦略の構築であり、その一環としての「日本の第三の開国」である。いずれもその実現は容易ではないが、平和で繁栄する「東アジア共同体」の成否はこの二点にかかっていると言え、強い政治的な意志とリーダーシップをもって取り組むことが不可欠である。

(1) 日中提携

政治的・軍事的のみならず経済的にも大国として「復権」した中国と世界第二の経済大国として依然として東アジアで最大の経済力（東アジアのＧＮＰの六割を占める）を持つ日本が、安定した協力関係を構築することができるかどうかが、東アジアの平和と繁栄を左右する鍵であり、日中提携なくして「東アジア共同体」も絵に描いた餅となろう。しかし、日中関係は安定した基盤の上で発展しているとは言えず、提携は容易ではない。それでも、日中提携が求められるところに、日中両国の置かれている客観的状況としての歴史的必然が感じられる。

そもそも日本と中国は、長い交流の歴史を共有しており、日本は中国から多くの文物や技術を取り入れ、平和に共存する時代が続いた。近代の一時期において、不幸な戦争を経験したが、一九七二年の国交正常化を経て、両国は新しい友好の時代に入った。七八年には、中国が改革と開放という歴史的な大転換に踏み切ったのを受けて、日本は、翌七九年よりこれを全面的に支援する方針を決定し、今日まで四半世紀にわたって、総額三兆四千億円のＯＤＡを供与してきた。ＯＤＡは、中国の改革・開放を支援することによって中国が国際社会の建設的な一員となることを後押ししてきた。その結果、中国は、天安門事件による一時的停滞はあったが、社会の安定と経済の発展を持続しながら、国際社会に開かれた国家となった。ＷＴＯ加盟は、その象徴的な出来事である。

そうした流れの中で、日中間の貿易や投資も拡大した。〇四年の貿易総額（香港を含む）は、史上最高を記録し、二十二兆円を突破して米国（二十兆円強）を抜いて日本の最大の貿易パートナーとなった。特に、輸出の伸びは目覚しく、台湾や香港の企業の大陸進出により経済の一体化が進む中国・香港・台湾からなる「中国圏」への輸出は、〇三年以降対米輸出を上回っている[26]。中国の統計でも、〇四年の中日貿易総額は千六百七十八・七億ドルに達し（対前年比二五・七％増）、国交正常化した七二年（十一億ドル）に比べ、百五十倍に拡大した。投資については、〇三年の中国の統計によれば、日本は香港、米国に次ぎ第三位の投資国[27]であるが、〇三年度の日本の財務省統計によれば、日本の対中投資は、三百三十二件、総額三千五百五十三億円に達し、対前年比六五％増という高い伸びとなった[28]。今や、中国は日本にとって米国と並ぶ重要な経済的パートナーであり、その比重は年々増大する勢いにある。

そうした流れを生み出した日本の対中ＯＤＡは、中国にとってのみならず、日本にとっても大きな利益をもたらしたのである。そして、その太宗を占めるのは、贈与ではなく返済義務のある円借款である。途上国の債務問題が深刻化する中で、中国への借款はきちんと返済されてきており、〇三年度には、返済額は一千億円を超え、新規供与額（九百七十億円）を上回った[29]。こうした援助の実態は意外に知られていない。そして、対中ＯＤＡは環境分野などに限定されつつ「卒業」に向けて縮減されているが、この間の対中ＯＤＡ批判は日本国内の対中認識の変化を物語るものでもある。

表16　　日本と中国の関係　　　　中国に対する親しみ

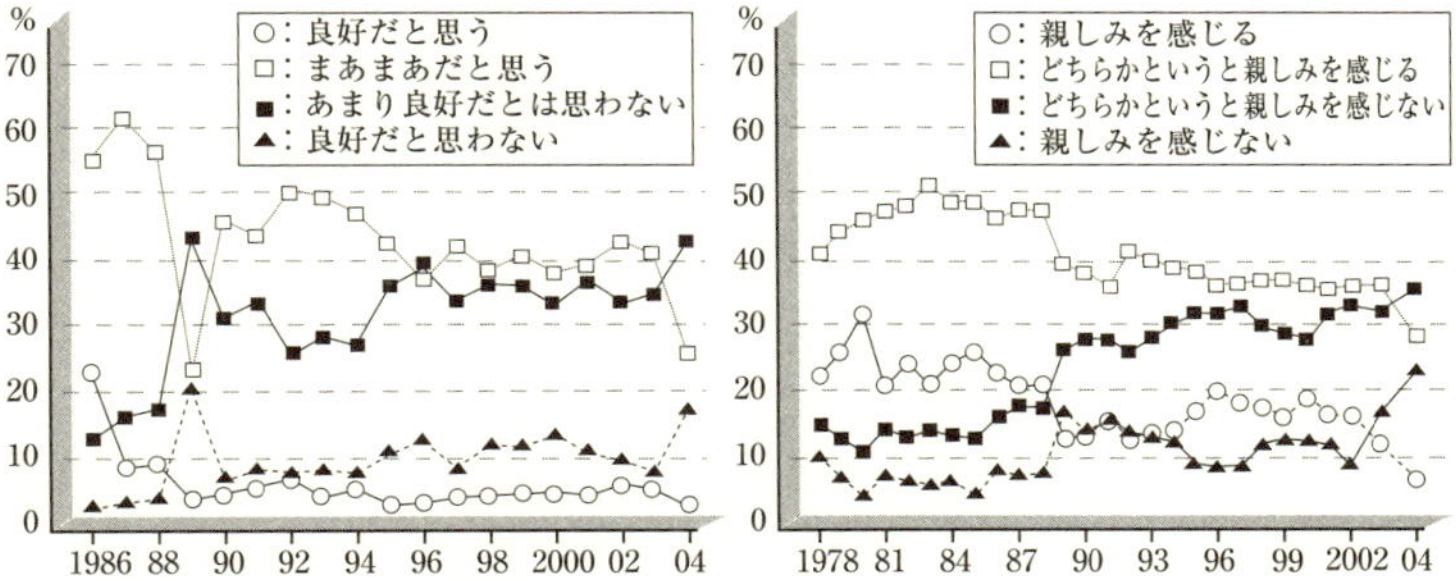

（出典：内閣府世論調査より作成）

国交正常化後の中国ブームと友好協力関係の発展の流れの中での親中感の高まりは、八九年の天安門事件で急激に冷え込み、嫌中感に取って代わられた。内閣府の世論調査[30]（表16）によれば、日本人の「中国に対する親しみ」は、八九年に「親しみを感じない」層が大きく増え（前年の二六・四％から四三・二％に上昇）、〇二年には、約半数（四九・一％）を占め、「親しみを感じる」層（四五・六％）を上回った。〇四年には、「親しみを感じない」と答えた人（五八・二％）が、「親しみを感じる」と答えた人（三七・六％）を大きく上回る形で上昇している。日中関係に対する認識も、八九年を境に激変した。「日中関係を良好だと思う」日本人は、八八年の六六・二％から、八九年には二六・九％に激減した。テレビの生々しい映像が、国民の対中イメージを大きく変えたのである[31]。中国人の対日意識も悪化している。〇五年三月に朝日新聞と中国社会科学院が共同で実施した世論調査[32]によれば、「日本が嫌い」と答えた中国人は、九七年[33]の三四％から六四％に増大し、「仲良くしたらよい国」として日本を挙げた中国人は、八％しかなく、米国の二八％やロシアの三二％を大きく下回った。

また、日本のバブル崩壊後の経済低迷と中国の目覚しい経済成長を背景に、中国脅威論も台頭した。しかし、近年、日本経済が拡大する中国市場によって回復を見せる中で、経済界では「中国特需論」が広がった。経済面では、日中両国は、ウイン・ウインの互恵関係によって共に発展できるとの見方が有力となっている。

このように、日中関係は、国交正常化後のわずか三十数年という交流の歴史においても、振幅の大きな相互イメージの中に置かれてきたと言わざるを得ない。「友好」「脅威」「特需」といった言葉に象徴される一時的な気分やブームに流されることなく、確固とした日中関係を築くことが、東アジアの平和と繁栄に資するばかりか、日本の国益にもつながる。

中国指導部からすれば、権威主義的体制を維持する条件としての経済発展を可能とするためには、平和な国際環境、なかんずく、近隣諸国との良好な関係が不可欠であり、また、貿易や投資を通じた開放経済下での経済発展を求める限り、日本をはじめとする東アジア諸国との相互依存関係は高まらざるを得ないとの認識があるであろう。湖錦濤政権も、安定した日中関係を望むとの姿勢をしばしば表明している。

日本からしても、大国化する中国との関係を安定的に発展させていくことが日本の平和と繁栄にとって不可欠である。日本の発展を支えてきた米国市場の役割は、引き続き重要であるが、拡大する中国市場の役割が急速に高まってきている。脅威視された中国製造業の一角は、進出日本企業によって占められている。かつて中国進出企業には厳しい輸出義務が課せられていたが、〇三年には日本関係企業が生産する製品の四四％は中国国内市場向けである。また、日本企業の現地法人やその他ビジネス拠点七千社が中国で事業を展開し、邦人九万八千人が中国に長期滞在している[34]。政治・軍事のみならず、経済においても大国化する隣国中国との関係が、日本の平和と繁栄に一段と大きな影響を与えるようになっているのである。

現在の日中関係は、しばしば「政治的には冷え、経済的には熱い」と表現される。しかし、政治と経済は別の生き物ではなく、互いに影響し合うものである。歴史や領土といった潜在的対立要因の顕在化によって、国民感情の悪化を伴う形で政治関係が緊張すれば、政治が経済を圧する場面も出てくるであろう。ウィン・ウィンの互恵的な関係を志向する形で発展を始めた日中経済関係を、確固とした基盤の上で持続的に発展させていくためには、政治を冷えたままにしておくわけにはいかない。政治は「熱く」ならないまでも、政府レベルのみならず国民レベルにおいても安心と信頼に裏打ちされた「心地良さ」を感じさせる安定した基盤を築き上げることが、両国の国益のみならず、「東アジア共同体」を実現する上で不可欠の条件である。両国政府の指導力が試されている。

ここでは、そうした問題意識に立って、日中提携のために両国が政治のレベルにおいて採るべき（あるいは採ることができる）行動を三点提言する。

第一に、「歴史の克服」のための新たな努力である。もちろん、中国側の過剰な反日感情やナショナリズムは抑制されるべきである。しかし、ここでは、日本側の努力として、第3章において述べた諸点を踏まえて、なぜ、そしていかに「歴史の克服」を目指すかについて考察する。

日中提携のためには、両国が過去を乗り越え、「和解」を実現することが不可欠である。欧州では、互いに敵同士として戦ったフランスとドイツというヨーロッパ大陸の二つの大国が、過去を克服し、「和解」したことが、今日のEUにつながった。しかし、第二次大戦が終わった当時、独仏和解が実現すると考えた人がどれだけいたであろうか。独仏両国の人達は、いかにして「父祖伝来の敵」のイメージを乗り越えることができたのか。R・フランクは、「仏独和解はヨーロッパが成功する条件の一つであった。経済的利害を媒介とした二国間の協調がまず存在し、次いで象徴的行為によって、両国民の間の憎しみを後退させることができたのである」[35]と指摘して、経済利益に基づく強調と象徴的行為を重要な要因として挙げている。前者は石炭鉄鋼共同体となって具体化され、後者は西ドイツ首相としてワルシャワを訪問した際の行為として世界中に報じられた「ブラントのひざまずき」[36]となって表れ、ドイツの対外的イメージを一変させた。

日中両国も、本来もっと早いうちに「歴史の克服」を終えて然るべきであった。戦前・戦後の日本政治の「連続性」やその背景ともなった国際情勢の激変などがそれを許さなかったという事情があったにせよ、二一世紀に入ってなお歴史の問題で近隣諸国との関係が揺れ動くという状況は、日本の対アジア外交にとってのみならず、外交全般、例えば、平和の分野でのヒトの貢献、人権問題を巡る対応、安保理常任理事国入り問題などにおいて大きな制約要因となってきた。「東アジア共同体」の議論においても無視できない問題である。

もちろん、日本は何もしなかったわけではなく、戦後処理と歴史の克服に真剣に取り組んできた。例えば、東アジア各国との賠償請求権の問題の処理（ドイツは未解決）、ODAを通じた東アジア諸国の復興と開発への支援（ヨーロッパは米国の「マーシャル・プラン」により復興を成し遂げた）、明確に謝罪の言葉を述べた村山総理の談話、「慰安婦」問題や在サハリン韓国人永住帰国問題など残された諸問題への対応などは、歴史に対する日本の姿勢を示すものである。

他方で、閣僚の「妄言」をはじめ、自由主義史観による歴史教科書やA級戦犯が合祀されている靖国神社への総理の参拝などが近隣諸国の反発を招いてきたことも事実である。

歴史を巡る問題の背後には、いわゆる「歴史認識」の問題が存在している。植民地化や侵略によって近隣諸国が被った精神的苦痛と物質的被害は疑いようもない事実であり、事実を誤魔化したり、戦争を美化したりすることで、日本の国家と民族の誇りを取り戻そうと叫ぶことは、かえって日本という国家と民族を貶《おとし》め、アジア、ひいては、国際社会の評価を下げるだけの結果に終わる。それどころか、戦後、日本が平和主義と経済協力を通して東アジアの平和と繁栄のために建設的な役割を果たしてきた努力も空しくする。歴史を美化する人達の中には、アジアの言葉や文化を学んだこともなければ、アジアの人達と親しく付き合ったこともない人達が少なくない。

歴史に対して開き直る独善主義は、相互依存と国際協調の進む時代に背を向ける態度であり、日本がかつてたどった道につながる対外姿勢でもある。そうした姿勢が日本の国益をいかに損なうかを認識するならば、日本の良識ある声がもっと発信され、将来の日中関係と東アジアの平和と繁栄を担う若い世代の人達を啓発して然るべきである。日本の知識人の責務であろう。他方、大部分の日本人は、歴史を教訓として受け止め、平和憲法と非核三原則を支持し、平和に徹してきた。日本の一部の言動が「歴史の克服」を遠ざけたとすれば、こうした国民の努力は報われない。歴史を巡る感情的で非生産的なやりとりが繰り返される中で、国民が歴史に疲れてしまったのも無理はない。一九八年に訪日した江沢民国家主席の歴史発言に対する国民の「反発」は、そうした国民感情の表れでもあろう。

これに対し、中国は、第3章において指摘した通り、被害者と加害者との記憶のギャップや歴史が政権の正当性の拠り所となってきたとの政治的制約に加え、欧米や日本の帝国主義に屈した歴史への「呪縛《じゅばく》」と強国として復権する将来への「自信」という優越・劣等入り混じった国民感情の中で、歴史にこだわり続けてきた。他方で、東アジアの中心国家として「復権」し、新しい地域秩序に指導力を発揮する「責任ある大国」を目指す中国にとって、過去にとらわれ、未来への志向が抑えられる事態は回避する必要がある。湖錦濤主席も「遠い先を見て、大局をつかむ」と述べているが、今後は国内の偏狭な民族主義的感情をどう抑えていくかが、良好な対外関係を発展させる上でも、安定した国内秩序を維持する上でも重要な課題となる。しかし、〇四年三月の尖閣諸島への中国人上陸事件の際に、日本大使館前で日本国旗を焼く中国人の行為を何ら静止しなかった中国当局の対応を見ていると、情報化と市場経済化によって社会が開放され、流動化する中で、国内世論の統制や誘導が社会主義中国においても、いかに困難となっているかを示している。歴史や領土をめぐる問題は、既に述べた通り、政府の大局的・長期的な観点からの冷静な判断を困難にするほどに高まる国民のナショナリズムがからんで、一度顕在化すれば、政府レベルで問題を収拾することが次第に難しくなってきている。〇五年春の中国での反日デモの広がりは、こうした憂慮が的中する形となった。日中両国における反日・反中や嫌日・嫌中の感情の暴走を抑え、冷静な議論ができる環境作りのために何をすべきかを考えなければならない。

「冷えた政治と熱い経済」。熱いのは経済だけでない。一週間に一万人以上が、日中間を往来し、日本人の中国へのパック旅行は、米国のそれを上回った。中国は、かつてないほど「近くて近い国」になっている。〇四年、中国では日本語能力の国家試験を受けた中国人が十万人を突破した。日本のファッションが中国の若者に支持され、ポップ・ミュージック、マンガ、アニメが人気を博する。ある調査では、「日本のマンガを読む」と答えた中国の若者は九割近くに達し、海賊版を中心に、日本のマンガ市場は巨大なものとなっている[37]。こうした経済・文化の好ましい流れ[38]が主流となるか、対立する政治的な負の流れが主流となるかは、その流れに乗る人達の多寡とその声の大きさにも影響される。そして、それを媒介し、増幅し、国民世論を形成する上で決定的な役割を果たすのが、メディアであり、インターネットである。

近年、インターネットの普及に代表される急速な情報化の波は、両国関係に大きな影響を及ぼしており、その意味で、政治のリーダーシップだけで「日中提携」が可能となる時代は終わった。日本のメディアでは、しばしば目覚しい経済成長によって国際社会での存在感と影響力を強める中国に対する脅威論や過剰なライバル意識が報じられ、国民の対中不安をかき立てる。八〇年代末頃までは、強固な組織力と強力な指導力を有した与党と官僚によって対中政策を推進することができたが、九〇年代以降は、与党の指導力や官僚の「権威」の低下と情報化の進展によって世論が一段と大きな影響力を持つようになっている。瀋陽総領事館事件では同じ映像が繰り返し報じられ、「武装警官が落とした帽子を館員が拾って渡すという衝撃的な映像は、国民の記憶に鮮烈に焼き付いている」[39]と報じられた通り、日中関係はメディアの報道により増幅されるイメージやインターネットによる「即席世論」によって揺れ動くようになった。

情報化が外交に及ぼす作用は、日本に限らず、中国においても顕著となっている。特に、急速に広がるインターネット網を通じた「世論」は、両国関係に影響を与える新たな要因として登場している。中国のインターネット人口は年五〇％増という爆発的な伸びで増大しており、〇四年末には、九千四百万人に達した[40]。そして、ネット上では、日本や日本人に対するマイナス・イメージが強く打ち出される傾向があり[41]、事あるごとに過激な「反日」的言質が飛び交う。こうした「ネット世論」は中国の世論形成に大きな影響力を持ち始めており、また、その排他的ナショナリズムが政府批判に向かわないとも限らず、中国政府もその動向に神経質になっている。

ベネディクト・アンダーソンは、著書『想像の共同体』において、そこでは、滅多に行われることのない代議制（選挙）より重要なマスコミの役割に注目して、「虚構としての新聞を人々がほとんどまったく同時に消費（「想像」）するという儀式を創り出した」と述べて、「マス・セレモニー」として毎日繰り返される新聞世界を通して形成される「想像の共同体」としての国家の存在を明らかにした[42]。アンダーソンの言う「新聞世界」は、今日、インターネットを含む巨大な「情報世界」としてその影響力を益々増大しつつある。

今日の日中関係は、もはや政府間関係だけで処理できる時代ではなくなってきている。両国間の拡大する人やモノや情報の流れが、メディアやインターネットの影響力と共に、相互のイメージや大衆の感情の落ち着き先を不安定・不透明なものにしている。その意味で、日中両国のマスコミの報道姿勢が問われている。中国のメディアについては、商業主義に捉われるあまり、報道が客観性を欠く偏向的な内容となりがちであったことも指摘されている[43]。マスコミや有識者の間で交流を深め、日中提携や「東アジア共同体」をテーマに企画やシンポジウムを共催するなどして相互理解の増進に努めるべきであろう。また、日本のマスコミが中国向けの「インターネット新聞」を発刊したり、日本政府が中国語のホームページを開設したりして、中国の一般大衆に対して定期的な情報発信を心がけることも有益であろう。その意味で、在中国日本大使館の中国語版ホームページは効果的である[44]。

第二に、政治のリーダーシップと国民の自覚である。

「歴史の克服」は、相手に言われて行うものではない。日本自らが、過去を正しく認識していれば、中国も韓国もことさらに歴史を問題にすることはないであろう。むしろ、日本の戦後の生き様は誇りさえできる。日本は、平和憲法の下、戦後半世紀以上にわたり、武力の行使も武力による威嚇《かく》もしなかった国家であり、自衛隊は一人の人間も殺《あや》めていない。歴史を大事にすることで、そうした日本の平和国家としての姿に光を当てることが可能となる。金大中大統領は、九八年十月の訪日において、日本の戦後の平和国家としての歩みを評価し賞賛した[45]。中国も日本の積極的側面に目を向け、それを正当に評価することによって、日本のさらなる努力を期待することが、良好な日中関係の環境作りに資するとともに、中国自身の国益にも適《かな》うことである。日本政治の歴史に向き合う姿勢と中国政治の日本へのプラス思考が重要であり、ポピュリズムや一部の偏狭な民族意識に屈してはならない。馬立誠人民日報評論員は、現在の日本は「軍部」が跋扈《ばっこ》する状況ではなく、謝罪問題も解決しているなどと指摘し、両国が狭い観念を克服して一体化に進むべきであると論じて、対日関係の「新思考」を提唱した。両国にとっての真の利益を考えた勇気ある行動であるが、中国国内からは多くの批判や脅迫が寄せられたと言う[46]。日本は、こうした勇気ある声を大事にするべきである。両国の有識者による理性的な声が、感情的な批判にかき消されるようなことのないよう、冷静な議論の展開を可能とする雰囲気作りに努めるべきであろう。そうした観点から、歴史を含む相互理解の増進のための施策、例えば、研究支援や留学生支援へのＯＤＡの積極的活用などを進める必要がある。

第三に、マスコミも国民も、両国の差異や対立点にばかり目を向けるのではなく、共通点や共有できる目標を探し出し、あるいは創り出して、協力関係を幅広く推し進めることである。幸い、既に述べた通り、経済関係は、競合する分野より、補完関係にある分野がはるかに大きい[47]。また、中国の巨大化する市場は、日本経済にとって米国と並ぶ、あるいは、それ以上の重要な市場となりつつある。経済の補完性を出発点とし、互いに相手の長所に光を当て、未来に可能性を求め、テロや感染症など「共通の脅威」に共同して立ち向かうことで、偏狭な民族主義による「反日」や「反中」を排し、過去を克服する力とすべきである。将来の「東アジア共同体」の実現に向けて、主導権を争うのではなく、互いに知恵を出し、協力し合うことで、日中提携のための一つの基盤が生まれる。また、六者会合で積極的役割を果たす中国と朝鮮半島問題で協力し、北東アジアの恒久平和を構築するためにも、日中提携は不可欠である。その意味で、日中提携は、「東アジア共同体」実現の条件であるのみならず、「東アジア共同体」実現へのプロセスそのものが、歴史の克服を含む日中提携につながる道でもある。

(2) 東アジア戦略と日本の「第三の開国」

日本は、二〇〇三年十二月、東京において、ASEAN首脳を招待し、ASEAN特別首脳会議を主催した。ASEAN以外の国によってASEANとの首脳会議が主催されたのは、国連総会の機会や二〇〇〇年の小渕前総理の葬儀の際の日・ASEAN首脳会議は別として、歴史上画期的なことであった。首脳会議で合意され、発表された「東京宣言」では、「ASEAN+3プロセスは、東アジアにおける協力と地域経済統合のネットワークを促進する重要な経路である」との認識を明らかにした上で、「普遍的なルールと原則を尊重しつつ、外向的で、豊富な創造力と活力に満ち、相互理解並びにアジアの伝統と価値を理解する共通の精神を有する東アジアコミュニティの構築を求める」ことを謳った。〇四年七月のASEAN+3外相会議においては、日本は「東アジア共同体」の実現に向けた議論を整理する「論点ペーパー」を提出した。「東アジア共同体」という名前だけが先走りしている観がある現状を踏まえ、冷静な議論を呼びかけた日本の動きは適切なものである。しかし、今後日本が外交的なイニシアティブを発揮して、議論をリードしていくためには、日本自身の社会的・経済的体質が共同体論議について行けるような開放性を持つものに速やかに転換する必要がある。

「東アジア共同体」構想は、にわかに現実味を帯びつつ動き出しており、日本は共同体論議に耐え得る国内基盤を早急に整備し、確固たる戦略をもって積極的に動く必要があろう[48]。

既に述べた通り、東アジアにおいては、経済相互依存の高まりとアジア通貨危機後の地域協力の進展によって、FTAやEPAなどを通じた経済統合の機運が盛り上がってきた。日本の貿易の比重は過去十年でそれまでの米国中心から次第に東アジアに移ってきているが、日本と東アジアの経済一体化が加速されていることが、そうした機運を後押ししている。東アジアにおいてFTAやEPAのネットワークが張り巡らされていけば、その先に「東アジア経済共同体」の可能性も見え始める。

日本経済低迷の中でも、一兆六千億円という巨額の純利益を出したトヨタ自動車のように、たゆまぬ技術革新とグローバル戦略によって強い競争力を発揮している日本企業がある。「メイド・イン・ジャパン」ブランドの国際的信用を維持し、日本の繁栄を支えるこうした企業も、世界経済のグローバル化による競争の激化にさらされており、国際標準（グローバル・スタンダード）化競争とEUの統合と拡大に象徴される地域主義の潮流の中で、日本企業が不利な競争条件の下に置かれないための国家戦略の策定と推進を必要としている。また、FTAやEPAを通じて、日本をより開かれた経済活動の拠点にすることによって、海外から人材や資本を引き付けることが日本経済の活性化につながり、グローバル化の中での日本の戦略となる。グローバル化する資本やビジネスは、国境を越えてより自由で開かれた空間に流れ込むのであり、日本がそうした空間になることが「東アジア共同体」戦略の柱として位置付けられなければならない。日本経済を活性化し、日本の繁栄を維持するためにも、東アジアの経済ダイナミズムをどう活用し、どう制度化するかを日本の経済外交の最大の課題として位置付ける必要がある。

中国がGNP四倍増を実現し日本に追いつき追い越す可能性がある二〇二〇年までの間に、日本企業がどれだけ体質を強化し、日本の経済・社会全体がいかに活力を取り戻すかが問われている。

まさに時間との勝負である。この間の日本の対東アジア経済戦略はどうあるべきか。やるべき課題は少なくない。ここでは、二点だけ指摘しておきたい。

第一に、農業問題の克服である。貿易立国として自由貿易体制の維持・強化が不可欠な日本にとって、市場開放は避けて通ることのできない道であったが、その道の真ん中には農業という大きな壁が立ちはだかってきた。農業市場の開放は過去何度となく業界と族議員のスクラムによって先送りされてきた。国内の農業問題を盾にＦＴＡやＥＰＡの推進を阻むなら、そもそも日本は戦略のないただの立ち遅れた国家となってしまう。他方、自然豊かな田園地帯に育った筆者にも、「日本の農業には、国土や環境を保全し、景観や文化を維持する多面的機能がある」との主張はよく理解できる。しかし、食糧安全保障や環境保全などの多面的機能を果たせるだけの農業生産を確保するためには、保護主義という「守り」の姿勢ではなく、農業改革という「攻め」の姿勢が不可欠である。

日本の農業生産のＧＮＰに占める割合は、今や一・一％（〇二年）にしか過ぎない。また、農業就業人口は、その六割以上が六十五歳以上と高齢化が進み、主に農業で生計を立てる基幹的農業従事者は二〇二〇年には百二十九万人と二〇〇〇年の二百四十万人の半分近くまで減少するとの試算もある[49]。農業の衰退と生産体制・構造の変化が進む中で、日本の国益に資するＦＴＡを推進するためには、今後十年先を見据えた農業の抜本的改革の青写真を示しつつ、市場開放を進めるしか道はない。

ＷＴＯ新ラウンド交渉も日本農業にとって厳しいことに変わりはない。農業の改革に踏み切るためにも、高関税という水際での農業の保護措置を撤廃することによる農業への衝撃を緩和する何らかの措置が必要となるが、その具体論の是非については、日本の農業をどうするのかについての国民的合意が前提とされよう。例えば、現在検討されている「プロ農家への直接支払い」[50]についても、巨額の財政赤字の下で年金や医療保険の見直し・改革が進められる中での新たな財政支出であり、農家が政府から直接現金を受け取ることに対する国民感情はどうかといった点も含め、議論を尽くす必要があろう。いずれにせよ、経営の集中化による生産性向上や農産品の安全性や品質の向上を通じた差別化と競争力強化が図られなければならず、そのためのばらまきにならない国家の支援が必要である。家族農業に固執することなく、本当に農業をやりたいとの意欲と能力のある農家や農企業への農地の集中が可能とならなければならない。零細農業からの脱皮は日本に限らず東アジアの農村の貧困の原因でもある。日本が農業改革を成功させ、東アジア農業のモデルとなって各国に農業協力を展開することができれば、東アジアの自然と人間、環境保護と工業化の調和ある繁栄を「東アジア共同体」のビジョンとして位置づけることも可能であろう。国家戦略には、そうした東アジア・ワイドのビジョンも掲げた理想主義と、国家の各分野・各地域・各集団を横断的に捉えて、長期的国益の最大化を目指す現実主義の双方に立脚した構想、そして、それを実現する強力な政治的リーダーシップが伴わなければならない。欧米へのキャッチ・アップを目指した時代とは異なり、時代の先見性に基づく果断な実行力が求められる。今日ほど政治家・官僚の見識と能力が試される時代はない[51]。

第二に、モノの戦略のみならず、カネ、ヒト、情報をもカバーする総合的な戦略の策定である。「奥田レポート」は、まさにその先鞭をつける先見性を持った日本の総合的東アジア戦略である。

これまでの東アジアの経済一体化の進展は、円高による国内製造業の価格競争力低下と、東アジア諸国の投資促進政策を背景とする日本企業の積極的な海外展開に促されて事実上進んだという面が強い。その意味で、モノの動きが先行してきたと言え、ＦＴＡ締結機運もそうした動きに押されて高まったと言える。しかし、アジア通貨危機において痛感されたカネの動きの影響力の高まりは、モノの分野のみの協力では不十分であることを明らかにした。通貨危機の原因については既に明らかにしたが、通貨と期間のダブル・ミスマッチによる新たな通貨危機を予防するためにも、長期資金を現地通貨建てで調達できる債券市場の育成が急務である。東アジアには、そのための資金が潤沢にある。

日本の貿易黒字は〇四年には十二兆円に達し、〇四年末の外貨準備高は八千四百四十五億ドルに達した。中国の六千九十九億ドル（世界二位）、台湾の二千四百十七億ドル（世界三位）、韓国の千九百九十一億ドル（世界四位）、香港の千百十二億ドル（世界五位）などの外貨準備も合わせると、東アジアには世界の外貨準備高の半分以上が集中し、まさに巨大なドル・プールが形成されていると言える[52]。

そして、その大部分は米国の財務省証券に投資されている。日本の場合には、外貨準備の約八割がドル資産としての財務省証券によって保有されている。すなわち、貿易黒字によって得たドルは、日本の円高防止のために、米国債の購入に回って米国に逆流しているのである。日本は、対米貿易における大幅な出超が続く中で、常に円高圧力に直面してきた。為替高の圧力をかわそうとすれば、外国為替市場において市場の動きをチェックできるだけのドル買い介入をする必要がある。ドルを買うための円資金は、国債（政府短期証券）を発行して金融市場から調達する。この円資金をドルと両替することが、「円売り・ドル買い介入」と言われるものである。そして、購入したドルを日本円に変えてしまえば、再び円高を招くことになるので、米国の債券市場において米国債（財務省証券）を購入して運用するということが行われてきた。この結果、日本政府は巨額の借金と大量の米国債を抱えることになってしまったのである。この体質は今も変わらない。

日本の米国債保有高と外貨準備高は、史上最高を更新し続け、同時に、政府短期証券発行残高も膨らみ続けている。そして、円高に振れれば、米国債の含み損が発生する。〇四年度末で、八兆円の損失との見通しもある[53]。しかし、ドルを買い支えないとドルは急落し、米国債が暴落する恐れもないとは言えない。日本は、手持ちの米国債の含み損を回避するために、円売り・ドル買い介入を続けるというジレンマに陥ってしまっているのである。中国も、この日本の状態と酷似してきた。両国が、貿易黒字で得たドルで米国債を購入することによって、米国の財政赤字は穴埋めされる。その結果、米国の長期金利の高騰は抑えられ、米国債のさらなる発行が可能となり、米国経済の発展も可能となる。そして、この米国債を飲み込む大口の顧客が日本と中国なのである。他方、こうして維持される米国市場が日中両国の輸出、ひいては経済成長を可能としている。こうした「便宜的結婚」関係[54]を続けるためには、日中両国の米国債購入が条件とされるのである。

こうして見ると、日中両国と米国の間には、危ういバランスの上で繁栄を維持する運命共同体の構造が根付いていているとも言える。かつて、米国訪問中の橋本総理の発言が米国債売却と受け取られて為替市場にパニックが走ったように、米国債を人質と見立てれば日中両国は米国経済に無言の発言力を有していると言えなくもないが、他方で、米国債は両国に巨額の損失を与えかねず、自らをも滅ぼすことになる厄介な代物である。そして、米国債を購入することでドルが米国に還流し、それによって日本と中国の対米輸出が可能となるという構造は、簡単には脱却できない水準にまで達している。そうした一種の「もたれあい」関係の中で、急速に輸出を伸ばした中国は人民元の切上げを要求され、その陰で一服感はあるが、日本も常に円高圧力におびえるという袋小路に迷い込んでしまっている。特に、中国に対しては、米国の対中貿易赤字の拡大が続けば、人民元の再切上げは不可避となろうが、それが低賃金の労働集約型産業を成長の原動力としてきた中国経済にどう影響するのかが注目される。

貿易や投資を通じて、米中関係はかつてないほど太いパイプで結ばれるようになった。しかし、同時に、貿易摩擦は両国間の安定的発展にも影響を与えかねない。中国にとっても、日本にとっても、米国市場に過度に依存する体質を変えていく必要があろう。

東アジアの経済統合は、その一つの出口となるかもしれない。事実、米国市場一辺倒の貿易構造は、東アジアの域内貿易の高まりによって着実に変化している。東アジアの域内輸出額は、〇二年までの十年間で約二倍に増加した。輸出総額に占める域内輸出比率は微増にとどまっているが、鉄鋼、化学工業品、機械などは顕著な増加を示している[55]。そして、日本と東アジア諸国との間では、日本で部品を製造し、中国、タイ、インドネシアなどで組み立てを行うとの部品を中心とした分業ネットワークが形成されている。中国は、今や日本の最大の輸入相手国であるが、中国の対日輸出の増大は脅威ではなく、相互補完関係にある中国からの輸入増は、日本からの工作機械、部品、素材などの対中輸出の増大につながる。さらに、中国の経済成長は中産階級を生み出し、巨大な潜在的市場を顕在化させつつある。日本経済は中国の経済成長から大きな潤いを得ているのである。

東アジアの経済統合は、貿易のみならず、通貨・金融分野についても進められる必要がある。貯蓄率の高い東アジアの域内資金は、現地通貨建ての債券市場によって活性化され得る。債券市場を育てることで起業家精神が促され、民間企業の活力が発揮される。東アジアの経済成長を牽引した旺盛な投資を支え、他方でバブル経済をも生んだ間接金融はガバナンスの強化及び直接金融との二人三脚によって健全化される。そして、東アジア債権市場の育成は、東アジアのドル依存体質を転換し、アジア通貨圏の育成にもつながる。

また、既に述べた通り、FTA交渉においては、労働市場の開放が一つの焦点になった。〇四年四月、日本経団連は、透明で安定的な外国人労働力の受け入れシステムの構築を提唱した。経済財政諮問会議は、「骨太の方針二〇〇四」の中で、看護や介護の分野での外国人労働者の受け入れを検討することを盛り込んだ。この問題については、受け入れ賛成か反対かではなく、ヨーロッパの経験も踏まえ、しっかりとした受け入れスキームを提示することで、その是非につき国民的議論を行い、長期的な人口動態と経済的ニーズや社会的インパクトを考慮した基本政策を策定する段階にきている。

情報についても、域内での共有が必要とされ、そのための協力も進みつつある。例えば、〇三年のSARSの発生に際しては、中国の情報公開が遅れたことが問題を深刻化させた。SARSは、地域の経済に影響を与え、特に観光が大きな打撃を受けた。感染症の場合、各国が情報を速やかに交換し対策を取ることなくして、その蔓延を防ぐことは難しい。テロや海賊などの問題も同じである。各国が、透明性の向上や情報の共有に努め、協力して問題に取り組むことが不可欠であり、そのための仕組みが検討される必要がある。

以上述べた通り、モノ、カネ、ヒト、そして情報、これらすべての要素の流れをできる限り円滑にすることで域内の交流と一体化が促進され、地域共同体への条件作りが整うことになる。その意味で、モノの関税撤廃を中心とする中国のＦＴＡと比べて、日本が追求するＥＰＡは、幅広い分野をカバーし、水準の高い内容の濃いものとする必要がある。日本は、東アジアで唯一の先進自由主義国であり、自由貿易体制の維持・強化のために貢献してきた通商国家として、東アジアの自由化の基準をリードできるし、リードしなければならない。ＥＰＡは、これまでＯＤＡを通じた経済協力関係、すなわち、与える側と受ける側という非対称の関係において展開されてきた東アジアとの関係を、貿易をはじめとする幅広い経済分野でのパートナーとしての関係に転換することでもある。時代は大きく動いている。東アジアの経済ダイナミズムに引きずられるのではなく、ダイナミズムの方向性を日本がリードしていくという意思と行動力が求められている。

そのためにも、日本は、「奥田レポート」の「第三の開国」を速やかに実現しなければならない。そして、かつて日本モデルとされた良い意味での「官民連携」の気風を取り戻し、国力を結集する必要がある。批判されたような「官民癒着」は克服すべきはもちろんであるが、「角を矯《た》めて牛を殺す」ようなことになってはならない。官民間の連携がなく、バラバラに行動すれば、国際標準作りから市場開拓まで、官民一体で国際競争を勝ち抜こうとする欧米諸国や「社会主義市場経済」の下で国家戦略を展開する中国の後塵を拝することとなろう。

終章

共同体論から見る東アジアの将来
――多様性の中での共感と統合

二〇世紀最後の十年に起きた冷戦終結とその後の世界の激動は、市場経済化、民主化、情報化によって世界が急速に一体化する中で、既存の秩序や体制を揺さぶり、新たな活力と可能性を提供するとともに、その陰で疎外と反発をも生み出してきた。グローバリズムの進展の一方で、ナショナリズムが高まり、民族や宗教の対立が噴出する世界となった。九・一一同時多発テロ事件は、「新しい非対称戦争」の始まりを予感させて国家の安全保障観を一変させた。新たな国際秩序は未だ構築されておらず、一種の過渡期にある国際社会にあって国家間のパワー・バランスの変化や非国家主体の影響力の増大が看取される中で、地域主義が一つの流れとなって東アジアにも現れてきている。そうした時代の流れの中で関心と期待が高まる「東アジア共同体」はいかなるものとなるのか。未だその姿形は見えてこない。しかし、共同体を巡る論議は、様々の思惑をはらみながら予想以上の早さで展開している。そして、東アジア諸国は、共同体の議論を通じて、東アジアという一つの地域的存在に真剣に向き合い、そこに存在する様々な問題や可能性についての認識を深め、将来を展望するという歴史的機会を持つに至っている。その意義は、「東アジア共同体」という冠を手にすることよりも、東アジアの平和と繁栄のための地域的枠組みの実現を目指して知恵を絞り、汗を流すという共同作業にこそ見い出されるのかもしれない。東アジアにおいては、いかなる共同体を目指すべきなのかという理念的議論と、いかなる共同体が実現し得るかという現実的議論の間の緊張関係、そして、そこから生まれる各国間の様々なレベルでの認識や政策論の交流と融合のプロセス自体が、東アジアを一つの成熟したコミュニティに押し上げるであろう。

この終章では、これまでの本書の論考を総括する意味で、そうした議論を先取りして、共同体論の一つの方向性を大胆に展望してみたい。その上で、日本としてこれにどう向き合うべきかという自らの位置取りについて付言する。

1　大国の役割——中華的「東アジア共同体」

「東アジア共同体」を論じるとき、ヨーロッパとの比較において、東アジアの多様性がしばしば取り上げられるが、本書で指摘した通り、多様性は共同体の鍵を握る決定的要因ではない。決定的要因として取り上げるべきは、大国の役割である。共同体は、それ自体が一つの世界であり、一つの秩序によって支えられている。そうした世界や秩序がどういったものとなるかは、国際秩序の形成と維持において大国、特に覇権国が果たしてきた役割が大きいように、共同体を構成する大国の立場と行動に左右される。ヨーロッパにおいては、それはフランスとドイツであった。

東アジアにおいては、それは日本と中国である。特に、近年の中国の台頭は目覚しい。歴史上初めて日中両国が共に繁栄する強国として向き合うことになった。二一世紀において両国がいかなる関係を構築するかが「東アジア共同体」の決定的鍵を握る。しかし、冷戦後の国際社会の構造変化の中で、両国は互いにそれぞれの将来像に敏感になり、見えない影におびえている感がある。日本における中国脅威論や、日本の常任理事国入りへの中国の反対はその表れである。中国の台頭の速さと日本の停滞の長さが両国の心理的関係を一段と複雑なものとしている。

領土や人口において圧倒的な大きさを持ち、未曾有の経済成長を続ける中国は、既存の秩序を維持し、あるいは、変革し、さらには新たな秩序を構築する意思と能力を備えつつある。百五十年の屈辱の歴史に根ざす「被害者意識（〝受害者心態〟）」は、中国社会に未だ色濃く残っているとは言え、過去四半世紀にわたって世界の耳目を驚かす経済的成功を収めたことによって、「大国意識（〝大国心態〟）」をのぞかせつつある。

前世紀の中国は、世界最大の人口と日本の二十五倍以上の国土を有する大国ではあっても、それは「立ち遅れた東方の大国」であった。しかし、二一世紀の今日、中国は「経済大国」として台頭し、総合的な国力を大きく増大させており、政治的、軍事的、経済的な影響力を強めている。中国が国際秩序を塗り替えるだけの力を持った時、中国はそれをどう使おうとするのか。唯一の超大国米国は、新たな超大国の出現にどう対処するのか。日本は、中国とどう向き合うべきか（「中国は友人か競争相手か」)。友好を叫べば事足りる日中友好の時代は過去のものとなった。「国家間には永遠の友人はなく、あるのは利益だけ」とのリアリズムの世界に導かれたようでもある。

中国の台頭を巡る議論は不安や警戒感を帯びながら尽きることがない。歴史的に、ある国家の台頭は周辺の大国を刺激し、既存の秩序を動揺させてきた。中国脅威論の高まりは、台頭する中国の宿命であるとも言えるが、改革と開放という基本政策の継続には平和で安定した国際環境が不可欠であり、中国は脅威論を沈静化し、経済成長に有利な対外関係を構築する必要に迫られている。こうした認識に立って提唱されたのが、世界を脅かしたり、覇権を求めたりせず、国際社会の平和と安定に貢献するという「責任ある大国」論であり、あるいは「平和的台頭」論である。事実、中国はかつての欧米中心の国際秩序に批判的な防御的外交姿勢から「責任ある大国」としての能動的外交姿勢に転換しつつある。

そうした変化は、近年の中国外交、なかんずく、東アジア外交においてうかがわれる。例えば、ASEANに対する経済(二国間FTA交渉や自由貿易地域の提唱など)や政治・安全保障(TAC の署名や南シナ海の領有権問題への平和的取り組みなど)の分野での積極的な外交の展開、朝鮮半島の核問題を巡る六者会合の主催、「東アジア・サミット」の第二回会議開催の意思表明[1]などである。

他方で、こうした台頭する中国の積極的外交の展開によって、中国主導によって新たな東アジア秩序が形成されるのではないか、そして「東アジア共同体」はかつての「華夷秩序」的モデルを基礎とする中華世界に収斂していくのではないかとの懸念もささやかれる。しかし、今日の東アジア世界は、伝統的な中華世界とはいくつかの重要な点において異なっている。

第一に、中国の台頭は中国経済がグローバル化の進む国際経済に組み込まれる過程で起きているものであり、中国によって引き起こされている東アジアのダイナミズムは、かつての閉鎖的華夷秩序とは対照的な開放的・相互依存的なシステムによって生み出されている。そして、そこには冷戦後の普遍的経済原理となった市場経済やグローバル・ガバナンスとしてのＷＴＯなどの透明で開かれたシステムによって制御される世界が出現している。中国はこうした相互依存の網の目と様々な貿易・投資ルールに支えられた国際経済システムに組み込まれてしまっている。そうした中国経済の実態は不可逆の段階に達しており、国際社会のルールやシステムを無視した秩序作りに走ることは、持続的成長を妨げ、繁栄への道を閉ざすことにつながる。その意味で、経済合理性を超えた民族の悲願であり共産党の正統性にもかかわる台湾問題は、中国指導部にとって改革・開放の成果を放り出さざるを得ないかもしれない難題である。だからこそ、台湾独立の動きには過剰なほどの反応を見せ、脅威論が高まるほどの軍事力増強に努めざるを得ないのである。それにもかかわらず、中国が国際社会との関係を強めながら経済発展を続ける限り、中国の伝統的世界観や共産党の政治の論理は次第に国際社会のスタンダードに取って代わられざるを得ないであろう。他方で、そうだとすれば、古い政治（共産党一党支配）と新しい経済（グローバル市場経済）の二つの身体を持つケンタウルスはいつか身体を引き裂かれてしまうのではないかとの素朴な疑問も生まれる。そうした可能性が指摘されるところに、中国の将来の行方が東アジア地域に及ぼす影響の大きさがうかがわれる。中国の安定は東アジアの安定にとって不可欠である。台頭する中国の政治的・軍事的不透明性は東アジア秩序を構想する上での障害となる。日本としては、「東アジア共同体」構築の作業を通じて、中国の政治的・軍事的透明性が高まるよう促していくとともに、長期的視点から環境やエネルギーの分野での協力や、透明な法制度整備に向けた人材育成への協力と知的支援などを進める必要があろう。

第二に、東アジアの安全保障と経済発展は米国を抜きにしては語れない。今日の日本の平和と繁栄のみならず、東アジア全体の安定と発展も、米国の存在と関与に負うところが大である。二一世紀は、中国とインドに率いられたアジアの時代になり、米国の覇権をおびやかすとの予測もあるが、予測し得る将来において米国の優位が崩れるようなことはないであろう。CIA長官の諮問機関である国家情報会議(NIC)の報告書は、二〇二〇年の世界を展望し、米国の役割は国際秩序の重要な形成者であり続け、米国は依然として圧倒的な優位を保つとし、大国同士が全面戦争を起こす可能性は二〇世紀のどの時点よりも低いという見方を示した[2]。「東アジア共同体」がASEAN+3を核とするとしても、米国との対話と協調は不可欠である。その意味で、第一の点とも関係するが、いわゆる「開かれた地域主義」が「東アジア共同体」の前提条件となる。その場合、米国も何らかのステータスで共同体に参加するのか、それともASEAN型の域外対話国として位置付けられるのかについては今後の議論に待たなければならないが、中国も米国との対話と協調を前提とする「開かれた地域主義」に反対はしておらず、日本は開かれた共同体の形成に向けてイニシアティブをとっていく必要があろう[3]。

第三に、東南アジア十カ国がASEANとしてまとまり、独自の存在感と対外交渉力の強化を図ってきたことである。日本は重要かつ緊密なパートナーであるＡＳＥＡＮの統合を引き続き支援していく必要がある。ＡＳＥＡＮの発展は、中華世界への収斂の懸念を払拭することにつながるのである。

第四に、世界第二の経済力を持つ平和で民主的な日本の存在である。中国の経済的台頭と日本の経済的停滞ばかりが比較されるが、依然として日本はＧＤＰ総額、外貨準備高、海外資産総額、国内資産総額において東アジア最大の経済大国である。また、中小企業から大企業まで日本の製造業が長年にわたって蓄積してきた技術やノウハウ、比較的格差の少ない平等社会[4]、専守防衛・非核三原則などを堅持してきた平和国家であり、世界第二位のＯＤＡ供与国、戦後半世紀にわたる自由で民主的な社会、環境分野での先進的な取り組みと高い技術、エネルギー効率の高さなどは、日本の大きな強みである。こうした日本と対照的に、中国では、これらの諸点が深刻な問題、または弱みとされている。日本は、こうした強みを発揮して、「東アジア共同体」作りを積極的にリードすべきであり、その役割は非常に大きなものがある。

以上のような諸点にかんがみれば、かつてのような中華世界が復活するとの予測には大きな疑問符を付けざるを得ない。もちろん、中国が持続的成長を続け、二十年、三十年先に、日本を追い抜き、米国に迫る経済・軍事大国となり、米国の世界的パワー・プロジェクションに陰りが出るようなことになれば、東アジアにおける中国の影響力と求心力は他を圧して高まることになろう。しかし、本書で分析した通り、急速な経済成長の一方で、資源や環境面での制約、貧富の格差や腐敗の蔓延といった社会の歪み、政治改革などへの取り組みは先送りできないほどに切迫したものとなってきており、今後の中国の発展は決して平坦なものとはならず、その行方は予断を許さない面がある。こうした中国問題の大きさや複雑さが、群盲象を撫でるがごとき「中国脅威論」や「中国崩壊論」も生み出している。重要なのは、伝統的な勢力均衡論やパワーの変化にのみ目を奪われるのではなく、そうした変化の特性や変化の背後にある諸問題にも目を向けることである。そして、相互依存関係の高まりを具体的に検証したり、経済的基礎が政治的上部構造を変化させるとの「公理」を実証的に論じたりする必要がある。

同時に、台頭する中国の動きに振り回されることなく、日本自身が、第一に、改革と「第三の開国」によって経済再生を実現し、第二に、東アジアの平和と繁栄に資する日米関係を維持・増進し、そして、第三に、ＡＳＥＡＮの統合と発展に対する支援を怠らないことが重要であり、そうすることによって、日本にとっても世界にとっても望ましい「東アジア共同体」への環境が醸成されるのである。

2 「東アジア共同体」の行方

将来、華夷秩序の復活がないとすれば、「東アジア共同体」はいかなる姿形となるのであろうか。ＡＳＥＡＮ＋３の議論は、ＡＳＥＡＮがイニシアティブを取る形で展開されてきた。また、ＡＳＥＡＮは、「東アジア共同体」への動きを先取りするかのように、「ＡＳＥＡＮ共同体」への模索と実践を積み重ねてきている。したがって、ＡＳＥＡＮの役割は、引き続き尊重する必要があるが、「東アジア共同体」となれば、その名の通り、ASEAN色は薄まり、東アジア色が強まらざるを得ない。その意味で、「東アジア共同体」の姿形もASEAN主導というよりも、東アジアの大国である中国や日本がいかなる東アジア・ビジョンを描くかによって大きな影響を受けることになろう。実際、中国と日本は相互に触発し合う形でその動きを積極化している。

(1) 中国の目指す共同体

共同体論の高まりに象徴される新たな地域秩序への模索は、台頭する中国の動きが大きな触媒となって展開している。まず、「東アジア共同体」の推進に積極的に動く中国の意図やビジョンはいかなるものであろうか。

第一に、経済的観点からの地域主義の推進である。グローバル化と相互依存が進む世界経済の中に組み込まれ、もはや、その中でしか繁栄を実現し得ない中国には、EUやNAFTAが先行して展開してきた地域主義を、東アジアにおいても推進することが、グローバル競争を戦い抜く一つの有力な道であるとの認識がある。直接投資の受け入れ、資金の調達、エネルギー資源の確保、輸出市場の維持・開拓などは中国の持続的経済成長にとって不可欠である。経済的相互依存が高まる東アジア地域において、経済の自由化とルールの共通化を進める経済共同体は中国の一つの目標となろう。

第二に、平和の観点からの地域主義へのコミットメントである。

この点については、中国社会の安定、中国経済の発展、そして国際社会の平和の間の関係を中国がどう位置付けているかを点検する必要がある。中国が見い出した解は、「安定のために発展が必要であり、発展のためには平和が必要である」という公理であった。

ソ連・東欧における社会主義の崩壊と民主化の広がりは、天安門事件を経験した中国共産党にとって大きな衝撃であった。国内社会の安定は、九〇年代以降の中国共産党政権の最大のテーマとなった。引き続き経済改革が政治改革に優先する基本政策として据えられた。一九九二年の鄧小平の南巡講話を経て、中国は改革と開放を加速し、再び高成長路線に入った。また、イデオロギーに代わって、ナショナリズム（愛国主義）が一段と重視されるようになったが、安定の鍵は、鄧小平の敷いた経済成長の道を歩むことにあった。ナショナリズムと経済成長はコインの裏表の関係にあると言える。すなわち、社会の安定を維持し、共産党による統治の正統性を示していくためには、持続的な経済成長による国民生活の絶えざる向上と、日本の侵略から中国を解放した共産党の輝かしい歴史の宣伝や教育が必要であるが、ナショナリズムは世界の経済大国となることで生まれる自信や誇りによって、かつて侵略され停滞した屈辱感をぬぐい去っていくことからも強まるからである。

中国の経済成長をもたらしているのは、四半世紀を越えて推進されてきた改革と開放の政策である。その意味で、鄧小平の先見と決断は正しかった。鄧小平の遺産を引き継いだ江沢民政権においても、その後を継いだ胡錦濤政権においても、改革・開放の推進という基本政策は一貫している。そして、改革・開放の推進のためには、外資の導入などを進める上での良好な対外関係が不可欠となる。そこには、最優先目標である経済建設のためには、平和な国際環境が必要であるとの改革・開放政策に転じて以来の中国指導部の確固たる基本認識が存在している。平地に波瀾を起こすような真似はせず、既存の国際的枠組の下で国内の経済建設に集中するとの鄧小平のプラグマティズムは功を奏し、世界中から投資が流れ込んだのである。同時に、中国の急速な経済的台頭は、周辺国の「中国脅威論」を生み、平和な国際環境に予期せぬ黄色信号が灯った。「安定と発展と平和」のうちの発展と平和の間の矛盾が表面化したのである。この矛盾を解く努力の一つとして提唱されたのが、目覚しい発展を遂げる中国の「台頭」を国際的協調の中で実現する「平和的台頭（〝和平崛起〟）」論である。「東アジア共同体」の推進も、その応用版であると見ることもできよう。

中国脅威論の高まりは、周辺諸国との関係を緊張させ、平和な国際環境の下での経済建設にとってマイナスとなる。また、「東アジア共同体」は、中国が脅威ではなく、パートナーとして位置付けられることによって初めて現実的な構想となる。経済成長こそが国家と党の求心力と正統性の絶対条件であると位置付けられる限り、平和的台頭論は有力な理論たり得るし、平和的台頭を可能とする「東アジア共同体」は中国にとって有用である。また、十四の国々と直接国境を接し、地政学的にも、超大国米国の他、ロシア、インド、日本といった大国に囲まれ、朝鮮半島や台湾海峡に火種を抱える中国にとって、ＡＳＥＡＮ及び日韓との関係を良好に維持・発展させることは、安全保障上もプラスであり、その意味で、ＡＳＥＡＮ＋３が「東アジア共同体」という目標に向かって強化されることは中国の国益に資するものであると言える。

第三に、外交戦略の観点からの地域主義の活用である。

「偉大な中華民族の復興」を成し遂げつつある中国が、十三億の人口と東アジア全域に広がる華僑ネットワークを擁する中華世界としての存在感を強めつつあることが、周辺諸国の不安を惹起し、中国脅威論の背景にもある。また、新幹線導入を巡る議論、台湾企業の政治的選別、「一つの中国」を巡る東南アジア諸国の動きへの牽制などを取り上げて、増大する経済パワーを政治カードとして駆使する、かつての華夷秩序的な思考パターンがうかがわれると指摘する向きもある。「平和的台頭」論に象徴される中国の近隣外交の重視とその積極化は、中国自身が中国脅威論を強く意識したものであり、さらには、軍事優先の「単独行動主義」に傾いた米国との違いを際立たせる戦術[5]であるといった様々の底意を指摘することも可能であろう。しかし、こうした平和攻勢が中国の台頭への懸念や警戒を沈静化するために必要な戦術であり、洗練化されてきた中国外交の証左であるとしても、より本質的な議論として、「東アジア共同体」論議への積極的参加は、戦術としての平和的台頭の一つの現われに過ぎないのか、それとも、それ以上の意味、すなわち、恒久平和を実現するために共同体が必要であると考えた「責任ある大国」としての行動なのかが問われなければならない。経済成長に伴う国防予算の増大や台湾に対する軍事的威嚇などを取り上げて、「平和的台頭」は、「中国脅威論」を打ち消すための便法として提唱されているに過ぎないとの疑念もある。「東アジア共同体」を巡る様々の思惑や底意が払拭され、東アジア各国が真に平和で繁栄する地域秩序の構築のために協力できるか否かは、中国がナショナリズムや国家主権至上主義を克服し、国家の安全や統一という国益の論理と、「責任ある大国」の「平和的台頭」という柔軟な論理を融合させていく知恵と努力を行動によって示していくことができるか否かにかかっている。

さらに、平和が台頭のために必要とされているのだとすれば、台頭後、すなわち、経済的に日本を追い越し、米国と並ぶような超大国となった暁には、中国はいかなる国際秩序、なかんずく、東アジア秩序を求めるのかという「平和的台頭」論への素朴な疑問もある。将来米国をも脅かすような国力を付けた中国が平和で協調的な外交を展開するであろうか。その力を振りかざすようなことはしないであろうか。「東アジア共同体」は、中国の政治がどう進展するかにもかかっている。持続的経済発展が中産階級を産み出し、社会の多元化を促して、民主化に向かうのか。経済的相互依存の一層の深化は、中国をウィン・ウィンの関係を指向するより協力的な国家に変えていくのか。日本の基本戦略は、中国が国際社会の平和と繁栄に責任を担う大国となるよう慫慂《しょうよう》し、中国が建設的に関与する形で透明で開かれた地域的枠組みの構築に努力することである。

大国の興亡という人類の歴史は、台頭国家が既存秩序を塗り替える記録でもある。そうした歴史の再現にとどまらず、今日のグローバル化が、世界的な秩序の再編のみならず、諸地域の旧秩序を克服する過程でもあることにかんがみれば、東アジアにおいても秩序の再構築が進むことは避けられない。中国は、米国の「覇権」や「一国主義」へのアンチ・テーゼとしての「多極化」を目指してきた。二〇〇二年十一月の第十六回党大会における報告において、江沢民国家主席は、「世界の多極化と諸勢力の調和の取れた共存を積極的に推進し」、「公正で合理的な国際政治・経済の新秩序の構築を推し進める」と明言している。新秩序の構築を目指す中国と既存秩序の守護者である米国との関係はどう推移するのか。冷戦後、世界は頻発する民族・宗教紛争やテロの激化によって未だ安定した秩序を構築するには至っていない。中国の「東アジア共同体」への積極姿勢の背後に、中国主導の新たな東アジア秩序構築への野心があるのではないかと見る向きもある。「東アジア共同体」は、東アジアの平和と安定に大きな役割を果たしてきた日米安保体制を中心とする既存秩序と、どう折り合いをつけるのか。米国には米国排除の共同体論議には反対との声もある。「東アジア共同体」という新秩序が、米国の疑念や警戒を招き、ひいては国際秩序の不安定化につながったり、「文明の衝突」的対立が喧伝されるような事態に陥ることは避けなければならない。

名実ともに巨大化する中国が「東アジア共同体」において持つ意味は大きい。「東アジア共同体」を構想することは、中国の行方を展望することでもある。様々な課題を抱えつつ目覚ましい成長を続ける中国は、激しく変化する国でもある。変化しないと言われた政治の分野においても、政治改革の議論と実験が進んでいる。「東アジア共同体」への道は、こうした中国の変化や行方と密接に関係する。その方向やスピードが共同体論議に大きな影響を与えるであろうことは容易に想像できるが、平和と繁栄の基礎となるべき自由や民主主義といった普遍的な価値や原則は共同体においても重視されるべきであり、そうした共同体を目指すとすれば、その道程は長く複雑な曲折をたどることになるであろう。日本としては、長期的視点に立って、そうした価値を重視する共同体の構築に粘り強く努力する必要がある。

(2) 日本の目指すべき共同体

このように、「東アジア共同体」論議は、中国問題を色濃く帯びつつ、各国の様々な利益や思惑をはらんで展開しているが、地域統合の全体的枠組みとその道筋は未だ不透明である。まずは各国間において「東アジア共同体」の理念や目的が共有される必要があろう。そこから、あるべき共同体への道筋も見えてくる。他方で、東アジアの動きは急速であり、グローバル化の進展の中で、東アジアの地域構造はこうした議論の帰趨とは無関係に再編されつつある。日本としては、こうした現実の動きも見据えながら、共同体の理念や目的を提示しつつ、東アジアの平和と繁栄に資する共同体の構築に向けて、内外の政策を積極的に打ち出していく必要がある。

①理念と原則

まずは、共同体の理念であり、原則である。本書で既に述べてきた通り、アジアは、歴史的にアジア対西欧という構図の中で語られてきた。今日の「東アジア共同体」論議にもそうした東西の政治的力学が少なからず付きまとっている。しかし、「東アジアの奇跡」も中国の台頭も自由で開かれた国際経済システムの下で実現されてきた。そして、グローバル化が急速に進む中で起きたアジア通貨危機は、そうしたシステムにも問題があることを示すことになり、地域的枠組み作りの機運が盛り上がった。こうした経緯や中国の存在を考えるとき、「東アジア共同体」は、グローバル化と地域主義を融合する「開かれた共同体」である必要がある[6]。それは、第一に、「整合性」を意味する。すなわち、共同体の理念や原則は、国際社会の普遍的な価値やルールと矛盾するものであってはならず、これと整合的、ないしは補完的なものであり、さらにはこれを強化するものとなるべきである。第二に、それは、「非排他性」を意味する。共同体のメンバーには、豪州、ニュージーランド、インドを加えるとして、その他に米国をどうするかという大問題がある。非排他性は、東アジアという地理的概念にこだわることなく、共同体の目的を実現するという機能的概念としての共同体を目指すことから導き出される原則である。第三に、それは、「包括性」を意味する。利益を共有し得る経済分野のみならず、国家主権やナショナリズムのからむ政治や安全保障の分野においても価値の共有を図る包括的な共同体を目指す必要がある。第四に、それは、「透明性」を意味する。共同体の理念や原則は、共同体の基本法（憲法あるいは憲章）として明記され、世界に提示される必要がある。整合性、非排他性、包括性、透明性という意味での「開かれた共同体」は、世界の平和と繁栄に貢献する形で東アジアの平和と繁栄を目指すことであり、それはグローバル化時代の地域主義のあり方でもある。

②目的

次に、共同体の目指すべき目的であり、それは、平和と繁栄の共有であり、そしてグローバル化がもたらす新しい危機への協力である。

第一に、平和である。EUもASEANも、加盟国間での戦争は一度も経験しておらず、共同体設立の最大の意義は平和を実現したことにある。東アジアの安全保障環境を考えれば、共同体論議を進めることによって、各国間にある不信や対立の芽を摘み、協力関係と信頼醸成を促すことには大きな意義がある。そのためには、日中間の協力が特に必要とされる。日中関係が二国間関係を超えた地域の平和促進のプロセスにおいて、共通の利益を目指して協力する関係に高められることが重要である。ヨーロッパでは、独仏関係をEU統合の中に取り込み、昇華させることによって歴史的な独仏対立の芽を摘み取ることに成功した。日中がナショナリズムや領土の問題がからみ合う二国間関係を超えた東アジア地域協力を構想することによって、新たな協力関係を構築し、その中での共通の利益を増進させることで二国間の対立や感情を和らげ、昇華していくことが一つのアプローチとなり得る。

歴史の長い期間において中国はそびえ立つ超大国として東アジアに華夷秩序を打ち立てたが、前近代的な閉鎖的秩序は近代化された西洋の軍事力と工業力の前に崩壊した。その後、一九世紀から二〇世紀にかけての短い期間において、近代化を果たした日本が軍事力によって大東亜共栄圏という秩序を打ち立てんとしたが、その理念であった平和と共存は戦争と支配という現実によって幻と終わった。そして、二一世紀初頭、日本と中国が初めて共に繁栄する国家として、対等の立場で東アジアの平和のための秩序の構築に協力するチャンスが到来している。日中のどちらかが強く、どちらかが弱いという関係ではなく、両国が共に政治的に安定し、経済的に繁栄する中で共存共栄の関係を確立するためには、日本の経済再生が不可欠である。先のNICの報告は、日本は勢いを増す中国に「対抗するか追随するかの選択を迫られる」と予測しているが、そうした予測を覆すためにも日本の力強い経済回復が何よりも必要とされる。そして、そうした日中両国が「東アジア共同体」推進のプロセスの中で、対立よりも協力に目を向け、地域の平和への流れを強めていくことで新たなパートナーシップを築き上げるべきである。「東アジア共同体」が、平和の共同体となるか否かは、日中提携にかかっているのである。

第二に、繁栄である。貿易、投資、金融、経済協力など経済のあらゆる分野において域内協力を推進することによって、経済共同体の実現を目指すことである。経済分野は、東アジアにおいて連携と統合が最も進んでいる分野であり、二国間FTAが網の目のように張り巡らされることによって、既に東アジア自由貿易圏への胎動が始まっている。二〇〇四年十一月のASEAN＋3首脳会議は、議長声明を発出し、「東アジア自由貿易地域（EAFTA）」に関する専門家レベルの会合を開始するとのＡＳＥＡＮ＋３経済大臣会議の決定を歓迎した。発展段階の遅れたＣＬＭＶ諸国への特別の配慮と支援を行う必要はあるが、先行する実態に制度化が追いつきはじめ、自由貿易圏から経済共同体に至る議論が加速する可能性は十分ある。

その際、グローバルな自由貿易秩序に地域共同体の秩序がどのような形で接続するのかしないのかが問われなければならない。既に述べた通り、「開かれた共同体」の理念の下で両者の秩序が整合的ないし相互補完的な形で形成される必要がある。そのために、自由貿易立国として国際秩序との整合性の保持に腐心してきた日本が果たし得る役割は小さくない。日本は、域内での経済ルールの共通化や、域外への透明化と説明責任においてイニシアティブを発揮すべきである。

第三に、非伝統的分野での安全保障である。国際テロリズム、感染症、環境・エネルギー問題など、地域が直面する新たな脅威に対する協力を通じた安全な地域社会の確立は、共同体の大きな存在意義となるであろう。そして、共通の「敵」に共同対処することにより地域の連帯感は強まる。この分野では、協力は着実に進展しており、そうした協力を通じて共同体意識が醸成されることが期待される。こうした共同体意識は、国民国家と国際社会との中間的空間に存在する共生の意識である。東アジアが通貨危機という大火に見舞われた際、火消しに奔走したのは日本であり、互いに助け合ったのは地域の諸国であった。地域が直面する共通の問題を地域の自助努力によって解決していくことで東アジア諸国の間に「我々意識」が芽生える。そして、大衆文化を含む文化交流が国境を越えた人々の親近感を生み、共通意識を形成する。「東アジア共同体」の基盤作りとして、共通の問題に協力して取り組み、助け合い、そして様々な接触と交流を増進していくことが重要なのである。

共同体は、国家を主体として統合が進められるものであるが、特に、政治については国家の意思が最優先する。これに対し、経済は国境を超えて進むグローバル化によって時に国家の意思を無視し、カネ、ヒト、モノ、情報が世界を駆け巡る。そして、「東アジア共同体」論議も、ＥＵやＮＡＦＴＡという地域主義に直面して高まった危機意識と規模の経済に基づく市場拡大を目指す経済合理性によって突き動かされてきた。ヨーロッパの統合は、国家連合と連邦との間での綱引きによる妥協の産物としての段階にある。未だ主権意識の強い東アジア諸国において、国家と共同体の関係をどう整理するのか、目の前の短期的・国内的利益だけにとらわれてしまうならば、共同体構想は絵に描いた餅に終わるであろう。国家と国民の平和と繁栄という国益を実現する上で、共同体をどう位置付けるのか。共存共栄を図る制度を組み込んだ共同体は、参加国の基本的国益を増進し得る。最終的には、そうした平和と繁栄の制度化が可能となるか否かが共同体実現の鍵を握るであろう。

③ロード・マップ

まず、九〇年代以降、冷戦後の市場経済化の広がりに伴うグローバル化の加速によって（あるいは、それに抗する形で）、高まった地域主義の流れが東アジアにも醸成されていたことを想起する必要がある。当時、ＥＵやＮＡＦＴＡの進展に刺激された東アジア諸国、なかんずく、九七年のアジア通貨危機を経験したＡＳＥＡＮ諸国の中から地域主義的動きを促す声が盛んに出てくるようになった。九七年から始まったＡＳＥＡＮ＋３首脳会議は、その受け皿となった。特に、通貨危機に対処する地域的通貨融通システム（「チェンマイ・イニシアティブ」）の構築や域内ＦＴＡ交渉の高まりは、東アジアの経済実態を踏まえた地域的なシステム作りの一環としてしばしば取り上げられてきた。「東アジア共同体」の論議も、そうした経済的実態が契機となって起こってきたものであることを見落としてはならない。すなわち、ヒト、モノ、カネ、情報がダイナミックに動く空間が東アジアという地域的まとまりとして出現しているのである。例えば、域内貿易が過半を占めるようになった東アジアの経済的相互依存の高まりによって、「一つとなった東アジア」を認識することはそれほど無理なことではない。そうした経済的実態が共同体論の実体的裏付けとして存在していると言える。

既に事実上ゆるやかな経済共同体が存在しているとさえ見ることも不可能ではない。そして、「事実上の経済共同体」は、企業間に、あるいは企業内に張りめぐらされたネットワークによって形成され、緊密化・高度化を続ける流動的経済秩序である。それを、予見可能性と利便性を持つ安定した制度に作り上げることは、それほど難しいことではない。日本としては、実態を踏まえた制度化の形成に汗を流す必要がある。関税のみを対象とするＦＴＡから幅広い経済分野を包括するＥＰＡへ、そして二国間合意から多国間合意へ向けて、まずは深化と拡大を伴う「経済共同体」を目指すべきである。

同時に、いわゆる機能主義的アプローチによって「機能的共同体」の形成にも努力すべきである。東アジア地域においては、アジア通貨危機後の金融分野での地域協力の進展以外にも、ＳＡＲＳや鳥インフルエンザなどの感染症対策、マラッカ海峡を中心に被害が頻発する海賊対策、経済成長に伴い深刻化するエネルギーと環境の問題への対応などにおいて地域協力が進められており、こうした機能的協力は、経済発展段階や政治体制など多様な東アジア諸国すべてが参画できる問題群を取り扱う協力であり、円滑かつ実質的な進展が期待できる。

以上のプロセスは、「利益共同体」形成のプロセスであると言え、各国が共通の利益を見い出すことで比較的統合が進展しやすい分野である。こうした経済的・機能的統合の進展を図りつつ、地域内の多国間協力を日常化し、共同体意識を高めていくことが重要である。その上で、市場経済の進展と経済成長の発展がもたらす社会の多元化や自由化による政治の変化を見据えながら、普遍的な価値の共有を図り、ナショナリズムや主権のからむ政治や安全保障の分野についても、協力の接点を見い出していくことが求められる。透明性の向上や信頼醸成措置の積み重ねなど、できるところから徐々に手をつけ、前進を図る漸進的アプローチを採ることが現実的であり、望ましい。経済的・機能的統合の進展は、強力な紛争抑止装置として働き、さらには政治や安全保障の分野での協力を促す力にもなる。

以上の過程において、共通の規範意識を高めることで、共同体の基礎となる理念や原則についての合意を図り、その制度化において前進することができれば、「東アジア共同体」が名実ともに姿を現すことになるであろう。それは、様々な分野で様々な広がりと深まりをもって重層的に制度化された地域的メカニズムの束からなる。開かれた地域主義によって形成される「東アジア共同体」は、東アジアの特性を踏まえた多様で機能的な共同体であり、それは、ＥＵ以上にゆるやかで多様な顔を持つ「多様性の中の統合」を実現した共同体となるであろう。

3 日本に求められること

かつて、樽井藤吉は、『大東合邦論』を著し、アジア諸国との対等連帯か対等合邦によって西洋列強の帝国主義からアジアを守るべしと主張した。他方、福沢諭吉は、『脱亜論』を著し、遅れたアジアとの連帯を否定し、西洋列強の帝国主義を学び、パワーゲームに参加することを主唱した。いずれも、列強の「東漸」への危機感により生まれた構想であるが、二人に代表されるアジアへの二つの異なる立場は、その後、日本政府の積極的アジア進出論に収斂された。しかし、その結果が敗戦という挫折に終わると、「西洋か、アジアか」という命題は、戦後再び日本人に突き付けられることになった。

こうした二つの対立する対外思想なり中国観なりは、その根底において、東洋か西洋かという二元論と、その中での日本の位置付けに揺れる近代日本人の置かれた精神状況を示している。明治日本は挙国一致して西洋式近代化を成し遂げ、わずか三十年にして東洋から唯一西洋列強の仲間入りを果たした。そして、東アジアにおいて、西洋列強と「協調」しつつ、帝国主義的進出に邁進した。福沢の日清戦争の認識にも見られるごとく、日本は自らを「文明」と称し、中国を「野蛮」と蔑視した。確かに、中国は、日本のような上からの近代化には失敗したが、孫文ら知識人によって中国変革を志向する下からのナショナリズムは高揚した。しかし、日本人は、一部の知識人を除き、こうした動きに共感し支持する態度を示すことができなかった。そこに、アジアの視点はなかった。

梅棹忠夫は、『文明の生態史観序説』[7]において、東洋と西洋の二分論を「ナンセンス」と断じ、社会構造の違いをもって、西欧諸国と日本を「第一地域」、その他の諸国を「第二地域」に分けて、日本と世界を論じた。「第二地域」に生まれながら「第一地域」に身を置くようになった日本にとって、「東アジアの視点」は、ナンセンスであり、曖昧で不安定な視点とならざるを得ないのであろうか。

戦前・戦後の日本を見つめてきた淘昌孫は、『日本への遺書』において、戦後の日本が、再び西欧型近代化に邁進し、アジアの一国であり中国の友人であることを戦前同様忘れてしまっていると指摘した。その言葉通り、戦後、日本は再び欧米に追いつけ追い越せをスローガンに目覚ましい復興を果たし、明治日本と同じく、やはり三十年にして欧米にキャッチ・アップし、唯一の非欧米の国家としてG7先進国首脳会議の仲間入りも果たした。

グローバル化と情報化が進展する今日、価値や文化が反目や衝突を伴いつつも、互いに交流し、融合し、普遍化するとともに、グローバル・スタンダードへの競争が繰り広げられる世界が出現している。こうした世界において。アジアか欧州かという視点は、梅棹の言うようにナンセンスなのかもしれない。しかし、地理的・歴史的存在としての日本という国家の持つ意味は、われわれが意識している以上に大きい。本書はそうした「東アジアの中の日本」に光を当てた。ヨーロッパのフランスやドイツの指導者や知識人がEUを作り上げる中で「ヨーロッパ」の意味を熟思したように、我々も「東アジア」の意味を改めて問い直す必要があるやに思われる。

戦後、日本は、戦前のアジア政策の反省に立って、アジア重視を柱とする外交政策を掲げてきた。しかし、冷戦構造が継続する中では、日米安保体制を柱とする日米関係が外交の基軸であり、アジア重視はその枠内でしか追求し得ない政策であった。そうした制約の中で、「西側自由主義諸国の一員」であり、「アジアの一国」であるとの二つの立場は、日本の対ＡＳＥＡＮ外交において両立され、大きな成果を生んだ。日本が復興を遂げ、賠償問題が解決を見る中で、ＡＳＥＡＮは日本の対外経済活動の中心地域となった。すなわち、六〇年代以降、日本のＯＤＡの最大の供与先であり、七〇年代以降は、日本の最大の投資先となった。経済外交を中心に、日本とＡＳＥＡＮの関係は、日本のアジア外交史上最も緊密で友好的な関係となった。さらに、中ソ対立と米中和解は、日本のアジア重視外交を中国にも押し広げることを可能ならしめた。七八年の中国の改革・開放政策への転換は、日中関係の強化・拡大にとって決定的な条件となった。翌七九年に開始された日本の対中ＯＤＡは、中国の改革・開放を支援する形となり、中国の市場経済化は急速に進展し、日本との経済関係は順調に拡大した。こうして日本の東アジア外交は、経済分野を中心に、地域の安定と繁栄に大きな役割を果たし、域内の相互依存と相互協力を促し、一体化を醸成する環境作りに貢献した。中でも、福田外交や小渕外交は、アジア重視を最もよく体現した外交であった。中国の経済成長が日本の経済にも大きな利益をもたらし、東アジアの相互依存と地域協力の高まりが日本の平和と繁栄に新たな前進をもたらしていることを考えると、日本は、アジア重視外交を一層強化し、官民が一体となって東アジアの一体化の流れを促して行くことが重要である。

そのためにも、日本人一人ひとりが謙虚な姿勢で過去に向き合い、過去をアイデンティティとする東アジアの近隣諸国の人々と交わっていかなくてはならない。観光やビジネスで海外に行くことが普通になった今日、海外で突然日本の過去に向き合わされ、当惑する日本人も決して少なくない。これは、東アジアに限らず、英国やオランダを訪れた日本人も経験することである。歴史から逃げることで歴史を克服することはできない。歴史を直視する姿勢を失わずにいれば、過去を記憶する人々との和解は不可能ではない。そして、東アジアの人々の歴史に根ざす感情を刺激するような発言や行為は控えることが日本人として最低限の責任であり、マナーでもあろう。靖国神社参拝問題にしろ、歴史教科書問題にしろ、日本が主体的に解決しようと思えばできる問題であり、こうした歴史の棘をそのままにしておいては日本の国益も損なわれる。日本を含む東アジアが真に「復権」し、世界の平和と繁栄のために貢献のできる、「東アジア共同体」を実現するためにも、歴史の克服は避けて通れない課題なのである。

4　多様性の中での共感と統合

一九世紀半ばまでの平和で安定した東アジアは、中国文明の「華夷秩序」を基本的枠組みとして実現したものであった。しかし、それが西洋の近代化された列強の前に瓦解した後、日本が軍事力と帝国主義理念によって「大東亜共栄圏」という秩序を打ち立てようと試みた。それは、掲げた理念とは逆に圧政と収奪の統治に対する抵抗と戦争という結果を招いた。そして、二一世紀、東アジアは、グローバル化と地域主義の流れの中で、経済の相互依存を基調とする新たな秩序作りに取りかかった。多様な東アジアの地域的秩序作りは、機能的アプローチを中心に急速に進展している。経済から、非伝統的安全保障の分野へ、そしてその先へと進んでいくには、まだまだ超えなくてはいけない課題が山積している。経済利益が導く合理的な政策決定は、国家や民族の誇りや歴史、そして主権や領土がからむ政治によって歪められがちである。しかし、ＥＵは、一九五一年の欧州石炭鉄鋼共同体（ＥＣＳＣ）の創設によって共通の利益を見い出しながら、半世紀以上をかけて今日のＥＵを作り上げた。「東アジア共同体」は、未だ萌芽の段階にあり、また東アジアは第3章で指摘したような難しい課題を抱えていることから、その道のりは長く曲折を経るものとなるであろうことは十分想像できる。特に、経済大国化する中国と政治大国化しつつあるとみられている日本が、互いにその将来像を見極められないままに、不必要にその陰におびえて過剰反応していることは、共同体への展望を不透明なものとしている。「東アジア共同体」は、東アジア各国が未来を見据え、共通の目標を目指すことから始まる。過去から未来へ目を向けない限り、「東アジア共同体」の扉は開かれない。

東アジアはかつてないダイナミズムの高まりをもって動いている。そのダイナミズムの先に東アジアの平和と繁栄を求めようとするならば、いつまでも過去を巡って偏狭なナショナリズムの応酬を繰り返す時ではない。五十年前、周恩来首相は、日清戦争以来の日中関係を振り返って、「既に過去の事柄であり、これからも過去のものとする努力こそが大切である」として、「このような歴史が子や孫の代まで尾を引く事態は避けなければならない」と述べた。日中両国は、いま一度周総理のこの言葉をかみしめ、平和共存の確固たる基盤の構築に向けて、ともに努力する必要がある。そのためには、幅広い分野とレベルにおいて、相互交流と相互認識を深めることが不可欠である。

例えば、拡大する経済関係におけるモノの交易に匹敵するような政治や文化の関係における人の交流を推し進めるとの観点から、「奥田レポート」において提言された「人材交流の長期・大規模プログラムの策定と推進」が実施に移されるべきである。

そうした交流の広がりと認識の深まりが進めば、「東アジア共同体」への扉は大きく開かれることになろう。

東アジアは多様であり、立場の相違や対立する利益は少なくない。しかし、対立や問題を抱え多様な東アジアだからこそ、その多様性を尊重し合いながら、対立や問題を克服し、共通の立場や共有する利益を強化・拡大していかなければならない。地域の共通の利益である平和と繁栄に資する「東アジア共同体」という高い構想を目指して協力していくことは、東アジアのすべての国家と国民にとってプラスとなる。そして、多様性の中に共有できる価値を見い出す努力を続けることが、共同体実現につながる道である。日本とＡＳＥＡＮが東京宣言で謳った東アジア・コミュニティを支える「アジアの伝統と価値を理解する共通の精神」を東アジアに広げるためには、伝統と価値を確認する作業がなされる必要がある。この作業に参加するのは、政府だけではない。企業、メディア、大学、地域自治体、ＮＧＯなども参加して多様なレベルで共同作業が精力的に積み重ねられることによって、「想像の共同体」としての東アジア・コミュニティが誕生するのであろう。

これからの東アジアの平和と繁栄は、圧倒的多数を占める戦後生まれの世代の肩にかかっている。日本と韓国の間では、今や一日に一万人が往来する。韓国のテレビドラマ「冬のソナタ」は日本人の心を捉え大変なヒットとなった。両国の多くの国民が一つのドラマに共感する。両国に同じ価値や美意識を共有する幅広い国民層が存在している証である。こうした文化的共感を広げることで、「東アジア共同体」構想も現実的基盤を得ることができる。

世界的な情報化の進展は、「ソフト・パワー」[8]の重要性を高めている。アニメ、漫画、ポップミュージック、ファッション、寿司など、日本の文化的パワーが注目されている。日本はODA、平和主義、文化といったコンテンツを世界に発信することによって、ソフト・パワーを強化し、共同体論議をリードする必要がある。

東アジアは、実利（カネ）を追いかける経済ダイナミズムの世界に変貌した。そして、経済を中心に様々な分野で、かつ国家、都市、企業、個人など、多層なレベルで横断的なネットワークが築かれ、一体化が進んでいる。変貌しつつある今日の東アジア秩序は、「網の目ネットワーク」によって増殖を続けるダイナミックな動きが連鎖する世界となった。

停滞と貧困の東アジアをダイナミズムと繁栄の東アジアへ牽引してきたのは、紛れもなく日本であり、その役割は高く評価されてよい。そして、次は、共感する東アジアへの飛躍、そして、共同体意識の形成に向けて日本がイニシアティブを発揮する時である。

あとがき

二一世紀に入って、日本と中国の世界に及ぼす相対的力関係が変化しつつある。これは、近年の欧米のメディアの報道ぶりを見れば明らかである。Financial Times, Herald Tribune, News Week, Time, Economist, Far Eastern Economic Review といった海外の新聞・雑誌に目を通していると、近年、日本が国際政治・経済のプレイヤーとして登場する記事がめっきり少なくなっていることを感じる。これに取って代わったのが中国であり、急速に経済大国化する中国への熱い視線と不安や警戒の念が交錯する過剰とも言える報道振りは、かつての日本を彷彿とさせる[1]。

日本経済の絶頂期は過ぎ、国家として下り坂にあると見る向きは少なくない。しかし、日本の「ものづくり」の力は依然として健在である。技術とノウハウを製品に統合する能力の高いトヨタやキヤノンのような大企業から部品や素材一つ一つの良さを錬磨し続ける中小メーカーまで、一体となった「擦り合わせ」型産業は、日本の強みであり、労働集約的に部品を組み合わせるだけの「組み合わせ」型産業を得意とする中国の強さとは戦場を異にする。こうした擦り合わせ能力は製造業分野で高い競争力を誇る一部日本企業のＤＮＡとして埋め込まれており、簡単に真似される能力ではない。ロシアでは、中古車市場をトヨタ車が席巻する。アジアやアフリカの途上国や東欧や中央アジアの旧共産諸国でも、日本の中古車が活躍する。そこには「壊れない」、「長持ちする」と評価されるものづくりの強さがある。

こうした技術力を突破口にして、世界第二位の工業力や高い科学技術力を誇る日本が、経済改革を進め、国を開き、東アジアのダイナミズムの波に乗ることで、経済の再生を果たし、その国力を維持・増進することは十分可能である。他方、それに失敗すれば、いかなる構想も絵に描いた餅となる。

今、日本人に求められていることは、自らの強みに磨きをかけ、一歩でも二歩でも先をリードする気構えである。戦後、日本人はどん底からはい上がった。そこには、がむしゃらな意欲とひたむきな努力に裏打ちされた自助の精神が横溢していた。「天は自ら助くるものを助く」とは、古今東西通用する格言であるが、戦後日本の奇跡は自助努力によって成し遂げられたのであって、奇跡でも何でもない。しかし、今日の日本には、無気力と無関心、無責任と事なかれ主義、「仲良しクラブ」やもたれ合いの体質が蔓延している。資源のない日本が頼れるのは人材しかない。今一度日本の強い「人材力」を掘り起こし、新たな挑戦を続けていくしか道はない。それができるか否か、これからの十年が日本の国家としての盛衰の分岐点となろう。

そして、グローバル化・情報化の進む「世界の中の日本」、なかんずく、統合に向けて動き出した「東アジアの中の日本」にとって必要なのは、理念であり、戦略である。日本には理念や戦略がないと言われて久しい。国内の改革の先にどんな国家像を描くのか。理念やビジョンを提示しないで、国民の「人材力」を爆発させることは難しい。同じことは、対外政策についても言える。国力(パワー)

のみでは東アジアや世界の秩序を作り出すことはできない。それは不信や反発を生み、軽侮の対象とさえなる。最近、日本では「武士道」がブームとなっているが、そこには、戦後の日本人が失った美学を懐かしむ心理が隠されている。しかし、日本がいかなる美学を持つにせよ、それは独りよがりの価値や行動規範であってはならない。東アジア、そして世界に受け入れられるものでなくてはならない。

東アジアを含む国際的な場において、どういった美学、すなわち理念やビジョンをもってそのパワーを東アジア、そして国際社会の平和と繁栄に行使していくのかが問われている。そうした美学をもって、東アジアを含む世界の様々な場において、外交官のみならず、日本人一人ひとりが地道で説得力のある働きかけができるかどうかが二一世紀の日本の課題である。

なかんずく、日本を代表する政治指導者が国際政治の場でどれだけ説得力や表現力をもって世界のビジョンを語り、日本の「開かれた国益」を実現していくことができるかが問われている。二一世紀の日本の盛衰は、資源がなく人口も減っていく中で、人材を磨き、世界からも人材を集めることができるか否かにかかっているのである。

筆者が最初から最後までかかわった「奥田レポート」は、日本の「第三の開国」を提案した。振り返れば、一九世紀の明治維新と二〇世紀の敗戦という日本の二度の「開国」は欧米の「外圧」によってなされた受動的開国であった。しかし、日本はその二度の開国による政治・経済・社会の激変の荒波を乗り切って欧米へのキャッチ・アップを果たし、「奇跡」を実現した。今日、改革と開放が中国の代名詞になっているのは残念である。中国脅威論によってナショナリズムを高揚させるのではなく、中国の台頭を日本の改革と開放へのバネとするくらいの大胆な発想と骨太の議論が必要とされている。二一世紀の「開国」は、日本人自らの意思によってなすしかない。東アジアのダイナミズムを捉え、新たな日本経済の再生を図ることができるのか。「第三の開国」がその鍵を握っている。そして、そのための政治の強いリーダーシップと国民の覚醒が求められているのである。

本書は、「開かれた東アジア」と「開かれた日本」こそが二一世紀のビジョンであるとの信念に突き動かされて出来上がった。そして、そこから、かつての中華世界や大東亜共栄圏ではなく、東アジアの人々が、ともに手を携えて平和と繁栄の未来を切り開こうとする意思と協力に基づく共同体構想が生まれてこなければならない。日本は、そのために汗をかく必要がある。それが、日本の平和と繁栄という国益にもつながる。

本書を執筆するに当たっては、筆者の外務省アジア局時代の実務経験が大きな知的バック・グラウンドとなったが、最近の動きについては、アジア局地域政策課の山田滝雄課長及び田村首席事務官から資料や助言を得たことに感謝したい。そして、奥田経団連会長と後藤田元副総理の変わらぬご指導・ご鞭撻があってこの本を完成することができた。日頃のご懇情にこの場を借りて心から感謝申し上げたい。また、かつて外務省霞クラブにて「戦友」として親しく交わり、今も元気づけてくれる何人かの新聞記者の友人からいただいた助言も貴重であり有益なものであった。皆マスコミの指導的立場に立たれたが、これからも忌憚のない意見を頂戴したい。

末尾となったが、この書の刊行は、日本経済新聞社出版局の田口恒雄局次長の出版人としての慧眼とご尽力があって実現した。ここに厚くお礼申し上げる。そして、この本の出版に当たっては、長年変わらぬ友情をもって接してくれる日本経済新聞社の石川一郎政治部長の応援があったことに心から感謝したい。出版局編集部の堀口祐介氏にも大変お世話になった。お礼申し上げたい。

そして、最後に、闘病に耐えて子供達を慈しみ、そしてこの本の完成を誰よりも喜んでくれた妻に対し、心からありがとうと述べて、筆を擱くことにしたい。

注記

《まえがき》

1 Financial Times紙の調査「世界で最も尊敬される企業・経営者」によれば、日本からは、企業では、トヨタ自動車（三位）、ホンダ（十九位）、ソニー（二十一位）、キヤノン（二十五位）がランク入りし、経営者では、日産のゴーン社長（三位）、トヨタの奥田会長（六位）、キヤノンの御手洗社長（十位）が入った（『日経産業新聞』二〇〇四年十一月十五日）。また、日本経済新聞社が実施した「第十七回日系企業イメージ調査」によれば、「将来性を感じさせる」企業は、一位がトヨタ、二位がキヤノン、三位がホンダ、四位が武田薬品となった（『日本経済新聞』〇五年二月一日）。

2 同報告書は「二一世紀のアジアと共生する日本を目指して」との副題の下で、ヒト、モノ、カネ、情報の四つの分野で三十の提言を行った。提言のポイントは本書末尾に掲載。

《序　章》

1 ＡＰＥＣ：アジア太平洋経済協力(Asian Pacific Economic Cooperation)。参加国は、環太平洋の二十一の国と地域。一九八九年にオーストラリアで第一回閣僚会議が十二の加盟国を集めて開催されて以来、九三年には首脳会議が始まり、今日まで毎年首脳会議と閣僚会議が開催されてきている。

2 ＡＲＦ：アセアン地域フォーラム(ASEAN Regional Forum)。一九九四年より始まった外相会合を中心とするアジア・太平洋地域の政治・安全保障分野における政府間対話フォーラム。ＡＳＥＡＮ十カ国に加え、日本、米国、豪州、カナダ、ニュージーランド、韓国、北朝鮮、中国、ロシア、ＰＮＧ、インド、モンゴル、パキスタンの二十三カ国及びＥＵが参加。

3 ＡＳＥＭ：アジア欧州会合(Asia-Europe Meeting)。一九九六年の第一回首脳会議以来、二年に一度開催され、閣僚級会合も各分野で開かれている。アジア側より、ＡＳＥＡＮ10と日中韓の十三カ国、ヨーロッパ側より、ＥＵ二十五カ国と欧州議会が参加。

4 天児慧「新国際秩序構想と東アジア共同体論―中国の視点と日本の役割」『国際問題』二〇〇五年一月号、日本国際問題研究所、二七〜四一頁

5 今沢紀子訳、平凡社、一九九三年

6 臼杵陽監訳、日本評論社、二〇〇三年

7 山下範久訳、藤原書店、二〇〇〇年

8 フランクは、「中国が世界経済の優越的な地位から退いたのは、たかだか百五十年ほど前のことでしかない」と指摘している（同右書六頁）。

9 福沢諭吉は、日本が、「東洋文明の魁」として、「東洋の列国にして、文明の中心となり」、中国、朝鮮を文明化する使命を負ったとの立場を喧伝したが、この主張について、山室信一は、『思想課題としてのアジア』（岩波書店　二〇〇一年）四四〜四五頁において、「日本が体現する文明とは、決して東アジア世界において伝統的に形成されたものではなく、あくまでもそこから脱却することによって獲得されるものであった」と指摘している。

《第1章》

1 一九九九年一月十九日の施政方針演説

2 朝鮮戦争ピーク時には、約三千社の日本企業が戦争関係の契約を有していた。最初の一年にわが国企業が締結した調達額は、一九五〇年の日本の輸出総額の四〇％に当たる三億二千九百万ドルに達した。さらに、五一年には六億ドル、五二年及び五三年はそれぞれ八億ドルに達し、日本の輸出の約六割から七割を占める大きな外貨収入となり、戦後復興のバネになった（中村隆英『昭和史』東洋経済新報社）。

3 John W.Dower,*Embracing Defeat*,:Japan in the Wake of World War 2,W W Norton & Co. Inc., pp.541-542

4 前掲中村著、四三八～四四四頁参照。

5 賠償のみならず、賠償ではないが、戦後処理の一環として対外債務を処理するためのいわば義務的支払いとしての準賠償（八カ国）も協定に基づく無償資金協力として実施されたため、準賠償を含め「タイド」であった。

6 通産省『経済協力の現状と問題点』一九五八年版を参照。

7 この辺の事情は最近の論文では Michael Schaller "the United States, Japan, and China, 1948-51 and 1969-73" (http://www.fas.harvard.edu/~asiactr/)を参照。

8 中野好夫が、『文芸春秋』昭和三十一年二月号において使った言葉であるが、経済白書の結論部分において用いられて流行語となった。

9 『日本経済新聞』二〇〇四年六月二十一日

10 「外交フォーラム」一九九九年十二月号、五五頁

11 OECD, *Employment Outlook* 2004

12 内閣府『平成十六年版国民生活白書』フリーターは、学生・主婦を除く十五～三十四歳人口のうちパート・アルバイトに従事するか、無業者で仕事を希望する者を指す。これに対し、ニートは、就職する意思がなく、職業訓練もしていない若者を指す。英国の「Not in Education, Employment or Training（ＮＥＥＴ）」が語源。

13 ＯＥＣＤの国際学習到達度調査による（四十一カ国の国・地域の十五歳男女を対象に実施）。『読売新聞』二〇〇四年十二月七日。

14 総務庁『科学技術研究調査報告』を参照。

15 文部科学省『民間企業の研究活動に関する調査報告』を参照。

16 東アジアのＮＩＥｓは「四十四の小龍」と呼ばれ（世銀は「四十四の虎」と呼んだ）、日本モデルに学んだ輸出指向型工業化政策はＡＳＥＡＮ諸国や中国の経済政策に生かされた。リー・クアン・ユー首相は、回顧録の中で「日本人の持つ優れたシステムや仕組みでシンガポールが取り入れられるものがないかどうか、私は常にそのような目で日本を見てきた気がする。（中略）旧日本軍占領時代のつらい体験をもち、日本人の特質に潜む恐ろしい

一面を知りながら、それでもいま私は日本人を尊敬し、立派だと思う。」と述懐している（リー・クアンユー著、小牧利寿訳『リー・クアンユー回顧録』日本経済新聞社、二〇〇〇年、四五四頁）。
17 奥田宏司は、レポートに対する日本側の評価は「かなり厳しいものである」、「世銀は日本の資金と『圧力』によって『東アジアの奇跡』を刊行したが、世銀の基本姿勢にはほとんど変化が生まれていない」と指摘している。『立命館国際研究』十七巻二号、二〇〇四年十月十九日、一六四頁
18 アジア開発銀行研究所長としてアジア経済に詳しい吉富勝は、『アジア経済の真実』（東洋経済新報社、二〇〇三年）の中で、ダブル・ミスマッチこそ金融危機のキー・ワードの一つであると述べている。
19 一九九八年十二月十五日の宮澤大蔵大臣の外国特派員協会におけるスピーチ
20 Joseph E.Stiglitz, *Globalization and its discontents*, Penguin Books 2001（鈴木主税訳『世界を不幸にしたグローバリズムの正体』徳間書店、二〇〇二年）
21 財務省公表資料（http://www.mof.go.jp/jouhou/kokkin）に基づく。
22 例えば、インドネシア・リンギやフィリピン・ペソは、それぞれ一九九七年の水準の三〇％以下、五〇％以下に、またタイ・バーツは六〇％前後に落ち込んだままである。（IMF, *International Financial tatisitics*, 2004を参照）
23『北京週報』一九九八年第七号、七頁
24 二〇〇四年十二月には、道路輸送について、外資百％の会社が認められた。〇七年十二月には、鉄道輸送会社についても認められる。
25 計画される新たな精錬所の建設ラッシュが続けば、二〇〇六年には千万トンを突破する勢いである（Financial Times 2004.3.12.）
26 中国の自動車生産は二〇〇一年の二百三十三万台から二〇〇三年には四百四十四万台に倍増しており、米国、日本、ドイツに次いで世界第四位となった。このうち、乗用車生産がその半分の二百十九万台に達し、二〇〇一年の三倍に増えた。そのほとんどは、国内市場向けである。
27 ＩＥＡの推定によれば、二〇〇三年の中国の一日当たりの原油消費量は五百四十六万バレルで、日本

（五百四十三万バレル）を上回り、米国に次いで世界第二位となった。
28 中国銀行業監督管理委員会によると、二〇〇四年末の中国四大国有商業銀行と株式制商業銀行十二行の不良債権残高は一兆七千百七十六億元で年初より三千九百四十六億元減少し、不良債権比率は十三・二％となった。
29 二〇〇四年の中国の固定資産投資は対前年比で二五・八％増という高い伸びを示した。
30 Financial Times 2004.2.3.
31 Financial Times 2004.1.15.
32 Financial Times 2003.11.17. は、ブラジルの鉄鉱石と大豆、アルゼンチンの大豆、チリとペルーの銅などの対中国輸出が急増し、これら一次産品価格の上昇もあって、南米諸国経済の好況につながっていることを報じている。
33 なお、一九九七年に中国に返還され、かつ対香港輸出の多くが中国本土へ再輸出されることを考えれば、香港との貿易額を加えた対中国・香港貿易をもって中国との貿易とみなすのが現実的であろう。
34 二〇〇五年一月二十六日に財務省が発表した貿易統計（速報、通関統計）
35 Financial Times 2004.1.15. 〇三年の日本の対中輸出増は、対世界輸出増の七〇％を占め、韓国や台湾の輸出においてもそれぞれ四〇％、九〇％を占めた。
36 二〇〇四年五月、米国は中国製テレビの輸入に反ダンピング関税措置を発動した。
37 『日本経済新聞』二〇〇四年三月十九日は、ＵＳＴＲが中国政府が自国の半導体メーカーだけに認めている優遇措置によって米企業が不利になっているとしてＷＴＯに提訴したと報じた。中国のＷＴＯ加盟後、中国が他の加盟国から提訴されたのは初めて。
38 Financial Times 2003.9.17. 二百五十万人の製造業の雇用が奪われたとの批判も報じている。
39 第百九議会には、主たるものだけで、十四本の中国関連法案が提出され、審議された。
40 二〇〇四年六月二十三日の上院財政委員会で、グリーンスパンＦＲＢ議長は、米中貿易による雇用への影響は非常に小さく、またその対応は国際貿易の発展を後退させる非生産的手段ではなく、（米国の）職業訓練や失業保険によるべきであると述べている。

41 人民元業務の外国銀行への開放は二〇〇六年末が期限。

42 N Y Times, 2005.6.26 は、「中国の強み、米国の弱み」と題する社説を掲げ、「中国バッシングをする代わりに、海外に仕事を奪われた米国人に対する職業訓練計画に金を使うべし」と主張している。

《第2章》

1 経済産業省『わが国企業の海外事業活動』

2 ここでの数字は、ＩＭＦの *Direction of Trade Statistics Database*（2003）などを基に著者が計算。

3 「実質上すべての貿易」の条文上の定義はなく、現在その明確化に向けてＷＴＯで審議中である。一般には、特定のセクター（例えば、農産物）を丸ごとＦＴＡの対象から除いたりしないこと、ＦＴＡ当事国の輸入額の九〇％以上の品目をＦＴＡの対象とすることを意味すると解釈することが多い。

4 ＦＴＡが伝統的に扱ってきた分野である関税・非関税障壁の撤廃のみならず、投資、競争、人の移動の円滑化、電子商取引、環境、労働関連制度の調和等、ＷＴＯにおいても十分にルールが確立していない新分野も含む対象分野の広い協定。

5 ＧＡＴＴは「関税貿易に関する一般協定（General Agreement on Tariffs and Trade）」の略称であり、第二次大戦後の国際貿易体制の基本文書として、一九四七年に調印された。開放経済体制に即した自由貿易主義の推進という基本理念の下で、輸入数量制限の撤廃や関税の引き下げのための交渉が行われてきた。国際収支悪化による例外的保護措置や自由貿易協定や関税同盟も条件を満たせば可能である。日本は五五年に正式に加盟した。九五年に設立された世界貿易機関（ＷＴＯ）によって発展的に吸収された。

6 『読売新聞』二〇〇三年十二月三日

7 例えば、『日本経済新聞』二〇〇四年三月十一日一面トップ記事や『読売新聞』二〇〇四年三月十四日の社説。

8 例えば、『日本経済新聞』二〇〇四年三月十六日の経済教室に寄稿された小寺彰東大教授の指摘。

9 例えば、『朝日新聞』二〇〇四年三月十二日社説や『日本経済新聞』二〇〇四年九月二十一日社説

10 日本側は、フィリピン側が日本側の関心に対応する同様の仕組みを将来において提供するという想定の下に、一定の要件を満たすフィリピン人の看護師・介護福祉士候補者の入国を認め、日本語等の研修終了後、日本の国家資格を取得するための準備活動の一環として就労することを認める（滞在期間の上限、看護師三年、介護福祉士四年）。国家試験を受験後、国家資格取得者は看護師・介護福祉士として引き続き就労が認められる。介護福祉士については、日本語の研修終了後、課程を終了した者に介護福祉士の国家資格が付与されることになる日本国内の養成施設へ入学する枠組も設ける。(http://www.mofa/gaiko/fta)

11 例えば、カナダとメキシコのＦＴＡでは、カナダ側で農産品千四百十一品目中七十八品目、メキシコ側で農産品千四品目中八十七品目を関税撤廃の対象外としている。韓国とチリのＦＴＡでは、韓国はりんご、なし、コメを、チリは小麦、小麦粉、食用油を除外している。

12『日本経済新聞』二〇〇四年十一月十二日

13 途上国側は、欧米が農家に出している補助金によって途上国の農産物の輸出が妨げられていると主張してその撤廃や引き下げを求めたが、欧米は強く反対し、交渉はまとまらなかった。欧米が国内補助金によって農業保護を実施しているのに対して、日本は、水際での農業保護、すなわち、食糧自給率の維持や地域農業を支える基幹作物の保護などの観点から輸入農産物に高い関税をかけることによって農業を保護してきた。例えば、コメは関税相当量で四九〇％（二次税率）、落花生は五〇〇％、こんにゃくいもは九九〇％など二百種類にも及ぶいわゆる「高関税農産品」が存在する。日本はその一律引き下げに強く反対しているが、欧米からも批判を受けており、国内でも、水際での保護を転換し欧米型の補助金による保護を目指すべきとの意見も出ている。

14 二〇〇五年三月現在、百四十八カ国。その三分の二がアフリカや中南米などの途上国によって占められている。

15『日本経済新聞』二〇〇三年九月二十四日

16 *Far Eastern Economic Review*, Dec.25.2003-Jan.1.2004, p19

17 世界のＦＴＡのうち、ＥＵが締結したＦＴＡが、全体の約七割を占めている。

18 例えば、『日本経済新聞』二〇〇三年九月二日の「経済教室」（本間正義東大教授）。

19 外務省が公表している「日本のＦＴＡ戦略」（平成十四年十月）は自由貿易協定を推進する具体的メリットとして次の二点を掲げている。（１）経済上のメリット：輸出入市場の拡大、より効率的な産業構造への転換、競争条件の改善の他、経済問題の政治問題化を最小化し、制度の拡大やハーモニゼーションをもたらす。（２）政治外交上のメリット：ＷＴＯ交渉における交渉力を増大させるとともに、ＦＴＡ交渉の結果をＷＴＯへ広げ、ＷＴＯの加速化につなげる。また、経済的な相互依存を深めることにより相手国との政治的信頼感も生まれ、日本のグローバルな外交的影響力・利益を拡大することにつながる。

20 内閣府経済社会総合研究所の試算（『日本経済新聞』二〇〇四年十二月三十一日）

21 川崎上席主任研究員の試算。

22 『日本経済新聞』二〇〇四年五月二十六日

23 ＡＰＥＣは、一九九二年九月に発足し、九四年のボゴール宣言によって先進国は二〇一〇年までに、途上国は二〇二〇年までに貿易・投資を自由化するとの画期的な目標を掲げたが、こうした宣言は加盟国の自発的努力目標であって、拘束性はなく、経済的実利より政治的意義が大きかったと言える。

24 二〇〇四年三月二十四日付日本経済新聞一面トップ

25 二〇〇三年のＡＳＥＡＮの域内貿易比率は二二％、日中韓三国は二六％であるのに対し、両者及び台湾、香港を合わせた東アジア全体では四八％に上っており、東アジアは全体として一つの経済圏を形成していることを示している。

26 新規加盟国も、例えば、ベトナムは、二〇〇六年までに自動車やオートバイの部品を含む十九品目の工業製品の輸入関税率を五％以下に引き下げることを表明している（現在は五〇〜一〇〇％の高関税）。

27 『日本経済新聞』二〇〇三年十一月二十九日

28 例えば、『読売新聞』二〇〇四年一月七日は、「決断の年」と題する社説を掲げ、中国の動きや日本の農業問題に言及した上で、「このままでは、自由化の流れに取り残され、将来、各国の市場から日本製品が閉め出される恐れも出てくるだろう」と指摘して、政府の強力な指導力を促している。経済界では、〇四年三月十二日、日本経団連は、日本は世界的に見てFTAで遅れをとっているとして、内閣に「経済連携戦略本部」を設置し、官邸主導で国内改革を進め、韓国、タイ、フィリピン、マレーシアとのEPA締結を急ぐべきだとの緊急提言を発表した（『日本経済新聞』他三月十三日）。

29 CLMVは、カンボジア、ラオス、ミャンマー、ベトナムの頭文字を取ったもので、ASEAN関係の会議において用いられる呼称である。冷戦終結後に東南アジア全域に拡大されたASEANにおいては、新規加盟国であるCLMV諸国と原加盟国との経済格差の克服が大きな課題であり、CLMVへのODAの役割が重視されている。

30 『読売新聞』二〇〇四年四月三日社説は、「早晩、打ち切るのが筋ではないか」と題して、中国の国防費の増額、中国調査船の活動、尖閣諸島問題などに言及して、円借款の実施延期も考えるべきと主張した。

31 外務省のODAホームページの国別データブックの中国部分を参照。（http://www.mofa.go.jp/mofaj/gaiko/oda/shiryo/jisseki/kuni/04_databook/01_e_asia/e_asia.html）

32 二〇〇三年に閣議決定されたODA大綱は、九二年の旧ODA大綱を改定し、「戦略性、透明性、効率性を高める」との観点から策定された。

33 『二〇〇三年版通商白書』、二〇一～二〇二頁

《第3章》

1 日米パートナーシップに関心を持つ米国超党派研究グループの見解を取りまとめた報告書であり、その作成には、リチャード・アーミテージをはじめ、カート・キャンベル、ジョセフ・ナイ、ポール・ウォルフォビッツなど十六人の著名な元政府要人、学者、専門家が参加した。

2 中国が、ソ連の脅威を念頭に置いて、日中共同声明中の「反覇権条項」を盛り込むことを求めたのに対し、日本は、この条項の持つ反ソ的性格がソ連を刺激することを懸念して、交渉は難航した。一九七八年八月十二日にようやく締結された条約では、「反覇権条項」が規定されたが、他方で、「第三国との関係に関する各締約国の立場

に影響を及ぼすものではない」（第四条）と規定した。

3 オルブライト前国務長官の回顧録によれば、金正日は、オルブライトに対し、「開放とは何を意味するのですか。我々は、西洋式の開放は受け入れない。開放は、我々の伝統を害するものであってはならない」と述べている。

4 北朝鮮のGDPは、韓国の四～五％程度であり、『ミリタリー・バランス二〇〇三～〇四』によれば、北朝鮮のGDPの二五％を注ぎ込む国防予算（四十七億二千八百万ドル）は、韓国の国防予算（百二十六億千五百万ドル：GNPの二・八％）の三分の一強である。

5 NPTは一九七六年一月一日前に核兵器その他の核爆発装置を製造し、かつ爆発させた国を核保有国として定義しており、国連安保理の常任理事国である米国、ロシア、フランス、イギリス、中国の五カ国が該当する。その後核実験を行い「核保有」を宣言したインドとパキスタンも核兵器保有国となった。その他に、保有の可能性が高いと見られているイスラエル、開発疑惑が持たれているイラン、開発を断念したリビア、保有していたが廃棄した南アフリカが存在する。

6 北朝鮮は、既存及び建設中の黒鉛炉及び関連施設を凍結し、最終的には解体するのに対し、発生する使用済み燃料の軍事転用の可能性がより低い軽水炉が北朝鮮に供与されることとされ、また、北朝鮮はＩＡＥＡが北朝鮮の過去の核開発を解明するために必要とする措置を受け入れることに同意した。（『一九九五年版外交青書』）

7 九月一日、防衛庁は、二段式弾道ミサイルの第一段目が日本海に落下し、第二段目が三陸沖に落下、弾頭が三陸沖のより遠方に着弾した可能性が高いと発表した（『朝日新聞』他一九九八年九月二日）。

8 一九九九年外交青書、九～一〇頁

9 日朝国交正常化交渉は、二〇〇二年十月の第十二回交渉以降開催されていない。

10 『日本経済新聞』他各紙二〇〇五年二月十一日

11 Financial Times 2004.2.25

12 盧武鉉政権は、金大中前政権の「太陽政策」を引き継ぎ、南北鉄道の二〇〇五年中の開通、北朝鮮の経済特区でのモデル事業の開始などを進めてた（『読売新聞』他二〇〇四年六月九日）。

13 民間レベル（トラック2）では、北東アジア協力対話（NEACD）が存在する。
14 例えば、Financial Times 2004.2.25 九面
15 米国の姿勢については、米政府内において、CVIDという言葉にこだわるべきではないとの声も出ていたと報じられてた（『読売新聞』二〇〇四年六月二十四日）。ラリー・ニクシュ米議会調査官は、米がCVIDを要求するだけで、効果的な戦略が欠けていることが協議の進展を阻害していると述べた（『毎日新聞』同年六月二十一日）。これに対し、伊豆見元教授は、第二回六者会合において、CVIDは関係諸国間で「市民権」を得ており、北朝鮮は最終的にはこの原則を受け入れるだろうとの見解を示している（『日本経済新聞』同年三月五日）。
16 二〇〇〇年に発表した「台湾白書」及び「国防白書」において、①台湾を中国から分離させるような重大事件の発生、②外国による台湾侵略、③台湾当局の交渉による両岸統一問題の平和的解決の無期限拒否、がある場合は、武力行使を含むあらゆる可能な断固たる措置をとる旨言明している。
17 ①独立を宣言せず、②国名を変更せず、③「二国論」を憲法に盛り込まず、④統一か独立かを問う住民投票を行わず、⑤国家統一綱領・国家統一委員会を廃止しないとの考えであり、就任演説で表明した。
18 キッシンジャー『周恩来キッシンジャー機密会談録』（毛里和子・増田弘監訳、岩波書店、二〇〇四年）
19 他方で、同報告書は、「外国の勢力の関与、台湾民心の大陸からの離反、さらに各種攻撃兵器の準備不足などの要素から、短期間内で台湾に全面攻撃を仕掛ける可能性は極めて少ない」と分析している。
20 Herald Tribune 2004.3.23.
21 『朝日新聞』二〇〇四年三月十三日
22 『産経新聞』二〇〇五年七月十六日
23 直接の通信、通航、通商。
24 二〇〇五年一月、中台双方の航空当局者は、春節時のチャーター便の相互乗り入れに合意した。中国機が台湾に乗り入れるのは、一九四九年の中台分断以来、実質的に初めて。（『朝日新聞』他二〇〇五年一月十六日）

25 二〇〇五年の米国防戦略では、①国家の軍隊による伝統的脅威 (Traditional Challenges)、②国家及び非国家主体の非伝統的手法 (unconventional methods) による非正規脅威 (Irregular Challenges)、③テロリストやならず者国家の大量破壊兵器による破滅的脅威 (Catastrophic Challenges)、④技術革新などによる破壊的脅威 (Disruptive Challenges) に備えなくてはならないと指摘している。

26 例えば、二〇〇二年六月、韓国の女子中学生二人が米軍の装甲車にひかれて死亡し、反米デモが起きた。

27 一九五一年、豪(A)、ニュージーランド(NZ)、米国(US)の三国間で結ばれた太平洋安全保障条約機構。NZの反核世論を背景とする一時的な冷え込みはあったが、合同軍事演習や軍事技術の共同利用など非常に緊密である。

28 二〇〇二年二月十九日国会でのブッシュ大統領の演説。

29 Herald Tribune 2004.6.4. なお、2004.6.15 の H.T. は、社説で、削減に反対する論調を展開している。

30 米軍を軍事境界線近くの前線に配備してきたことは、「仕掛けわな (trip wire)」と呼ばれる一種の保険として、北朝鮮が侵攻する場合には、米軍は戦闘に巻き込まれ、参戦せざるを得ないという意味で、米国及び北朝鮮双方の自制を担保する働きをしてきた。

31 Financial Times 2004.6.8. Herald Tribune 2004.6.10.『読売新聞』二〇〇四年六月九日

32『朝日新聞』他二〇〇四年十月七日。

33『日本経済新聞』二〇〇四年二月二十二日において報じられた米国防次官のインタビュー記事。

34 Herald Tribune 2004.6.4.

35 しばしば、日米安保の非対称性が指摘されるが、アジアでの前方展開を可能とする在日米軍基地の提供や日本政府による在日米軍の駐留経費負担(二〇〇三年度予算で、六千三百八十七億円を支出)を考えれば、かつての「ただ乗り」との批判は当たらない。なお、米国国防総省の「共同防衛に対する同盟国の貢献度報告」によれば、米国の同盟国二十五カ国のうち、日本は最大の負担国。

36「Organization for Security and Co-oporation in Europe」の略称。一九九四年十二月のブダペストで開催された

CSCE（ヨーロッパ安全保障協力会議）首脳会議で名称をOSCEと変更し、紛争を予防し、解決を目指す地域安全保障機構となった。

37「安全保障共同体」は、もともと政治学者カール・ドイッチェの概念であり、①互いに争うことを計画したり、意図したりしない、②地域における摩擦を減らすための共同努力を進んで払う用意がある、③外交的解決を助けるため自国の軍隊やその他の支援を提供して人道活動や平和維持活動を行う用意がある、④そうした活動を可能とするための共同計画、共同訓練、共同行動を行う用意がある、国家の集団を言う。参加する国家は、安全保障条約の署名国となる必要はなく、ゼロ・サムではない利益の共有によって信頼を醸成し、さらなる協力を促すものである。

38『朝日新聞』、『読売新聞』二〇〇四年七月一日。

39日韓共同宣言が、「痛切な反省と心からのお詫びを述べた」との文言を盛り込んだのに対し、日中共同宣言は「責任を痛感し、これに対し深い反省を表明した」との文言となった。中国側が求めていた謝罪については、小渕総理が会談で「お詫び」の意を表明した（署名はせずに正式発表された）。

40『朝日新聞』『日本経済新聞』など二〇〇四年八月八日が報じている。

41『朝日新聞』二〇〇五年五月十二日

42『読売新聞』二〇〇五年六月二十七日

43『読売新聞』一九九九年九月三十日は、日中共同世論調査の結果を報じており、日本のODAを知っていると答えた中国人は、二三・一％であり、知らないと答えた中国人は七四・九％に上った。また、『朝日新聞』二〇〇五年四月二十七日は、日中韓三カ国世論調査の結果を報じた中で、「日本が途上国援助（ODA）をしてきたことを知っているか」との問いに対し、六六％が「知らない」と答えたことを明らかにしている。

44リー・クアンユー『リー・クアンユー回顧録（下）』（小牧利寿訳、日本経済新聞社、二〇〇〇年、四四六〜四四七頁）

45『中国青年報』一九九七年二月十五日。なお、今世紀の日本を代表する人物としては、東条英機を挙げた中国人が最も多く（二八・七％）、その東条などA級戦犯の霊も合祀される靖国神社への政府要人の参拝に対しては九六・八％が強い怒りを感じると答えた。

46 二〇〇四年十二月十八日、内閣府は、「外交に関する世論調査」を発表。中国に親しみを感じる人は三七・六％（対前年比△一〇・三％）、感じない人は五八・二％（＋一〇・二％）であった。これに対し、韓国への親近感は、五六・七％（＋一・七％）と過去最高を更新した。〇四年の中国における意識調査（『環球時報』二〇〇四年十二月十五日）では、日本が「嫌い」と「比較的嫌い」が四二・二％、日本が「好き」と「比較的好き」が二八・五％である（前者は数年前より一〇％近く減少）。他方、前出の中国青年報は、「日中両国が友好協力関係を維持していくことが中国及びアジアにとって重要である」と答えた中国人が九五％に達していると報じている。

47 中井久夫『兆候・記憶・外傷』、みすず書房、二〇〇四年

48 『環球時報』二〇〇四年十二月十五日

49 竹島は島根県隠岐島の北西に位置する二つの小島とその周辺の岩礁からなる。面積は日比谷公園程度。日本の立場は、「竹島は、歴史的事実に照らしても、かつ国際法上も明らかにわが国固有の領土である」というものであり、韓国による竹島の占拠は、国際法上何ら根拠がないまま行われている不法占拠であり、韓国がこのような不法占拠に基づいて竹島に行ういかなる措置も法的な正統性を有するものではないと主張している。日本は遅くとも一七世紀半ばには実効的支配に基づき竹島の領有権を確立していたと考えられ、一九〇五年以降も閣議決定に基づいて近代国家として竹島を領有する意思を再確認した上で、竹島を実効的に支配していた。これに対し、韓国は、一九五四年以来、竹島に警備隊員を常駐させ、宿舎、灯台、監視所、アンテナ等を設置してきている。九七年には、日本の抗議にもかかわらず、五百トン級船舶が利用できる接岸施設を、九八年には有人灯台をそれぞれ完成させた。韓国は竹島を「独島」と呼び、歴史上も、国際法上も韓国の領土であるとの立場である。なお、五四年、日本は本件問題を国際司法裁判所に提訴することを提案したが、韓国側はこれを拒否した。

50 尖閣諸島は、沖縄県八重山諸島の北方約百七十キロに散在する五つの島と三つの岩礁からなる。面積は六・三平方キロ。一八八五年以降、現地調査を行い、無人島であり、清国の支配が及んでいる痕跡がないことを確認の上、一八九五年の閣議決定により正式に日本の領土に編入。サンフランシスコ平和条約第三条に基づき、米国の施

政下に置かれた地域に含まれており、一九七一年の沖縄返還協定により日本に施政権が返還された地域に含まれている。中国と台湾が領有権を主張し始めたのは、六九年付近に豊富な石油・天然ガス資源埋蔵の可能性を指摘した国連調査報告が出て、七〇年から東シナ海大陸棚の石油開発の動きが表面化するに及んでからである。現在、尖閣諸島は、大正島及び三つの岩礁は民有地であるが、すべて国が借り上げ、海上保安庁の巡視船が常時付近を監視し、日本が実効支配を続けている。〇四年四月には、中国人活動家七名の尖閣諸島への不法上陸につき、川口外務大臣より、温家宝首相に対し、「尖閣諸島はわが国固有の領土である」として、「極めて遺憾であり、類似の再発防止を強く求める」と申し入れた。これに対し、温家宝首相は、「釣魚島」(尖閣諸島の中国側呼称)が中国の領土であるとの声明を既に何度も発出している旨応答した。

51 南シナ海には、南沙群島、西沙群島、東沙群島、中沙群島が存在するが、海上交通・輸送の要衝(日本のシーレーン)であり、豊富な漁業資源に加え、一九七〇年代には南沙諸島に海底油田の存在が確認され、領有権を巡る紛争が激しくなった。一九七四年に西沙、八八年に南沙でそれぞれ中越間での武力衝突が起き、九六年には、フィリピンが実効支配していたミスチーフ環礁に中国が「漁民避難施設」の名目で軍事施設を造っていたとして両国の緊張が高まり、九九年には二度にわたる両国船舶の衝突・沈没事件が起きた。二〇〇一年にはフィリピン海軍が中国漁船に威嚇発砲。〇二年には、中国軍が南シナ海に実弾演習実施のための排他的区域を設定し、ベトナムが強く抗議し即時撤廃要求声明を発出した。

52 宣言の署名国ではない台湾が新たに施設を構築したり(*Far Eastern Economic Review* 2004.4.15)、ベトナムやフィリピンが観光ツアーを実施したりしている。後者に対しては、中国が「中国の主権を侵すもの」と反発した(『読売新聞』二〇〇四年四月二十二日)。行動規範の作成には消極的な中国や交渉疲れのあるASEAN諸国の間に現状で良しとする考えもあるとみられ、その策定は当面困難であろう。

《第4章》

1 Gavan Menzies, *1421 The year China discovered America*, William Morrow An imprint of Harper Colins

Publishers, 2002

2　これは大型船のみの数字であり、実際には大型艦隊の航海を支援する中小の補助艦が多数付き従ったと考えられる。

3　ちなみに、制作年が明らかな世界最古の印刷物は日本に残された八世紀の「百万陀羅尼」という中国の仏教法典である。

4　J・M・ロバーツ『世界の歴史』（池上俊一監修）創元社、二〇〇三年、第五巻（東アジアと中世ヨーロッパ）、四九頁

5　中国とロシアは、二〇〇一年七月に「中露善隣友好協力条約」を締結し、〇三年五月には胡錦濤国家主席がロシアを訪問し、プーチン大統領との首脳会談で、中露間の「戦略的協力パートナーシップ」の強化を確認した。〇四年十月のプーチン大統領の訪中では、「追加合意文書」が調印され、約四千三百キロに及ぶ中露国境がすべて確定された。〇五年八月には、初の合同軍事演習が行われた。

6　秦は中国語で「Qin」（チン）と発音し、「China」の由来となる。

7　かつて中国では官吏登用を「選挙」と呼んだが、その試験には秀才、明経、進士など種々の科目があったので、科目による選挙、すなわち「科挙」という言葉が唐代に成立した。宋代には進士の一科に絞られたが、科挙という言葉が清朝末年の一九〇四年までそのまま用いられた。（宮崎市定『科挙』中央公論社、一九八四年）

8　前掲書、一一三～一一五頁

9　「礼記」と重複する「大学」と「中庸」の字数は含まない総字数。

10　出兵や貢納を求められた冊封国もあり、実態は彼我の力関係によって様々であった。

11　一九三八年十一月三日、第一次近衛文麿内閣は、「東亜新秩序の建設」を唱える声明を発出し、日満支三国が協力して、国際正義の確立、共同防共、新文化の創造、経済統合を実現するため、東亜新秩序を建設することが「わが肇国の精神に淵源し」、「帝国不動の方針」であると宣言した。後の大東亜共栄圏構想に受け継がれた。

12　日本がアジア太平洋戦争を遂行する上での指導的な理論として掲げられた構想であり、日満支を中心に、仏領

インドシナ、タイ、マレー、ビルマ、蘭領東インドなどを含む東アジア地域の政治・経済的な共存共栄を大東亜の諸民族の協力により実現するとの政策となった。一九四二年、大東亜省が設置され、外務省の東亜・南洋両局を吸収し、四三年には、東京において、日本、中華民国（汪兆銘政権）、満州国、タイ、フィリピン、ビルマの六カ国及び自由インド仮政府の代表を集めた大東亜会議が開催され、大東亜共同宣言が発出された。日本軍統治下での資源や物資の収奪などに対する反日運動や抗日ゲリラ活動が高まる中で、四五年の日本の敗戦によって崩壊した。

13 中国外務省報道局長は、二〇〇二年七月の米議会の「米中安全保障レビュー委員会」の報告書について、中国が自由市場経済に移行し、法の支配が拡大すれば、民主主義が進展するとの見方は単なる仮説に過ぎないと反論した。

14『解放軍報』二〇〇一年七月一〇日

15『人民網』（日本語版）二〇〇四年十二月十一日

16 二〇〇五年二月一〇日の米商務省の発表によれば、対中貿易赤字は、三〇・六％増の一六二〇億ドル、対日貿易赤字は、一三・九％増の七五二億ドルであった。（『日本経済新聞』二〇〇五年二月十一日）

17 例えば、中国国際問題研究所の研究員の「脅威ではなく協力のパートナー」と題する寄稿（『人民中国』【http://www.peopleschina.com/maindoc/html/30year】）など。

18『人民日報』二〇〇二年十二月二十日

19 二〇〇四年現在、ロシア、北朝鮮、モンゴル、カザフスタン、キルギス、タジキスタン、アフガニスタン、パキスタン、インド、ネパール、ブータン、ミャンマー、ラオス、ベトナムの一四の国と国境を接する。陸の国境は、二万二千八百キロに達し、海岸線も一万八千キロに達する。

20 第十六回党大会における江沢民国家主席の報告

21『朝日新聞』二〇〇四年三月六日は、前年当初予算と比べると一三・三％の伸びとなったと報じている。

22『毎日新聞』二〇〇四年三月六日

23『読売新聞』二〇〇四年三月七日
24『読売新聞』他二〇〇五年六月四日
25『朝日新聞』他二〇〇五年八月三日
26 Washington Times 2005.4.17.
27 一九九五年二月、フィリピン政府によって、中国海軍が新たにミスチーフ礁を占拠し、建造物を構築したことが明らかにされた。三月、ＡＳＥＡＮ外相は、「南シナ海の平和と安定を損なった最近の進展に重大な懸念を表明」して、平和的解決を訴えた。
28 二〇〇四年には中国海洋調査船が通報なく日本の排他的経済水域において活動した事例が二十二件に上った。(『読売新聞』二〇〇五年三月二十三日)
29 平松茂雄『中国の軍事力』文芸春秋社、一九九九年、一八二〜一八三頁
30 一九八七年、米ソはＩＮＦ（中距離核戦力）全廃条約に署名した。レーガン大統領が述べたように、第二次大戦後初めて核の「軍備管理」以上の核の「軍縮」が実現した。
31 中国は、一九九五年に「中国の軍備管理・軍縮」と題する文書を発表し、九八年に初めて総合的な国防白書である「中国の国防」を発表した。その後も、毎年国防白書を発表してきている（二〇〇三年は「中国の拡散防止政策と措置」）。
32 経済産業研究所の関志雄上席研究員は、米国の中国と日本からの輸入統計一万品目について、競合・補完関係を調べて、二〇〇〇年の対米輸出において競合する部分は全輸出の一六％であるが、その比率は、九〇年の三％、九五年の八％に比べ上昇していると報告している（参議院会議録：第百五十六回国会の「国際問題に関する調査会」における発言）。
33 Washington Post 2004.7.21 の社説。また、*Christian Science Monitor* 2005.8.15. は、二〇〇四年の海外から日本への直接投資は、八十億ドルにすぎないが、中国は五百五十億ドル近い外国投資を受け入れているように、中国経済が日本経済より一層開放的であることにより、米国企業は中国を支持し、ユーカルの買収に危機感を抱い

た米政府に懸念さえ感じているとの記事を掲載した。

34 成長率の貢献度は、二〇〇二年で一七・五%。GDP総額が米の八分の一、日本の四分の一でありながら、これだけ世界経済に影響を与えていることは注目に値する。

35 二〇〇六年までに約六百品目の農産品の関税が撤廃される。

36 中・ASEAN貿易は、一九九三年以来、中国の赤字が続き、二〇〇三年には百六十四億ドルと前年の二十一倍に達した。

37 『中新網』二〇〇三年十一月十七日

38 TACは、「Treaty of Amity and Cooperation in Southeast Asia」の略。一九七六年二月のASEAN首脳会議において採択。国連憲章に基づき、域内諸国間において平和的な関係を維持・管理するための国際的合意。九二年、国連総会は本条約を承認した(「endorse」)。

39 『日本経済新聞』二〇〇四年六月二十六日。こうした中国の積極外交の展開は、日本が安全保障分野においては米国の役割を重視していること、そして、その米国はマルチ外交よりも「単独行動主義」による解決を優先する傾向を強めているとの状況によって可能となっていると報じている

40 「行動」の政治・安全保障分野においては、①相互訪問や対話の機会を増やし、ホットラインを設置する、②南シナ海行動宣言の実行のための作業部会設置、③合同軍事演習の可能性の研鑽などが盛り込まれている。(『読売新聞』二〇〇四年十一月三十日)

41 二〇〇三年六月九日の東京での発言。(http://usinfo.state.gov/regional/ea/easec/japanarmitage.htm)

42 『日本経済新聞』他各紙二〇〇五年一月二十五日。〇四年の中国のGDPは十三兆六千五百十五億元(約百八十兆円)となり、初めて十三兆元を突破した。これは、日本のGDPの三分の一強に相当する。

43 「中国の21世紀の人口と発展」白書(『人民網』http://www.people.com.cn)

44 中国政府は、二一世紀中葉に人口がピークに達し、十六億人近くとなるが、その後減少に転じると予測している。(前出の白書参照)

45 四川省の人口は八千三百二十九万人（二〇〇〇年人口調査）であるが、中央直轄市の重慶市の人口三千九十万人（同右）を加えれば、一億一千四百万人を超える。
46 上海では、五万四千人の留学生が帰国し、彼ら（彼女）らによって設立された企業は三百社以上に達し、総投資額も四十二億ドルに上った。
47 中国国家発展計画委員会報告「二〇〇二年の中国社会形勢の七大動向」
48 一九八四年、党中央・国務院は、郷（村）や鎮（町）が経営する企業を郷鎮企業と規定し、その積極的な奨励を図った。その結果、〇三年までに農村労働力の二七・八％に当たる一億三千六百万人の農村余剰労働力が農村の郷鎮企業によって吸収された。
49 Financial Times 2003.11.28.
50 UNCTADの『World Investment Report』を参照。UNCTADは、その数字が中国企業の香港経由の中国への再投資によって膨らんだものであり、これを除けば四百億ドル近くになると指摘している。
51 例えば、二〇〇二年の中国への輸出総額は三千二百五十六億ドルで、そのうち外国資本の企業の輸出額が千七百億ドルに達している。
52 第三十三回海外事業活動基本調査結果概要 (http://www.meti.go.jp/)
53 みずほ総合研究所が二〇〇四年三月に実施したアンケート調査（『日本経済新聞』二〇〇四年六月十五日）
54 上海市統計局によれば、長江デルタ内の十五都市のうち十一都市で二〇〇三年の一人当り可処分所得が一万元を超えた（『中国網』二〇〇四年一月六日）
55 二〇〇一年の江沢民総書記の「三つの代表」の思想を打ち出した演説によって、中国共産党は「最も広範な人民の利益を代表する」という法規によって私営企業の経営者の取り込みも図ることによって国民政党への脱皮を図っているようにも見える。
56 二〇〇三年には、帰国留学生の数は対前年比一一・三％増の二万百人に上った。
57 Financial Times 2003.11.25.

58 例えば、中国経済改革研究基金会国民経済研究所の方崗
59 例えば、二〇〇三年の北京市住民のエンゲル係数は〇・三七まで低下している。
60『日本経済新聞』二〇〇四年六月九日
61 二〇〇三年には、自動車製品の輸入は八四%増加し、そのうち完成車の輸入は十二万二千七百台に上った。
62 コンビニエンス・ストアの普及条件は、住民一人当たり平均収入が三千三百五十五ドルを超えることとされているが、上海に続き北京でもこの条件が満たされ、三千人に一軒の比率でも八百万の人口を抱える北京では二千軒以上の出店が可能な市場である。クレジット・カードは、個人所得が四千ドルを超えるとローン市場への需要が発生すると言われるが、上海、北京、広州などの沿海部大都市では富裕層が拡大しており、クレジット保有人口も急拡大している。中国市場の七〇%を占有するビザは、二〇〇四年のカード発行数が対前年比で一八・八%増となった。増加率はさらに高まると予想されている。
63『日本経済新聞』二〇〇三年八月二十四日、第七面。
64 ちなみに、購買力平価(ppp:purchasing power parity)で比較するならば、二〇〇二年の日本のGNPは三兆八千百五十億ドルであるのに対し、中国は五兆六千二百五十億ドルに達し、既に日本を上回っていることになる。しかし、購買力平価は、貿易可能でないサービス価格の格差を反映することによって生活水準や暮らしやすさを比較するという意味においては有用ではあっても、世界における経済力の比較という意味ではやはりGNPが適当であろう。ちなみに、日本のGNPは、中国GNPの三倍である(二〇〇三年)。
65 Financial Times 2004.3.24.
66「貧困人口」の概念や定義は、種々あり、例えば、世界銀行が従来から一日一ドル以下で生活する人口として捉えて、世界の貧困人口を十一億千六百万人と見積もっているのに対し、国連開発計画(UNDP)は、所得以外の要素、例えば、生活の質や社会環境などの側面を重視し、人間開発指数(HDI)や人間貧困指数(HPI)という指標を導入して、途上国人口の四分の一以上が人間貧困の状況にあると報告している。ちなみに、UNDPの二〇〇三年版「Human Development Report」は、貧困人口が一九九〇年代において三〇%から二三%

に低下し、その背景として一億五千万人の貧困人口を減らした中国の貢献が大きい（この結果、中国の貧困人口は総人口の三三％から一六％に低下）と指摘。他方、中国政府は、衣食すら事欠く貧困者は、平均純年収が六百二十五元以下の絶対貧困人口二千八百二十万人と六百二十五元以上八百五十五元以下の相対的貧困人口五千八百万人の計八千六百万人存在することを明らかにしている。

67『北京現代商報』二〇〇四年五月十三日号

68 二〇〇二年の数字。『人民中国』二〇〇四年二月号

69 二〇〇三年統計から採用した流動人口を加えた人口

70 広州が二〇〇二年の数字であるのを除き、二〇〇三年の数字。

71 国家発展計画委員会「新形勢下において農民収入の持続的増加を保持する方法」

72『中国情報ハンドブック』二〇〇四年版（二一世紀中国総研編　蒼蒼社　二〇〇四年）

73 中国では、十万元以上の年収を得て、車や家の購入能力があり、教育、レジャー、投資などに資金を回す余力のある者が「中産階級」と見なされている。

74 中国社会科学院「二〇〇四年中国社会の情勢分析と予測」

75 ジニ係数(Gini index)は、所得または消費の分配の不平等度を測る数値としてよく用いられる。横軸に人の低額層からの累積百分率を取り、縦軸に所得の低層額からの累積百分率を取って描かれるローレンツ曲線と均等配分がなされた時の四十五度線（均等線）によって囲まれる部分の面積（α）が不平等度を示す。横軸と縦軸と均等線によって作られる三角形の面積（β）を一〇〇として、βに対するαの割合がジニ係数である。〇は完全な平等を意味し、一〇〇は完全な不平等を意味する。

76 ＵＮＤＰ『世界開発報告二〇〇三』

77 山室、前掲書、六三〇頁

《第5章》

1 欧州憲法条約は二十五カ国に拡大したＥＵの基本条約で、正式には「欧州のための憲法を制定する条約」。二〇〇五年、フランスは五月二十九日の国民投票において反対五四・八七％、賛成四五・一三％、オランダも六月一日に同じく反対六一・五％、賛成三八・五％という大差でそれぞれ欧州憲法条約批准を拒否した。

2 ヒーター『統一ヨーロッパへの道　シャルルマーニュからＥＣ統合へ』（田中俊郎監訳　岩波書店　一九九七年）

3 欧州憲法条約は、加盟二十五カ国がすべて批准しないと発効しない。フランスとオランダが国民投票で批准を拒否したことについては、注の1を参照。

4 報道などで、〝President〟を「大統領」と訳している場合があるが、正確には「常任議長」と訳すべきである。

5 五五％以上の加盟国が賛成するとともに、賛成国の人口の合計がＥＵ総人口の六五％以上でなければならないという決定方式。国連総会が一国一票方式で運営されているのに対し、ＥＵは八千万以上の人口を抱えるドイツや四十万の人口しか持たないマルタなどの国家と市民の双方の平等を追求した新たなシステムを導入した。

6 二〇〇四年三月四日の衆議院憲法調査会安全保障及び国際協力等に関する調査小委員会において、参考人として出席したベルンハルト・ツエプター駐日欧州委員会代表部大使は、「欧州のモデルはそのまま世界のほかの地域におけるモデルとすることは不可能であり、お勧めできることではないと私は思います。欧州統合のプロセスは、欧州大陸の歴史的、地理的、文化的な基盤と密接な関係があるからです。しかしながら、得るべき教訓があるかと思います。特に、統合の手法、また漸進的な発展、手続きに関しては教訓を見い出していただけるのではと思います。」と述べている。

7 『朝日新聞』『日本経済新聞』他二〇〇四年十月七日

8 ロバート・ケーガン『ネオコンの論理』山岡洋一訳、光文社、二〇〇三年、五三頁

9 英国は、外交・安全保障政策における拒否権を国家に保留することを求めていた。（*International Herald Tribune* 2003.12.5. 第五面）

10 Jeffery L. Cimbalo, 'Saving NATO from Europe' *Foreign Affairs*, Nov./Dec., 2004, Vol.83, No.6, pp.111 ~ 120

11 Financial Times 2004.5.6. の Quentin Peel の「Comment」を参照。
12 ＥＵのアムステルダム条約の第五条によれば、「共同体は、その専属的権能に属さない分野については、提案された措置の目的が構成国によっては十分には達成され得ず、したがってその措置の規模または効果から見て共同体による方がより良く達成できる場合にはその限りにおいて補完性原理に従って措置を執る」とされており、補完性の原則とは、共同体と加盟国の権限関係を説明する原則である。すなわち、両者の権限が競合する場合には、目的を達成するためにより適切な方で実行することを意味する。
13「Association」とは、同じ目標を持った集団や同じ類の仕事をする集団から構成される組織という意味である（ロングマン現代アメリカ英語辞典）。
14 例えば、拡大ＥＵの一人当たりの国民所得は、ラトビア（三千四百八十ドル）とドイツ（二万二千六百七十ドル）の間には七倍の格差がある。
15 ロベール・フランク『欧州統合史のダイナミズム』廣田功訳、日本経済評論社、二〇〇三年、一五九～一六二頁
16『クーデンホーフ・カレルギー全集1』鹿島守之助訳、鹿島出版会、一九七〇年
17 二〇〇二年の世銀統計
18『朝日新聞』二〇〇五年五月一日は、インタビューの中で、アーミテージ前米国務長官が「(日本が進める) 東アジア共同体構想に私は反対だ。米国がアジアで歓迎されていないと主張しているのとほとんど変わりない。深刻な問題だと思う。米国は太平洋国家であり、地域諸国の活気あふれる活動には参加できて当然だ。(米国排除の) 方向性が出ること自体が問題だ」と述べたと報じている。
19 二〇〇五年七月の第三十八回ＡＳＥＡＮ閣僚会議の共同コミュニケは、東アジア共同体実現に向けたＡＳＥＡＮ＋３の重要性を再確認するとともに、ＡＳＥＡＮ、中国、日本、韓国、豪州、インド及びニュージーランドの第一回東アジア・サミットへの参加を歓迎した。
20 菊池努『ＡＰＥＣ』日本国際問題研究所、一九九五年、二二一～二三〇頁
21 小原雅博「開かれた地域協力のために日本ができることとは」(『外交フォーラム』二〇〇一年三月号　七七～

八一頁)
22 二〇〇四年に、マレーシア、タイ、フィリピンとそれぞれ交渉を開始し、〇五年には、インドネシア、そして、ASEAN全体との交渉も始まった。経済産業省の試算によれば、日・ASEAN間の関税撤廃により、GDPは約一兆一千億〜二兆円増大する。
23 二〇〇二年の東アジア(シンガポール、マレーシア、タイ、インドネシア、フィリピンのASEAN五カ国、韓国、台湾、香港、中国、日本)の対世界貿易に占めるこれら諸国間の貿易(域内貿易)は、輸出で五一・八%に達している。これに対し、NAFTAは四五・八%、EUは六二%である。(以上は世銀統計に基づく)
24「Initiative for ASEAN Integration」二〇〇〇年十一月の第四回ASEAN首脳会議においてゴー・チョクトン首相から提案され、その場で合意された。ASEAN内の格差を是正し、競争力を高めるため、人材育成、情報技術、インフラ、地域経済統合の四分野を重点項目として具体的なプロジェクトやプログラムが策定され、実施に移されている。
25 例えば、原洋之助『アジア型経済システム』岩波新書、二〇〇〇年。
26 財務省統計(平成十六年三月十一日発表)によれば、二〇〇三年の「中国圏」への日本の輸出は、十三兆六千億円に達し、対米輸出額十三兆四千億円を上回った。
27『二〇〇三年版中国統計年鑑』(中華人民共和国国家統計局編)
28 財務省統計(平成十六年六月十六日発表)に基づく二〇〇三年度の実績。〇三年の日本の海外直接投資に占める対中投資の構成比は、前年の四・八%から八・七%へと急拡大した。
29『日本経済新聞』二〇〇四年三月十日
30 内閣府による「外交に関する世論調査」
31 二〇〇四年の調査では、「良好だと思う」と答えた人は、二八・一%である。
32『朝日新聞』二〇〇五年四月二十七日
33『朝日新聞二〇〇二年九月二十七日』に、九七年及び二〇〇二年のアンケート結果として掲載した数字。

34 企業進出数は、二一世紀中国総研編『中国進出企業一覧２００３～２００４』（蒼望社　二〇〇三年）に、また、邦人数は、外務省の発表した海外在留邦人数（二〇〇四年十月現在調べ）にそれぞれ基づく。
35 フランク、前掲書、一五五頁
36 西ドイツ首相ヴィリー・ブラントは、一九七〇年、ワルシャワを公式訪問し、「ゲットー英雄記念碑」に献花し、ひざまずいて両手を組み無言の祈りを捧げた。その写真が世界に報じられ、ドイツがポーランドに謝罪したと受けとめられ、ドイツのイメージを変えた。
37 二〇〇三年に経済産業省が実施した調査。『毎日新聞』夕刊〇四年七月十六日によれば、例えば、「クレヨンしんちゃん」は、九四年頃から海賊版が登場し、七，八種類、数百万部が売られていたとの報告を引用している。
38 経済や文化の分野でも無知や誤解、あるいは差異によって摩擦や対立は生じる。例えば、日本のある自動車メーカーは、四輪駆動車の車名に「覇道」を採用し、その広告に、「『覇道』、あなたは尊敬せずにはいられない」（「覇道、不得不尊敬」）とのキャッチ・コピーを付して、中国人の眉をひそめさせた。この事例は、中国社会において「覇道」の持つマイナス・イメージを理解していなかったことが原因であったが、このような文化の違いによる摩擦は人やモノの相互浸透が進むに連れて増えてくることが考えられる。文化や言葉の相互学習と相互理解の努力が一層重要となろう。
39 『読売新聞』二〇〇二年七月五日
40 中国ネットワークインフォメーションセンター「第十五回中国インターネット発展状況統計報告」
41 青山瑠妙「二つの空間で形成される中国の対日世論」『国際問題』二〇〇四年二月号、五七～五八頁
42 ベネディクト・アンダーソン『想像の共同体』ＮＴＴ出版、一九九七年、六一～六二頁
43 馬立誠「ナショナリズムの超克が最大の課題だ」『中央公論』二〇〇四年八月号
44 二〇〇五年八月時点でのクリック数は百十七万件に達している。
45 一九九八年十月八日に発出された日韓共同宣言において、「金大中大統領は、戦後の日本の平和憲法の下での専守防衛及び非核三原則をはじめとする安全保障政策並びに世界経済及び開発途上国に対する経済支援等、国際

社会の平和と繁栄に対し日本が果たしてきた役割を高く評価した」との一文が盛り込まれている。

46『朝日新聞』二〇〇三年八月七日が馬立誠評論員へのインタビューを掲載しており、その中で、馬は、「私をののしる手紙がたくさん来た。殺してやる、足を切断してやるというおどしもあった。予測していたので怖くはなかった。インターネットに書き込まれた声も七〇～八〇％は反対意見だった」と述べている。

47王毅駐日大使は、二〇〇四年二月二十一日の日本経団連における講演の中で、両国の貿易構造は八〇％以上が相互補完的であり、共同発展と繁栄の歴史的チャンスに恵まれているとの認識を披露している。(http://www.china-embassy.or.jp)

48『読売新聞』二〇〇四年七月三日は、日本と中国のリーダーシップを取り上げ、日本が中国に後れを取っていると指摘し、新たな戦略が必要と報じている。

49『日本経済新聞』二〇〇三年十二月二十三日

50『朝日新聞』二〇〇四年一月十一日は、農水省が農家への直接補償など新たな補助金を〇五年度にも始める方針であると報じている。そもそも、輸入数量制限や高関税政策に比べて競争と貿易を促進する農家への所得補償政策は、WTOにおいても貿易歪曲的ではないとして認められており、欧米では関税による水際保護が効果を失う市場開放の見返りとして、農業の内外コスト差を政府が補填する「直接支払い制度」を採用して農家を保護してきた。OECDによれば、日本の農業保護の総額は五兆二千八百三十億円で、そのうち九一％が関税による輸入品の価格引き上げを通じたもの。関税による農業保護の割合はOECD平均で六〇％、米国が三五％、EUが五三％と低下してきている。(以上、『日本経済新聞』二〇〇五年六月二十二日)

51二〇〇三年十二月十二日、小泉総理は、記者会見で「農業分野は避けて通れない問題だ。経済全体を考えて譲るべきは譲る、改革すべきは改革する中で成功させないといけない」と発言し、農業分野を聖域視せず、一定の市場開放に応じる考えを示したと報じられている。(『日本経済新聞』二〇〇三年十二月十三日)

52二〇〇五年一月時点での財務省統計及び外務省資料による。ちなみに、〇四年中央のドイツの外貨準備高は、九百七十五億ドル、フランスが七百一億ドル、英国が四百六十四億ドルであることと比較して、東アジアの外貨準備がいかに大きいかがわかる。

53『読売新聞』二〇〇四年三月十一日

54「便宜的結婚は米国の増大する対中貿易赤字による国内批判と経常赤字による暴落しかねないドルの脆弱化によって離婚の種をはらんでいる」との見方がある（Financial Times, 2004.11.19.）。

55『二〇〇四年版通商白書』第三章

《終　章》

1 二〇〇五年七月のＡＳＥＡＮ＋３外相会議において、東アジア・サミットの議長国や開催地はＡＳＥＡＮ諸国に限られることになった。

2『読売新聞』二〇〇五年一月十五日

3 二〇〇四年七月のＡＳＥＡＮ＋３外相会議において、李肇星外相は、「開かれた地域主義」の立場を表明した（「人民網」〇四年七月二日）。また、王毅駐日中国大使は、「東アジア地域協力は開放的でなければならず、域外国を排除しない。米国はアジアに伝統的、現実的利益が存在し、域内諸国も尊重している」と述べている（『日本経済新聞』〇五年五月二十七日）。しかしながら、その進め方については、王毅大使が「ＥＵがしてきたように、まずは地域内の国々が協力するのが自然だ」（『日本経済新聞』〇五年六月二十四日）と述べた通り、まずはＡＳＥＡＮ＋３を基礎として地域的枠組みを発展させることが望ましいと考えているものと思われる。

4 橘木俊詔『日本の経済格差』（岩波新書　一九九八年）は、バブル期に土地・株式が急騰したこと、低成長に入って所得が上昇しないことなどから「一億総中流」に象徴される社会の平等・安定意識は揺らいでいると指摘している。

5 江沢民国家主席の第十六回党大会報告では、「様々な形の覇権主義と強権政治に反対する」と述べている。

6 二〇〇五年一月、小泉総理は国会の施政方針演説において、「多様性を包み込みながら経済的繁栄を共有する、開かれた『東アジア共同体』の構築に積極的な役割を果たしていきます」と述べた（『日本経済新聞』二〇〇五

年一月二十一日）

7『中央公論』昭和三十二年二月号

8 ジョゼフ・ナイは、ソフト・パワーを「自国が望むものを他国でも望むようにする力」であり、「無理やり従わせるのではなく、味方にする力」であると定義し、民主主義や自由などが米国のソフト・パワーであるとしている。（『アメリカへの警告—二一世紀国際政治のパワー・ゲーム』山岡洋一訳、日本経済新聞社、二〇〇二年、三十二〜三十六頁）

《あとがき》

1 現に、例えば雑誌 *Time* では、一九八七年と二〇〇三年を比較すると、日本に関する記事は百二十件から百四十二件と漸増であるが、中国に関する記事は七十二件から二百五件に大幅に増加している。

資　料

「ＡＳＥＡＮ＋３（日中韓）首脳会議」の概要

一九九七年、ＡＳＥＡＮは創設三十周年を迎え、これを記念してＡＳＥＡＮ首脳会議に日中韓三国の首脳を招待し、ＡＳＥＡＮ＋３首脳会議が初めて開催された。翌九八年十二月のＡＳＥＡＮ＋３首脳会議で定例化に合意。それ以降、ＡＳＥＡＮ首脳会議が公式・非公式を問わず開催される際には、日中韓三首脳も招待され、ＡＳＥＡＮ＋３首脳会議が開催されてきている。

（各種報道と外務省の発表・公表資料等により作成。気付きの点は筆者の意見。）

	開催時期・場所	概　要	気付きの点
第一回	一九九七年十二月十五～十六日 マレーシア	○ＡＳＥＡＮ＋３首脳会議の翌年の開催については、ＡＰＥＣやＡＳＥＭもあるので、閣僚レベルで検討することになり、結論が出なかった。議長より、今後定期的に開催すべきであるとして、毎年ではなくても二年に一回は開催すべきであると提案。中国と日本は慎重な姿勢。 ○通貨問題を中心とする経済問題に集中し、ＡＳＥＡＮ経済に対する厳しい見方や日本の役割への強い期待が表明された。 ○欧州と東アジアの対話の場としてのＡＳＥＭにおいて、東アジア側からいかなる議論を提起するかにつき意見交換し、ユーロの導入により統合を強める欧州と東アジアの対話の重要性を確認す	○ＡＳＥＡＮ創設三十周年を日中韓とともに祝い、二一世紀に向けた東アジアのビジョンを描くとの当初の目的は、アジア通貨危機と経済成長の減速の中で様相を異にし、危機対応の会議となった。 ○日本など先進国の支援に対する期待感のみならず、各国が痛みを伴う構造調整改革を

開催時期・場所	
概要	るとともに、機微な政治問題を避けつつ、経済問題を中心に議論すべきとの意見も出た。 （議長） ①非常に重要な時期に行われる新しい重要性を持った会議。 ②アジアが通貨問題という共通の問題に直面する中で協力のあり方につき話し合うことは重要。 （中国） アジアの国が相互に利益を尊重して排外的にならず協力することが重要。競争だけではない東洋の哲学がある東アジアはその膨大な人口資源もあり、経済は必ず回復し、将来は明るい。 （日本） 貿易投資の自由化に基づく開放的な経済体制の維持・強化が必要であり、東アジア各国の多角的自由貿易体制への十分な参画が重要。中国のＷＴＯ加盟を支持。人材育成や裾野産業育成といった各国共通の課題の克服に向けた努力に対しＯＤＡ等を通じて可能な限り支援する。持続的発展の前提として域内の政治的安定及び安全保障環境の向上が不可欠。カンボジア情勢安定に向けたＡＳＥＡＮのイニシアティブに敬意を表する。北朝鮮の核兵器開発問題は地域安全保障上の懸念。 （ＡＳＥＡＮ） ①日中韓三国によるＡＳＥＡＮ製品の輸入増加及びＡＳＥＡＮ支援を要請。 ②メコン河流域開発を含む地域経済関係強化のための協力（日本
気付きの点	行うことの重要性が確認されたことは有意義。

		及び中国は協力を表明）。	
第二回	一九九八年十二月十五～十六日 ベトナム	〇日中韓三国の首脳が、ＡＳＥＡＮ議長であるカイ首相からのＡＳＥＡＮ公式首脳会議への招待を受諾し、開催された。 〇通貨危機に対する日中韓の対応（景気回復への取り組みと大きな支援を行う日本、人民元切り下げを行わず国内景気の維持に努力する中国、経済状況が厳しい中でＡＳＥＡＮとの貿易・投資関係の強化に努力する韓国）につきＡＳＥＡＮ側から謝意の表明あり。 （日本） アジアの二一世紀を「人間の尊厳に立脚した平和と繁栄の世紀」とするために、①アジア経済の再生、②人間の安全保障の重視、③知的対話の促進の三点を重視。日本のアジア経済支援策（新宮澤構想の早期具体化、三年間で六千億円の特別円借款の実施、一万人の人材の現地研修等の支援の実施など）を説明。平和と安定の維持のための米国のプレゼンスとＡＲＦ等を通じた信頼醸成が重要。北東アジアの平和と安定については四者会合に日本とロシアを加えた六者会合の開催も将来的な検討課題であると指摘。 （中国） ＡＳＥＡＮ＋３を非常に重要な会議と位置づけている。この会議の枠組みの下で、国際金融問題について各国の蔵相代理と中央銀行副総裁により意見交換するフォーラムを形成し、不定期の会合を開催することを提案した。首脳会議のフォローアップとしての	〇ＡＳＥＡＮ＋３首脳会議が非常に有益であることにつき認識が一致。開催の定例化に合意したことが成果（中国も、ＡＳＥＡＮとの対話強化の観点から今後も開催すべきと発言）。 〇通貨・経済危機が東アジア全体を覆う深刻な問題となる中で、各首脳の関心は危機への対応。その中で、日本の経済再生の取り組みへの期待と日本の支援への高い評価が表明されたことは、日本の役割の大きさを印象付けた。 〇ＡＳＥＡＮが経済危機や加盟国の拡大に伴う新たな課題に直面しつつも、二一世紀を展望するハノイ宣言やハノイ行動計画を採択し、ＡＳＥＡＮ自由貿易地域（Ａ

	開催時期・場所	概要	気付きの点
		ＡＳＥＡＮ＋３の高級事務レベル会合の翌年早々の開催を提案。 （韓国） 韓国の失敗の経験をＡＳＥＡＮ各国と共有しつつ危機克服にともに取り組んでいきたい（韓国の具体的努力を説明）。ＡＳＥＡＮ＋３の枠組みの下で危機克服のための様々な意見交換を行う民間人中心のフォーラム（東アジア・ビジョン・グループ：ＥＡＶＧ）の設置を提案。 （ＡＳＥＡＮ） 日本が経済再生を図り、アジアの経済回復をリードしてほしい。新宮澤構想や特別円借款に感謝。東アジアとラテンアメリカの協力を進めるフォーラムの新設を提案。	ＦＴＡ）やＡＳＥＡＮ投資地域（ＡＩＡ）の目標年の前倒しを決定するなど、政治的結束や経済自由化を内外に示したことは注目に値する。 ○カンボジアのＡＳＥＡＮ加盟について具体的な段取りが合意されたことも成果の一つ。カンボジアの加盟により名実ともにＡＳＥＡＮが東南アジア全域を包含し、「ＡＳＥＡＮ10」として地域の安定と繁栄に貢献する安定勢力として発展していくことが期待される。
第三回	一九九九年 十一月二十七～ 二十八日 フィリピン	○通貨・経済危機の教訓を踏まえた東アジアにおける地域協力推進の方策につき議論。 ○なお、歴史上初めて日中韓三国による首脳会合が開催された（対外的には「日中韓首脳朝食会」として発表）。 ○ＡＳＥＡＮ＋３首脳会議の枠組みの下での初めての共同声明と	○通貨危機を契機とする相互依存の高まりを背景に、地域協力推進の機運が高まっていることが各国首脳の発言からうかがえた。

なる「東アジアにおける協力に関する共同声明」が採択され、東アジア諸国が経済・政治・安全保障・文化等幅広い分野で地域協力を強化する意思が国際社会へのメッセージとして発出された。同声明の中では日本の提案によって声明のフォローアップのために、「次回ＡＳＥＡＮ拡大外相会議（ＰＭＣ）の際にＡＳＥＡＮ＋３外相会合を開催することで意見の一致を見た」との一文も盛り込まれた。

（日本）
七年ぶりにアジアで開催される九州・沖縄サミットにおいてアジアの視点を反映すべく、アジア各国との対話を一層強化する。アジア経済再生ミッションの提言（奥田レポート）を発表。奥田レポートを踏まえ、アジア経済の中長期的な発展にはヒトを重視した協力が重要との観点から、三つの柱（専門性の高い人材育成、市民レベルの人的交流、留学生交流）と十項目の具体的措置からなる「東アジアの人材の育成と交流の強化のためのプラン」を表明（人材育成の重要性は多くの首脳の賛同を得て、同プランは高い評価を受け、議長の命名により「小渕プラン」と名づけられた）。

（中国）
人民元レートを維持することを表明。経済、特に金融、貿易、投資、科学技術に焦点を当てて協力を強化する必要性を指摘。前年中国が提案した蔵相代理・中銀副総裁会合が順調に実施されていることを報告。

（ＡＳＥＡＮ）
①日本の支援を評価し、感謝。奥田ミッションの努力を評価。
②中国の人民元維持の努力と蔵相代理・中銀副総裁会合のイニシ

○共同声明は、今後のＡＳＥＡＮ＋３の発展の方向性を示すもの。議長も総括したように、「大きな前進」であり、今後のＡＳＥＡＮ＋３の枠組みの強化・発展にとっての基盤となったと評価される。
○ある首脳は、東アジアを「運命共同体」と呼んだが、相互依存の高まりを地域協力の強化に向けていこうとの意欲が窺えた。
○中国の積極姿勢も印象的。その立場は十一月二十九日付人民日報の記事（「ＡＳＥＡＮ＋３首脳会合は東アジア諸国が一同に会し東アジアの協力について意見交換する重要な場であり、中国側の提案によってＡＳＥＡＮ主導の下ＡＳＥＡＮ＋３の財政当局及び中央銀行次官級会議が一九九九年三月から始められた」「中国の発展は東アジアなしでは出来ず、東アジアの

	開催時期・場所	概　要	気付きの点
		アティブを評価。 ③国内金融システムの整備と国際金融システムの改革が重要。日本の役割に期待。 ④ＡＳＥＡＮ新旧加盟国の経済格差の縮小が重要であり、支援を要請。	繁栄もまた中国を必要としている。東アジアの一員として東アジア各国との平等互恵の協力を強化することを非常に重視している。中国の政治的安定・経済的発展・社会的進歩それ自身が東アジアの発展にとって大きな貢献となる」に集約されている。 ○なお、中・ＡＳＥＡＮ首脳会議では、中国より東南アジア非核兵器地帯（ＳＥＡＮＷＦＺ）を支持するとの発言があった。
第四回	二〇〇〇年 十一月二十四日 シンガポール	○ＡＳＥＡＮ＋３の協力をいかに進めていくかにつき問題提起があり、活発な議論が行われた。 （中国） 中国の具体的協力に言及しつつ、ＡＳＥＡＮ＋３への中国の積極姿勢を表明。例えば、メコン河流域開発重視の立場から、メコン河の商業通行の円滑化や高速道路・鉄道網の建設につき積極姿勢	○一九九九年の共同声明も受けて、日中韓から様々の提案やイニシアティブが示され、ＡＳＥＡＮ＋３が総論から各論へと進展し、「チェンマイ・イニシアティブ」など具体的

を示すとともに、e‐ASEANの推進や人材育成・金融・農業・観光分野での協力にも言及。中国がWTOに加盟すれば競争が激しくなり、ASEANにとって脅威になるとの声もあるが、中国はAEANにとって脅威ではなく、中国経済のさらなる開放はASEANにもチャンスをもたらす。中国とASEANの産業構造は異なるため、影響は少ない。中国はASEANの一部の国に対し黒字を有しているが、これを無償資金協力や特恵融資などで埋め合わせている。WTO加盟後直ちに投資環境の整備が出来るわけではなく、対中投資が急増するとは思えない。東アジアの競争の先行きは明るい。そのため中国は応分の負担をする用意がある。

(日本)

①東アジア協力推進のため「開かれた東アジア地域協力の強化のための三原則」(①ASEAN+3におけるパートナー・シップの構築により東アジア意識を醸成する、②グローバル・システムを補完・強化する「開かれた地域協力」の枠組みとして強化する、③ASEAN+3協力を政治・安全保障も含むすべての分野においてバランスよく進める)。

②IT協力：明年日本で産官学合同会議を開催。IT専門家の派遣、電子政府実現のための基盤整備への協力、沖縄サミットの際の百五十億ドルの包括的協力策の活用とそのための政策対話ミッションを派遣。

③海賊問題：海賊対策国際会議の開催、海賊対策調査ミッションの派遣を踏まえ、明年海賊対策アジア協力会議を開催、種々の経済的・社会的問題の対策も含めた包括的な協力策につき議論。海賊事件の背後にある貧困対策のために出来る限りの支援を行う。

協力につき議論の深まりが見られた。

○「東アジア・サミット」の考え方が浮上。ASEAN+3の協力の方向性にもかかわる大きなテーマとして、今後の議論が注目される。

○「中国脅威論」を払拭しようとの中国の発言が目立った。

開催時期・場所	
概要	④域内金融協力強化のためチェンマイ・イニシアティブの具体化のため二国間交渉を積極化したい。 ⑤ASEAN中央事務局の機能強化への資金協力を実施する。 ⑥明年沖縄で「アジアの声・ミレニアム・フォーラム」を開催。 ⑦政治・安全保障面での協力：東アジアの安定にとって重要である朝鮮半島情勢とインドネシア情勢を取り上げた（なお、七月の初めてのASEAN＋3外相会議では、「インドネシアの主権・領土的一体性及び国家的統一を支持する共同声明」を発出）。 （韓国） EAVGが明年首脳会議に提出する提言を受けて、各国政府として東アジア協力のあり方を検討する「東アジア・スタディ・グループ（EASG）」を設置し、具体的行動計画を作成することを提案。 （ASEAN） ①ASEAN全体との関係とASEANの個々の国との関係をそれぞれ育むためバイとマルチ両方の視点を持つ必要あり。 ②今後はASEAN＋3首脳会議を「東アジア・サミット」として開催してはどうか。 ③九七年の通貨危機以来の経済金融分野での大きな成果を踏まえ、今後農業・労働・環境の分野でも協力を進めるべき。また、政治・安全保障の分野でも協力を進めるべきで、北朝鮮のARF参加や南シナ海での地域的行動規範策定に向けての努力など前向きの動きもある。東アジアでの地域的パートナーシップを育てることで、アジアは再び世界の成長センターとなれる。
気付きの点	

	第五回
	二〇〇一年十一月五日 ブルネイ
④貧困撲滅にとっての方策である人材育成の重要性、メコン河流域開発への支援、ＩＴ分野への支援、観光分野での協力が重要。 ⑤ＡＳＥＡＮ統合と格差是正のためのインフラ整備と投資の拡大を期待。 ⑥ＡＳＥＡＮの自由貿易地域を東アジアに拡大し、「東アジア自由貿易地域・自由投資地域」を創設する可能性につき検討すべし。 (議長) 「ＡＳＥＡＮ＋３」か「東アジア・サミット」か、及び「東アジア自由貿易投資地域」については、東アジア・スタディ・グループ（ＥＡＳＧ）に検討してもらう。新規加盟四カ国のＡＳＥＡＮへの統合のための支援は必要であり、日中韓がＡＳＥＡＮに協力すると言う意味でのＡＳＥＡＮ＋３協力である。しかし、将来的にはＡＳＥＡＮ＋３が東アジアのメンバーとして対等な協力関係を目指して集まる場として発展させていくことが考えられ、ＡＳＥＡＮ諸国が日中韓を訪ねていくことも考えられる。	○中心テーマは「より緊密な東アジア・パートナーシップ」であり、それまでの良好な関係をさらに発展させる方策について議論。 ○ＥＡＶＧ報告書は、時代の変化に対応し、共通のビジョンを作る観点から、平和と繁栄と進歩の地域としての東アジアの共同体に向け、開放性を保ちつつ段階的に取り組み、究極的に地域統合を目指すことを提案。六つの分野（経済、金融、政治・安全保障、環境・エネルギー、社会・分野及び組織）の二十四項目にわたり
	○前年の首脳会議で「東アジア・サミット」のアイデアが提案されたのを受けて、その具体的あり方について突っ込んだ話し合いが始まった。『東アジア・サミット』となってもＡＳＥＡＮの統一性が損

開催時期・場所	
概要	五十七の具体的勧告を行った。 ○テロ問題について、日中韓よりASEANテロ声明への歓迎・支持を表明。また、テロを特定の民族・宗教と関係付けるべきでないとの指摘があった。小泉総理より、テロ対策として外交努力・難民支援・テロ資金対策・キャパシティ・ビルディングへの協力を含め、広範な取り組みにおいて努力する旨表明。また、テロ対策特別措置法に基づく日本の支援では、武力行使、戦闘行為への参加、戦闘地域への派遣は行わないと説明。 (中国) EAVG報告書を歓迎、EASGの作業の進展を期待。ASEAN+3の枠組みは、多様性・経済相互利益・段階的進歩という考え方で確固たる基盤を作る必要がある。経済面を中心に協力が進展しているが、今後はコンセンサスと漸進性・開放性を考慮しつつも政治・安保の分野でも協力を進めたい。短期資本移動の管理に関するハイレベル・シンポジウムの開催を提案。東アジア文化フェスティバルの開催を提案。安全保障分野ではテロ・麻薬・人の密輸等の非伝統的安全保障分野からはじめ、ステップ・バイ・ステップで進めたい。 (日本) 十月、日本はシンガポールとの経済連携協定交渉に実質合意した。その他諸国とも一層の緊密化を図りたい。海賊問題について、地域協力協定の作成を検討する政府専門家作業部会の開催を提案。ASEAN+3協力をテーマとした「アジア・エネルギー安全保
気付きの点	なわれてはならず、いろいろと工夫をする必要がある」とのASEAN側の慎重姿勢に留意する必要がある。「東アジア自由貿易地域」については、問題提起はあったが活発な意見のやりとりはなく、今後の課題。 ○その意味で、EAVG報告書の提案は重要。東アジアにおける新たな協力のパラダイムに踏み出す一歩と評価できる。 ○テロ根絶について、可能な限りかつ適切に努力していくべきとの点で一致し、「国境を越える問題」での協力の重視につき立場を同じくしたことは、地域の平和と安定にとってプラス。

障セミナー」の開催を提案。メコン開発においては、アジア・ハイウェイであるホー・チ・ミン―プノンペン―バンコク道路の整備を第二東西回廊として支援する。

（韓国）

「東アジア・フォーラム」の設立、「東アジア自由貿易地域」構想を提案。

（ＡＳＥＡＮ）

①メコン地域開発の重要性を指摘。昆明―シンガポール間の鉄道敷設への日中韓の協力を期待。

②「東アジア・サミット」において東アジア十三カ国が一国一国の立場で参加する場合には、ＡＳＥＡＮ各国が日中韓同様のウエイトを占めることは難しく、ＡＳＥＡＮとしての統一性を弱めることにもなりかねない。したがって、東アジア・サミットの開催は三、四年に一度とし、それ以外の時期はＡＳＥＡＮ＋３として従来どおり開催するといった工夫が考えられる。

③「東アジア・サミット」においてＡＳＥＡＮの意義が小さくなることを懸念。

④東アジアは言語・宗教・歴史が異なる。相互理解が重要であり、文化や幅広い人的交流のためのプログラムを日中韓とともに進めたい。その観点から「東アジア・フォーラム」を支持する。

⑤ＡＳＥＡＮが東アジアの中に埋没することは避けなければならない。既にＡＳＥＭとＡＰＥＣという二つの枠組みにおいてＡＳＥＡＮはサイドラインに追いやられるという経験をしており、カンボジア、ラオス及びミャンマーが不参加であることなど弱いエコノミーが支援されるのではなく、排除されている。

回	開催時期・場所	概要	気付きの点
		ＡＳＥＡＮの共通の利益が維持されるべく「東アジア・サミット」が実現した際にもＡＳＥＡＮとしての立場が失われないことを確保すべき。どのような名称であれ何らかの東アジアの組織作りは有益であり、ＡＳＥＡＮ＋３事務局を立ち上げることを提案。「東アジア共同体」の成立は遠い先の話であるとしてもＥＡＶＧ報告書の理念に賛成であり、その内容を実現していくことが重要。 ⑥日本で失業中の熟練技術者をＡＳＥＡＮ各国に講師として派遣していただければ大きな意義がある。東アジアの経済成長を促進することで米国依存型経済から脱皮できる。	
第六回	二〇〇二年 十一月四日 カンボジア	○東アジア協力が基本的なテーマ。 ○中長期的な課題としての「東アジア自由貿易」構想につき活発な議論が行われた。ＡＳＥＡＮと中国、ＡＳＥＡＮと日本、日本と韓国という形で動き始めている自由貿易協定あるいは経済連携協定の動きを進めて、結果的に「東アジア自由貿易地域」につなげていく方向で議論がなされた。その際、貧困国に対するキャパシティ・ビルディング、途上地域に対するアクセスの改善を同時に考えていく必要性があるとの意見も出た。同時に、ＡＳＥＡＮの統合を忘れないでＡＳＥＡＮ統合イニシアティブ（ＩＡＩ）やメコン開発を支援してほしいとの発言もあった。ＥＡＳＧ報告書については、多くの首脳が「東アジア自由貿易地域」及び「東ア	○東アジアの統合や日中韓ＦＴＡについては、中長期的課題として取り組むべきであるが、方法論としては徐々にサブネットワークを拡大することによって「東アジア自由貿易地域」につなげていくべきとの考えが主流であった。 ○「東アジア・サミット」や「東アジア自由貿易地域」によってＡＳＥＡＮが埋没する

ジアサミット」に言及。
○朝鮮半島情勢：日朝国交正常化交渉につき、日本の立場を説明。北朝鮮の核開発については、北朝鮮は国際的なコミットメントを守るべきであり、またこの問題は平和的に解決すべきであるとの発言が韓国他からなされ、北朝鮮の核開発計画放棄に関する議長プレス・ステートメントが発表された。
○経済分野での協力の強化：ＥＡＳＧの報告書に関連し、多くの首脳から「東アジア自由貿易地域」を形成する意義が強調された。小泉総理からは、「日・ＡＳＥＡＮ包括的経済連携」構想をはじめとする経済連携強化に向けた日本の取り組みを説明。
○テロについては、多くの首脳が反テロの立場を表明。フィリピンよりテロ対策セミナーを提案。日本より研修要員の受け入れ拡大を表明。
（中国）

国境を越える犯罪に関する閣僚会合の開催を提案。

（日本）

ＥＡＳＧ報告書の着実な実施のため関係閣僚会合での実施ぶりを外相会議でとりまとめ、首脳会議に報告すべきと提案。報告書の提言にあるシンクタンク間のネットワークづくり、有識者の報告書づくりを提案。

（韓国）

「東アジア・フォーラム」の開催につき言及。

（ＡＳＥＡＮ）

統合強化に向けた取り組みについて日中韓のＡＳＥＡＮ統合イニシアティブ（ＩＡＩ）に対する協力が重要と発言（これに対し、

のではないかとの危惧もあり、ＡＳＥＡＮを中心としてＡＳＥＡＮが一体性を保持しつつ東アジア構想を進めたいとの意識がうかがわれた。

	開催時期・場所	概　要	気付きの点
		日本より積極的に貢献したい旨、また韓国より五百万ドルの支援の用意を表明）。	
第七回	二〇〇三年 十月七日 インドネシア	○ＡＳＥＡＮ＋３を具体的なプロジェクトによって進展させていくべきとの観点から活発に議論。 （日本） ＡＳＥＡＮ＋３において、アジア債券市場の育成（多くの国から支持表明があり、具体的アイデアで提起された）、海賊協定といった国境を越える問題での協力（例えば海賊協定）、情報通信分野での協力、経済連携の取組み、エネルギーや食糧安全保障等の分野における協力などを進めることの重要性を指摘。また、メコン地域開発やＢＩＭＰ－ＥＡＧＡ（東ＡＳＥＡＮ成長地域）への重要性を指摘。朝鮮半島情勢について、日朝平壌宣言に則り、核・ミサイル及び拉致問題を包括的に解決し、日朝国交正常化を図る考えに変わりはなく、ＡＳＥＡＮ＋３諸国を含む国際社会の理解と協力を得たい旨発言。ＥＡＳＧ報告書の二十六の提言の実施に関し、首脳会議に提出された人の交流・人材育成促進に関する有識者会合の報告書を踏まえて、政府関係者と有識者からなる共同作業部会の開催を提案するとともに、ＥＡＳＧの提言にある東アジア研究の実施を提案し、ともに賛同を得た。 （中国）	○「東アジア・サミット」について、その重要性への認識が広がり、具体的な議論が行われたことは注目すべき。例えば、ＡＳＥＡＮ＋３を「東アジア・サミット」に格上げする、三年に一度北東アジアで「東アジア・サミット」を開催する、日中韓ではアルファベット順に開催するなどの提案がなされたことは、その実現に向けての機運が高まっている証左。 ○経済のみならず、テロや国境を越えた問題を含む幅広い安全保障問題についての協力にも議論が広がってきたことは重要。

		第八回
		二〇〇四年 十一月二十九日 ラオス
内容	「東アジア自由貿易地域」の可能性についての研究を検討すべき。SARSの問題に言及して、公衆衛生面での協力の重要性を説明。 (韓国) 「韓・ASEAN包括的経済連携」構想を進めたい。 (ASEAN) ①ASEAN内の格差是正のため、東西回廊や鉄道の整備等への協力を要請。 ②ミャンマーがロードマップを作成していることは、自ら民主化しようという努力の表れであり、これを支援する(タクシン首相)。 ③海賊対策を重視。安全保障問題の重要性を指摘	○明年(二〇〇五年)マレーシアにおいて第一回「東アジア・サミット」を開催するというASEANの合意をASEAN+3首脳会議で支持したことが最大の成果。(注)前日のASEAN外相会議の段階では結論は得られないのではないかとの見方が支配的であったが、急転直下ASEAN首脳会議で合意し、ASEAN+3首脳会議で日中韓首脳がその合意を歓迎し支持した。 ○「東アジア・サミット」の内容及び形式については、今後ASEAN+3を中心に議論していくことで合意した。ASEAN+3首脳会議との関係についての明確化が必要との発言あり。 　東アジア協力の具体的な措置に関して意見交換すると共に、北朝鮮、イラク情勢、国連改革についても議論が行われた。 [主たるやりとり]
		○東アジア共同体形成に向けた機運が高まる中、「東アジア・サミット」の開催に合意したことは東アジアの地域協力を一層促進することにつながるものと評価される。 ○他方、ASEAN+3首脳会議との関係を含め、「東アジア・サミット」の形式や内容については十分議論する必要がある。

開催時期・場所	
概要	（日本） ASEAN+3首脳会議と東アジア・サミットとの関係を明確にする必要がある点を指摘。 「1．今回の主催国であるラオス側のご尽力に謝意を表する。今回の首脳会議は、ASEAN+3に加え、豪州、ニュージーランド、インドなども参加しているが、これは東アジア地域協力が開かれた地域主義として発展していることを象徴するものであり、時宜を得た対応として歓迎したい。 2．東アジア共同体の形成に向けて具体的な協力プロジェクトを進めていく必要がある。日本としては、東アジア・スタディ・グループの提言にある諸措置の実施を精力的に進めており、来年には東アジア・シンクタンク・ネットワークの第三回総会を日本で開催する。また、東アジア研究の促進のために来年一月に東京で研究者による会合を持つ。 3．ASEAN+3を幅広く巻き込んだFTAネットワークの構築が望ましい。来年四月には、日・ASEAN包括経済連携交渉を開始する。また、ラオス及びベトナムのWTO加入について強く支持する。（その他、チェンマイ・イニシアティブやアジア債券市場につき言及し、海賊対策やエイズにも言及した。） 4．東アジア・サミットの開催を歓迎する。ただし、東アジア・サミットは、ASEAN+3首脳会議と何が違うか等、明確にすべき点も多く、きちんとした議論をする必要がある。」 （カンボジア）
気付きの点	

ＡＳＥＡＮ＋３が東アジア・サミットに進展するのか、その場合ＡＳＥＡＮ＋３は維持されるのか、それとも全く新しいフォーラムが作られることになるのか。二つの枠組みが存在するとすれば、その準備や会合において重複はないのか。ＡＳＥＡＮ＋１の役割はどうなるのか。どの程度時間をかけて議論するのか。東アジア・サミットの共同議長は必要なのか。十以上の分野で四十以上の枠組み[1]を持つＡＳＥＡＮ＋３と東アジア・サミットとの関係をどう整理するのか。これらの問題を解決する必要がある。（これに対し、その他のＡＳＥＡＮ首脳からも概念や形式の明確化の必要性が指摘され、日本及び韓国より、両者の整理と問題点の検討の必要性が指摘された。）

［その他］

複数の首脳から、「東アジア自由貿易地域（ＥＡＦＴＡ）」に関する専門家レベルの会合（中国等の提案）を開始するとのＡＳＥＡＮ＋３経済大臣会議の決定を評価するとの発言あり。韓国から、ＥＡＳＧの中長期的措置について、実施の方向性を取りまとめたワークプランを作成してはどうかとの提案あり。

（最後に、ラオス（議長）から、東アジア・サミットにつき外相級で話し合いを持つことを確認。）

第九回

二〇〇五年
十二月十二日
マレーシア

○クアラルンプール宣言が発出され、①ＡＳＥＡＮ＋３が引き続き東アジア共同体形成の「主要な手段」であること、②２００７年に東アジア協力に関する第二共同声明を作成するための努力を

	開催時期・場所	概要	気付きの点
		開始すること等が盛り込まれた。 ○(日本) 鳥インフルエンザ、テロなどの地域の脅威に対処する能力向上、経済連携や通貨金融協力などを通じた地域の一層の繁栄確保、地域の共通意識の形成促進、ASEAN統合支援の重要性につき発言。	
東アジア首脳会議	二〇〇五年十二月十四日 マレーシア	ASEAN10カ国と日本、韓国、中国、並びにインド、豪、NZが出席。 東アジア首脳会議に関するクアラルンプール宣言採択。そのポイントは次の通り。 ①東アジア首脳会議は、この地域における共同体形成において、「重要な役割」を果たし得る。共同体を形成する東アジア首脳会議の努力は、進化する地域枠組みの不可分の一部を構成する。 ②東アジア首脳会議は、開かれた枠組みである。 ③東アジア首脳会議では、グローバルな規範と普遍的価値の強化に努める。 ④東アジア首脳会議では、政治・安保、経済、社会・文化の幅広い領域にわたる分野に焦点を当てていく。 ⑤東アジア首脳会議は、定期的に開催する。会議形態の見直しは、すべての参加国が行う。	

(注1) 十七分野で四十八の枠組みがあると言われている

「アジア経済再生ミッション」報告書

（二一世紀のアジアと共生する日本を目指して）の提言

〔注〕同報告書は、アジア各国において「奥田レポート」と呼ばれた。

報告書の「Ⅱ．具体的提言」から抜粋

1．ヒト

人材育成支援や人材交流の強化に向けて、わが国が人材の派遣と受け入れの両面で十分な環境整備に努めるとともに、二一世紀の日本とアジア各国との双方向での人の交流を積極的に推進する包括的な施策を策定し、官民挙げて取り組むことが求められる。

(1)アジアにおける人材育成への協力

①アジアの民間部門における人材育成への協力の強化

②わが国民間企業の活力を活用した人材育成協力の強化

③「シニア・ボランティア制度」などＯＢ人材による協力の拡充

(2)アジアの人々に開かれた日本に

①人材交流の長期・大規模プログラムの策定と推進

②留学生受け入れ拡充のための努力

(イ)ビジネス・スクールの設置など国内制度の充実

・留学生プログラムや奨学金プログラムの強化

・アジア各国と日本の大学間での共通単位の相互認定の確立

・ビジネス・スクールなどの実務的な大学の設置

・大学での英語授業の拡充

(ロ)宿舎対策などの国内環境の整備

・留学希望者に対する大学等の情報の提供システムの構築

・留学生の生活面でのサポートの充実
（例えば、ビザ取得、日本の学生とも交流ができる寄宿舎制度の拡充を含む宿舎対策等）
特に、私費留学生に対する支援策の強化
・卒業後の就職情報の提供
③外国からの労働力の受け入れ
④羽田空港国際化など人的交流の制約の緩和
(3)社会的弱者支援

2．モノ

(1)モノ作りの重視

アジア諸国が「モノ作り」の大切さを忘れ、短期資本を不動産、金融資産等の非生産的な投資に投入するなどバブル経済を発生させたことがアジア経済危機の一因である。アジアの経済発展はアジアの「モノ作り」の能力に支えられてきており、依然としてアジアの強さを発揮できる分野であることから「モノ作り」を重視する姿勢が必要である。

①モノ作りのための人材育成
②中小企業・裾野産業の育成
③直接投資の呼び込み
④日本企業の役割
⑤ASEAN自由貿易地域（AFTA）、ASEAN産業協力スキーム（AICO）への取り組み
⑥農林水産業の重視
(2)自由貿易協定構想
(3)日本市場の開放

3．カネ

(1)アジア通貨安定化のための取り組み
(2)円の国際化の推進

(3)アジア債券市場の育成
(4)通貨危機再発防止のための早期警戒システムの構築
(5)企業会計の国際標準化努力

4．情報

(1)情報ネットワークの強化
(2)ネット産業の集積支援
(3)「アジア・ジャパン・センター」による日本語・日本文化の普及
(4)アジア各国との知的交流
(5)コミュニケーション手段としての英語教育の抜本的改善

5．その他

ヒト、モノ、カネ、情報の流れを円滑にするための取り組み
(1)入管、検疫、税関等の手続きの簡素化・迅速化
(2)行政サービスの向上及び苦情処理の促進
(3)事業活動や通商貿易の円滑化（海賊の取締まり強化等）

索　引

【著者略歴】
小原雅博（こはら・まさひろ）
1980年　東京大学を卒業し、外務省に入省
アジア局地域政策課長、経済協力局無償資金協力課長などを経て
現在　アジア太平洋州局参事官
（その間、早稲田大学、立命館アジア太平洋大学の客員教授なども務める）
博士（国際関係学）
著書『国益と外交』（日本経済新聞出版社）

東アジア共同体

2005年9月22日　1版1刷
2008年2月12日　3刷
著　者　小　原　雅　博

発行者　羽　土　力

発行所　日本経済新聞出版社
http://www.nikkeibook.com
〒100-8066　東京都千代田区大手町1-9-5
電話（03）3270-0251

装丁　斉藤よしのぶ
印刷　信毎書籍印刷
製本　大口製本
ISBN978-4-532-35175-5

読後のご感想をホームページにお寄せください
http://www.nikkeibook.com/bookdirect/kansou.html